丽泽社会学文库

丛书主编／张兆曙
丛书副主编／林晓珊

乡村发展干预的
行动者逻辑

方　劲／著

XIANGCUN FAZHAN GANYU DE
XINGDONGZHE LUOJI

上海三联书店

总　序

出版一套文库或丛书，总要在冠名上思量一番，以表达特定的意义或寄托特别的期许，丽泽社会学文库自然难以例外。"丽泽"一词，沿自南宋四大书院之一的丽泽书院。丽泽书院，亦谓丽泽堂、丽泽书堂，乃南宋大儒吕祖谦讲学论道之塾所，设于宋乾道初年，其址位于古婺州（今金华市）光孝观侧。以"丽泽"命名这套丛书，一则希望借此沾染一缕丽泽书院千年文脉的氤氲馨香，一则期冀浙江师范大学社会学能够在承继西学源流基础上接续中国文化传统。"丽泽"之名取于《周易》，意为两泽相连，喻指君朋同道会聚切磋、砥砺思想、探索新知有如两水交融、脉脉相关。丽泽社会学文库这一冠名所寄寓的要义和宏旨即在于此。

这套文库的作者皆为浙江师范大学从事社会学研究的青年教师。提起中国社会学的学术版图，首先想到的不外乎北京、上海、南京和广州等诸多全国性或区域性的文化中心城市以及一干"985"或"211"重点高校。即便在许多省会城市的大学，社会学的学科规模也大都比较小，学科发展相对缓慢，很难形成气候。因此，对于偏隅金华的浙江师范大学来说，社会学发展的所有内部和外部条件几乎都不具备。机缘巧合，2000年浙江师大联合浙江省社会科学院申报社会学二级学科硕士点获得批准。却因缺乏足够的专业师资，直到2003年才开始招收第一届硕士生。在本校的导师队伍中（当时有两位校外导师王金玲教授和杨建华教授），除卢福营教授从事农村问题研究可归属社会学范畴之外，其他导师基本上都是哲学出身。这种依靠整合相关资源发展社会学的学科结构，一直维持到2009年左右才发生根本性的变化。

学科结构的变化表现在两个方面：一是科班出身的年轻教师不断加入和持续成长；二是非专业教师的逐渐退出。2002年，省教育厅批准浙江师大设置社会工作本科专业，基于本科教育和硕士点建设对专业教师的双重需求，学校陆续引进了10多位年轻的专业教师。由于硕士点的师资不足，大部分年轻教师在尚未取得高级职称的情况下，提前参与了硕士生的教学和论文指导工作，客观上对他们的成长起到一个"倒逼"作用。2009年，社会学学科迎来重要的发展机遇，省教育厅给浙江师大分配了2个浙江"十一五"省级重点学科的增列指标。经多方争取和博弈，社会学幸运地获得1个指标，但前提是学科成员不能与其他学科交叉重复。至此，社会学意外地跨进了省级重点学科的行列，但创建社会学硕士点之初的那一批非专业教师已经退出这支队伍，形成一个独立发展的学科结构。

学科结构的变化提升了浙江师大社会学的专业化程度，但毕竟是一支年轻得几乎无法看见预期的学科队伍。浙江师大社会学能够发展到什么程度，完全无法想象。2010年，学科负责人卢福营教授调离本校，社会学的学科队伍变得更加年轻。绝大多数学科成员都是80后，他们要么刚刚博士毕业，要么还处于在职攻读博士学位阶段。而我，也仅仅因为稍资年长而被推到学科负责人的职位上。我是一个喜欢闲云野鹤的人。在此之前，曾被选举为社会工作系主任，负责本科生的教学工作。由于不适应组织内部的表格治理，干了一年半之后即坚定地辞去了系主任职务。孰料,3 年之后却要负责一个责任更大的省级重点学科平台和学位点建设工作。

在当下的中国学术生态中,"混"是一种十分普遍的生存策略。对于远离大都市和非重点大学的青年教师来说,混混日子其实是一种不错的选择。只要完成规定的教学工作,凑齐职称所要求的科研任务,完全能够过上一种大都市和重点大学难以实现的惬意生活。然而,形格势禁的竞争机制使得"惬意"成为一种奢望。省级重点学科平台每五年要重新评定一次,学科评定的指标如果没有比较优势和增量,就会在下一轮的评定中被淘汰出局,成为学科竞赛的失败者。堪称"特色"的是,中国地方高校的学科建设有一个特点,即行政力量的参与和"护驾"对于学科发展至关重要。那些发展较好的学科往往都是某位校领导、院领导或部门领导负责的学科。对一个"无帽"且性喜恬淡之人,让其肩负学科竞赛的重任,艰难困苦可想而知。

令人欣喜的是,年轻教师强烈的发展欲望为社会学学科的建设注入了新的活力和动力。这批怀揣学术理想刚刚博士毕业或在职攻读博士学位的年轻人普遍感受到和面临着一个自我提升的瓶颈,倘若不能突破,可能就此平庸下去,沦入"混"的生存状态。经过大家的反复动议,从 2010 年 9 月开始,我们在学科内部组织了一个"双周学术交流坊",旨在通过学科内部的深度交流促进和提高学术水平。一般情况下,如果学科成员完成了自己比较看重的论文,都会先在"双周学术交流坊"上报告一次,大家围绕论文进行讨论交流和批评回应,然后经选择性的借鉴和修改之后,再对外投稿。按照最初的设想,学科内部的交流活动每两周举行一次。由于密度太大,后来改为一个月左右举行一次。坚持到现在,大概已经举行过接近 50 次这种形式的内部交流。"双周学术交流坊"已然成为浙江师大一抹亮色。

　　学科内部的深度交流和切磋共进逐渐成为浙江师大社会学学科建设的一个重要机制，并产生了两个方面的积极影响。一是提高了年轻教师的学术水平，并直接体现在论文发表上。在最近5、6年的时间里，学科成员所发表的重要论文，几乎都经过了"双周学术交流坊"的讨论。二是促进了学科团队和学术共同体建设。年轻的学科成员大都很享受这种深度交流和切磋共进的形式，大家都很关心下一次工作坊是什么时候，或者主动提出讨论自己的文章。学科成员在开展内部交流的过程中逐渐形成了轻松、坦诚和友好的学术氛围和人际关系，完全没有那种同行相轻和相互妒忌的单位人格。正是在这种良性的团队氛围中，浙江师大社会学学科尽管年轻，但仍然冒出不少引起学界关注的青年俊才。刘成斌调往华中科技大学工作之后，已经就任社会学院的副院长；林晓珊则是社会学界最年轻的80后教授之一，并担任浙江师大法政学院的副院长；陈占江在环境社会学和费孝通思想研究两个领域已经被学界广为关注；李棉管最近两年在社会政策研究领域的发展势头也十分强劲；方劲、许涛、袁松和辛允星等正处于蓄势待发的阶段，学科正在耐心地静待花开。总体上看，在这个学科团队里面，大概每隔两年左右的时间，就会冒出一位令人刮目的学术新人，惹得许多兄弟院校十分"眼红"。

　　《周易》有云："丽泽，兑；君子以朋友讲习"。很难说，这一群居住在丽泽花园（即浙江师大家属区）的年轻学者感受和继承了丽泽诸儒的"兑"学之精神，但深度交流和切磋共进确实已经成为浙江师大社会学的一种品格。近几年，浙江师大社会学取得的主要进步都与大家的相互促进是分不开的。尽管这套文库中6部著作的选题不同，风格各异，方法有别，但有一个共同的特点，即每一部著作的核心内容在成文发表的过程中，都经过了"双周学术交流坊"的充分讨论和思想碰撞。千年前"闻善相告，闻过相警,患难相恤,游居必以齿相呼,不以丈,不以爵,不以尔汝"的丽泽遗风悄然吹进浙江师大社会学每一位成员的心灵。对于一个学科的发展来说,这种"丽泽互通、学问相兑"的团队品格也许更为重要。

是为序。

张兆曙

2016 年 8 月

目　录

总序 ………………………………………………………………………… 001

第一章　导论 ……………………………………………………………… 001

　一、问题意识 / 001

　　（一）研究缘起 / 001

　　（二）中心主题 / 005

　二、理论视角 / 012

　　（一）分析框架 / 012

　　（二）核心概念 / 022

　三、方法与田野 / 031

　　（一）研究方法 / 031

　　（二）田野概况 / 040

　　（三）篇章架构 / 046

第二章　发展研究的主体范式 ………………………………………… 051

　一、结构制度范式的风靡 / 052

　　（一）发展的结构视野 / 052

　　（二）整体性思维的发展研究 / 056

二、批判解构范式的呼喊 / 059

　　（一）发展的话语批判 / 059

　　（二）"后发展"的构想 / 064

三、行动者范式的复兴 / 070

　　（一）发展的行动者逻辑 / 071

　　（二）行动者导向的发展研究 / 074

四、实用主义取向的行动者范式 / 078

第三章　发展干预的前奏 …………………………………… 081

一、贫困的结构制约性与文化敏感性 / 082

二、苗族的族源考古学与生存迁徙史 / 083

三、空间压缩：田村苗族的定居历程 / 091

四、昔日重现：田村苗族生存记忆的身体实践 / 096

　　（一）农耕生产间隙的采集生活 / 096

　　（二）仪式化与娱乐化的狩猎传统 / 098

五、结构治理与文化记忆的实践遭遇 / 100

　　（一）贫困治理：技术现代化逻辑下的结构表征 / 100

　　（二）记忆实践：原初浪漫图景下的文化意蕴 / 104

　　（三）现代性焦虑的生产：文化与结构的双重逻辑 / 107

第四章　发展话语的生产 …………………………………… 111

一、国家的民族政策话语落实 / 112

二、基层干部的治理话语表达 / 119

三、主体族群的优势话语排斥 / 126

四、干预对象的身份认同危机 / 132

五、发展话语的现代性意蕴 / 136

第五章　行政动员式发展干预的地方实践与行动策略………140

一、作为典型发展规划的扶贫开发 / 141

二、"整村推进"：扶贫规划的地方实践过程 / 143

（一）层级性规划与指标的约束性分配 / 143

（二）项目化申报与指标的地方性再造 / 145

（三）集中化实施与指标的选择性执行 / 147

三、扶贫规划的地方运作策略 / 150

（一）条线化控制策略 / 150

（二）组织化动员策略 / 151

（三）简单化操作策略 / 153

四、理想与现实的张力：扶贫规划的实践困境 / 156

（一）规划制定的理想化陷阱 / 156

（二）规划实施的形式化风险 / 158

（三）规划落地的负激励效应 / 159

五、发展规划的社会建构属性 / 162

六、国家"悬控"社会的发展干预 / 163

第六章　社会参与式发展干预的地方实践与行动策略………169

一、"危房改造"：社会主体的被动参与型减贫实践 / 170

（一）H机构"危房改造计划"的原初理想 / 171

（二）H机构"危房改造计划"的现实遭遇 / 178

（三）基层政府的行动策略：行政吸纳 / 183

（四）社会组织的行动策略：被动适应 / 184

（五）干预对象的行动策略：随机应变 / 187

（六）国家"吸纳"社会的发展干预 / 188

二、"能力建设"：社会主体的自主参与型减贫实践 / 191

（一）Y大学"能力建设项目"的实践缘起 / 191

（二）Y 大学"能力建设项目"的曲折历程 / 193

（三）社会力量的自主型参与 / 205

（四）基层政府的合作型参与 / 210

（五）干预对象的利益型参与 / 212

（六）国家"嵌入"社会的发展干预 / 214

第七章　结论与讨论 ……………………………………… 216

一、乡村发展干预的行动者表征 / 216

（一）行动者共塑的多元发展干预形态 / 216

（二）社会主体参与发展的非固化特征 / 219

二、乡村发展场域的国家与社会 / 221

（一）多元共存：国家与社会的关系形态 / 221

（二）合作博弈：国家与社会的互动逻辑 / 225

三、行动者视角下乡村发展之路 / 229

（一）行动者范式的实践导向 / 229

（二）内源性能力建设的构想 / 231

参考文献 ……………………………………………… 238

附录 ………………………………………………… 258

后记 ………………………………………………… 272

第一章　导　论

　　发展作为一个概念如此具有说服力,这使得很多人虽然在理论上嘲笑它,但在讨论全球贫困问题时仍不得不把它作为一个工具。发展概念已经与我们对世界的认识深深地交织在了一起。

——凯蒂·加德纳、大卫·刘易斯,2008:2

一、问题意识

(一) 研究缘起

　　时间追溯到 2004 年初,我有幸作为主要成员参与到"乡村社区能力建设"扶贫项目[①]的实施过程中,该项目是在云南省拓东市北县[②]唐镇田村开展的综合性发展干预实践。田村是一个汉、回、苗等民族杂居的山区行政村,其中苗族主要集中在三个自然村(峰寨、栗寨和石寨),项目主要在这三个苗族自然村进行。项目推进分为两个阶段:2004 年 1 月至 2007 年 6 月为第一期,是项目的主体实施

[①] "乡村社区能力建设项目"由云南大学钱宁教授主持。为了论述的方便,本研究将云南大学简称为 Y 大学。

[②] 北县位于云南省拓东市境内,属于国家级贫困县。基于研究伦理和学术惯例,本研究省级以下地名和人名均经过技术处理。

期;2007年7月至今为第二期,是项目的巩固维持期。在我有关攻读硕士学位的记忆中,围绕田村扶贫工作的"酸甜苦辣"已成为难以抹去的珍贵记忆。不得不承认,在参与扶贫项目的几年时间里,我对自己的研究并没有明确的方向和定位,只是感觉真正的乡村发展场域与书本上所认知的相距甚远。那时的思考基本局限于发展干预项目本身的实际运行过程和乡村贫困的生发机制,并最终完成了我的硕士学位论文(方劲,2009)。随着文献阅读的深入和学术积累的增加,我逐渐意识到,"发展研究"这个宏大的主题下面原来蕴含着异常丰富的学术资源,已经远远超出了我之前"就事论事"式的粗浅思考。于是,我开始重新整理有关贫困与发展的知识体系。

"二战"结束后,以经济和技术为中心的发展模式成为国际地缘政治经济的主导话语,认为发展在某种程度上等同于经济增长,再将经济增长同美好生活相联系,形成了经济增长比不增长好,快速增长比缓慢增长好的信念教义。主流观点认为,西方国家经历的工业化道路无疑是后发国家早晚都会步入的唯一发展道路。正如帕森斯(Talcott Parsons)所坚信的,"现代型社会"只有一个源头,一种发展方向,也只有一条道路(转引自罗康隆、曾宪军,2009)。传统的"经济—技术"发展模式蕴涵着四个基本特点:第一,基本沿袭和继承古典进化论的核心思想,将发展与进化等同起来,认为发展是从"传统"向"现代"的过渡;第二,将技术进步视为发展的关键环节与动力之源;第三,强调市场经济的扩张和理性经济人的塑造;第四,将传统文化和地方性知识视为发展的障碍和改造对象(Emma Crewe & Elizabeth Harrison,1989:25—48)。

但是,"技术—现代化"的幻景随后在许多国家都相继破灭,反而引发了一系列复杂的诸如民族文化冲突、社会动荡、分配不公、两极分化、生态破坏、结构失调等社会经济问题。有学者甚至批评,发展概念其实是一个"关键性的意识形态工具",具有"种族中心主义与暴力的性质"（加德纳、刘易斯，2008:2）。中国也产生了不少发展的实际结果与发展的预定目标正好相反的"类发展困境"（郑杭生，2002）。学术界围绕"发展"和"发展干预"产生了旷日持久的争论，并在20世纪90年代达到高峰。其间，沃勒斯坦（Immanuel Wallerstein，2001:1—21）抛出了"发展是指路明灯还是幻象？"的深刻理论命题：什么是发展？为谁或为什么要发展？什么在发展？经济发展是否等同于人类福利的有效改善？发展背后的政治含义是什么？等等。萨克斯（1992:1）则发出了"发展并不管用"的无奈感慨，认为发展思想变成了学术风景线上的一个废墟，错觉与失望、失败与罪恶始终与发展相伴随，发展难以展现美好与希望。秉持更加极端观点的学者甚至宣称发展概念已经"死亡"。"发展"与"发展干预"概念及其蕴含的现代化思想和发展主义逻辑在20世纪90年代以来遭遇强烈批判与深刻反思，发展"不再是一个独立的词语"，很多时候都是同"被人们所解构的引号一起使用"（加德纳、刘易斯，2008:1）。

于是，有学者宣称"发展理论终结"（加德纳、刘易斯，2008:19）的时代已经来临，人类社会正在走向"淡化发展的表达"的"后发展"（埃斯科瓦尔，1998）时期。依照此逻辑，如今以"发展"为主题的学术讨论，似乎显得有些过时和老套，会是一件吃力不讨好的事情。然而，发展毕竟是一种现实的客观存在，而不仅仅是人们主观的社会建构。发展作为一个概念依然具有深刻的现实和理论说服力，"事实上，发展不仅是一些相互关联的概念与思想，更是一整套实践与关系"（加德纳、刘易斯，2008:2）。发展机构、发展规划、发展政策、发展干预等都是客观存在的社会事实，不管其存在的前提多么值得怀疑，我们都不能简单地将其归结为一种社会建构而不承认其客观存在。事实已经表明，发展牵引着20世纪后半叶以来人类最为核心的思想和行动，有计划、有意识的发展干预和社会变迁依然深刻影响着人类的日常生活和行为方式，这是不能被"反思"和"批判"所遮蔽的客观实在。作为以"社会事实"为研究对象的社会学研究，"发展"显然应该继续成为其进一步考察的领域。不过同时也提醒研究者，如果要有所创新，可能需要转变传统的思维方式和研究手段。

中国近40年的社会历程其实也是发展主义展现的过程。或者更准确地说，中国近40年的发展实践实际上显示出一条从初级发展到科学发展的轨迹（郑杭生，2009）。一方面，国家的发展大计和反贫困一直是我国社会转型过程的主要背景，同时，国际性的发展干预产业和援助工业，以及在此基础上创生的各种自下而上的发展干预活动成为发展干预的另一条重要脉络。长期以来，反贫困都是国家在"技术—现代化"发展运动和发展干预方面的核心领域，"一方面，它是'发展'作为一个问题得以出现的首要原因；另一方面，发展领域对于自身理念与实践的反思和改进也多是从这一子领域开始的"（朱晓阳、谭颖，2010）。

基于历史与现实的考量，我国反贫困的主战场在农村。20世纪80年代以来，我国政府在农村实施了大规模的扶贫开发工程，这是我国发展干预的基本活动。本世纪头十年，我国扶贫开发工作转向深入，取得的成就有目共睹。我国的农村贫困人口也从2000年底的9 423万减少至2009年的3 597万，贫困发生率从10.2％降至3.8％。但是，根据国家统计局的贫困监测数据显示，2001年至2009年，我国西部地区贫困人口比例从61％增加到66％，民族地区八省从34％增加到40.4％，其中，云南、贵州和甘肃三省从29％增加到了41％（国务院扶贫办，2010）。官方统计数据显示，依照我国现行的农村贫困标准线测算，2010年全国农村贫困发生率为17.2％，贫困人口规模为1.66亿人。而2014年底，全国农村贫困发生率降为7.2％，贫困人口规模缩减为7 017万人。2011 年至 2014 年,全国农村贫困人口共计减少 9 550 万人,年均减贫人口达到 2 388 万人;贫困发生率共计下降 10.0 个百分点,年均下降 2.5 个百分点(国家统计局住户调查办公室,2015:14)。不过,制约贫困农村脱贫发展的深层次矛盾依然十分显著,诸如扶贫对象规模庞大、相对贫困问题突出、返贫现象比较普遍、贫困地区集中连片、生态环境脆弱恶化、民众教育水平不高,等等。

如果承认贫困问题是一种客观事实而不仅是社会建构,我们会发现,反贫困仍然是目前我国农村面临的一项艰巨任务。发展和发展干预也就不仅是社会建构的产物,而是实实在在的社会现实。国家层面上,《中国农村扶贫开发纲要(2011—2020)》已于 2011 年年底正式颁布实施,尤其随着党的十八大以来以精准扶贫为标志的农村反贫困工程进入脱贫攻坚期,农村扶贫开发的力度显著增强;同时,以非政府组织为代表的社会性发展干预活动逐渐成为农村反贫困的重要力量。在这种情况下,"发展"和"发展干预"的学术讨论显然不是"过时"和"老套"所能完全遮蔽的,这一议题依然具有显著的学术生命力,不过,确实需要反思如何从以往的学术研究和现实发展实践中发现新的学术价值与学术增长点。沿着这种思考路径,本研究依然以反贫困为切入点讨论乡村发展干预议题,而核心研究问题的形成则源自我全程参与实施的"乡村社区能力建设项目"的实践过程以及项目结束之后长时段的跟踪观察历程。

(二) 中心主题

硕士毕业之后,我依然坚持对田村的发展干预历程进行持续观察和回访。博士学位论文选题过程中,带着对发展研究的兴趣以及曾经亲历的发展干预实践,我的研究视域再次返回到田村及其围绕发展干预而展开的跌宕起伏的故事,本研究的中心主题也正源自这些曾经亲历的"现场"。

在"乡村社区能力建设项目"的开展过程中,一次"冲突"的发生对我的触动很大,直接促发了我对于乡村发展干预的深度反思。"冲突"发生在项目组成员与峰寨村民之间。2005年3月中旬的一天晚上,我们准备在峰寨同村里的积极分子讨论设立"社区发展基金"①事宜。此前,相关讨论已进行过几次,最终形成了《社区发展基金管理运作制度细则》的草案。依照项目进度安排,本次讨论主要完善草案的实施细节,并商量与社区发展基金相配套的农业技术培训事项。当天上午,我们提前到峰寨小村长②王满诚家,对晚上会议的内容进行了初步说明,同时也了解一下村民对项目的反响和建议。王满诚个子偏矮,身材消瘦,性格外向,两年前被选为峰寨小村长,也是项目组动员的积极分子。寒暄一阵后,我们向王满诚说明了项目接下来的进度安排,并嘱咐他通知村里的积极分子参加当天晚上8点的会议,他答应了。项目会议与讨论一般选择在晚上7、8点之后,村民们已忙完一天的活计,且吃过了晚饭。就我们的逻辑而言,这符合当地的作息时间表。

当晚8时许,我们到达峰寨文化活动室③时,会议室漆黑一

---

① 社区发展基金是一种不同于正规金融(如农村信用社小额信用贷款)的非市场化贷款机制。社区发展基金从解决农民生计问题出发,以培育村庄自组织能力为根本出发点,是一种以社区动员和社区组织为载体,通过小额贷款活动及其产生的积累,将社区助贫扶弱、科技推广、社区公共产品供给等有机结合起来推动社区可持续综合发展的干预机制。社区发展基金是对传统小额信贷模式的创新和发展,具有小额信贷和正规金融所没有的运作成本低、操作方便灵活、还款率高等优点,基金归村民集体所有,实行村民自我决策和管理。"乡村社区能力建设项目"将社区发展基金作为田村发展干预的一个重要载体。

② 自然村村长在当地一般被称为"小村长"。

③ 峰寨文化活动室由村里闲置的小学教室改建而成。2000年前后,学校布局调整,田村的孩子统一到村委会所在的中心小学就读,原先的两间教室一直闲置。"乡村社区能力建设项目"启动后,为了使村民和项目组有固定的活动场所,由项目组提供维修资金,村民投工投劳,将教室进行了翻新。其中一间作为图书室,图书由项目组通过募捐获得,主要包括种养殖、妇幼保健、识字课本等方面的书籍;另一间作为项目活动开展与村民日常活动的场所。村民选出专人负责文化室的日常管理和设施维护。

片,不见任何来参加会议的村民,连一向主动积极的王满诚也没有到,这与以前的会议情形大相径庭。我们顿时有种隐隐的"不祥"预感,似乎注定晚上的会议不会太顺利。我们分头到村民家里,再次动员他们参加晚上的会议。经过一番努力,7位积极分子陆续来到文化室。约8点半,会议终于开始了。会议的气氛明显有些压抑,讨论的话题从社区发展基金开始,不过很快被村民转移。王满诚的话让我们始料未及,他语气强硬:

> 我可以代表村民说一句话。我们(村里参加项目的积极分子)有一点烦了,不想干了。如果我们乱了,其他人都要乱。相信我们,就将钱(项目资金)直接给我们,不相信就算了,不需要讨论这么多。其他村民开始骂我们了,说电费(文化室的电费是村里公摊的)是他们出的。上次你们拿来的衣裳(项目组募集捐赠给村民的衣服),我们分给了村民,有些人甚至拿去扔掉了。

说完这番话,王满诚愤然离开了文化室。王满诚的发言与离场让我们措手不及,完全出乎意料。这种情况以前从未发生过,会议陷入了尴尬,不过并未终止。我们试图将讨论的主题重新拉回到社区发展基金和农业技术培训。韩高明是每次发言的活跃者,是一个敢于表达观点的人。他接着说:

> 上面的领导(项目组和当地干部)要先看看哪些合适,榜(种)出来之后哪些好销,栽好了要能销得出去。烂到地里再做工作就不行了。钱是最老火的(最缺钱),老百姓要实惠!农业培训家家都要通知到,分片(通知),自己管自己的(同姓)家族,如果到时候还不来(参加),再综合一下。通知的任务现

在就分配掉,不必要开这么多会了。农忙来了,培训最多一星期一次,两次的内容可以作一次讲。在峰寨再笨的人都懂农业技术,如果培训苞谷、洋芋,就没有必要了。

之后,村民们开始了自顾自的苗语讨论。虽然在村里已经一年多,可我们仍没学会多少苗语,很难听懂他们讨论的内容。一番讨论后,村民认为以后项目的事情还是应该由小村长王满诚负责。韩高明转移了话题:"拜托你们一件事,帮我们到县里问问那块地到底是怎么回事?你们问了我们才好去问"。关于"地"的事情是困扰许多村民的大事。峰寨原本是一座封闭的村庄,几年前一条新建的高速公路将村子一分为二,征掉了村里的大片土地。如今,高速公路改扩建,又要征收一百多亩土地,且都是村里最好的庄稼地。杨俊陆说:"这些事都是办事处①做的坏事。我开始也没签征地的字,后来到办事处看别人都签了,我也就跟着签了。"韩高明补充道:"开始每亩补助 6 000 元,我们不答应,后来每亩 8 000 元征用的。"村民认为征地补偿费过低,因此有诸多不满。韩高明显然是想通过我们将这件事反映到县里或者更高层级的政府,他们认为村委会在征地过程中偏向了工程方。我们答应会去了解征地补偿的事情。最后,讨论在没有多少实质性成果的情况下结束。

由于时间太晚,当天晚上来不及找王满诚了解他"发火离场"的具体原因。项目组连夜进行了分析和反思,我们感觉到,这件事背后一定有促发因素,项目到了生死存亡的时刻。而要解开这个"结",小村长王满诚是关键人物。第二天早上 8 点半,我们来到王满诚家,希望同他聊聊昨晚的事。

---

① 1987 年 12 月,唐镇正式建镇,下设 8 个办事处,2000 年前后统一改为村委会。当地村民和基层干部至今仍习惯沿用"办事处"指涉"村委会"。

工作员:昨晚为什么只讲了几句就走了呢?

王满诚:别人说我们也做不出什么东西。另外,开会大家也烦了,包括张友、杨俊陆(两位热心参与项目的积极分子)也厌烦了。说到底你们还是不信任我们,相信我们就(直接把钱)给(我们),不相信我们,我们也就不要这笔钱了。……上次分衣服,有几个村民就把衣服还过来了。另外有七、八家没有来拿。这些人不值得帮,有些人嘴动手不动,只是想着钱。

工作员:我们的工作方法确实应该改进。不过,你是小村长,最好出来做这件事情(参加项目)。……另外,你对农业技术培训怎么看呢?

王满诚:没什么希望(搞成功),前三天可能会有人参加培训,后面就不会有人参加了。……我工作不是不想做,而是做得烦了。在峰寨韩高先、张友是最积极的(暗示可以找他们带头参与项目)。

工作员:我们的原则是自愿,不强迫谁去做,不过希望参加的人尽量努力做好。

王满诚:先动员群众,有人参加就培训,没人参加就算了。

……

这次造访并没有改变王满诚对项目的消极心态和排斥态度。不过,通过事后在村里的走访,我们逐渐厘清了一些头绪。首先,关于村里一笔公共资金的去向问题。许多村民认为,小村长王满诚在没有征得村民一致同意的情况下将村里的一笔公共资金私自借给了邻村的人。村民比较普遍的看法是,应该将这笔钱按户分掉,王满诚没有权力独自支配。多数村民对王满诚此举十分不满,他正处于舆论的"风口浪尖"。王满诚昨天晚上的表现或多或少受到了村民舆论压力的影响。其次,关于征地补偿的问题。村民们觉得工程方的补偿款标准过低,向村委会干部多次反映未果,对村委会产生了不信任感。相较于我们在峰寨的扶贫项目,土地问题显然是村民更为关心的核心议题,因为这涉及村民今后发展的根本利益。第三,更应该反思我们自身的工作方式。由于考虑到要在社区发展基金实施前制定出大多数村民同意认可的运行规则,集体讨论耗费了较长时间,而村民似乎对"只有口头讨论,而未见实惠"的所谓"规则"并不太理解和认可。也许在村民想法中,信任他们就直接将钱拿给他们,不需要烦琐的讨论过程和"条条框框"。第四,前期参与的积极分子感受到了未参与项目的村民的舆论压力。王满诚等人担心其他村民说"闲话",说他们从项目组"捞到了好处"。"分衣服事件"就让王满诚和其他积极分子感受到了来自其他村民的抗议和挑战。

梁漱溟(2002:55)曾对自己的学术生涯进行过有意思的反思:"我实在不是学问中人,我可算是'问题中人'……我现在何以有一点关于哲学、佛学、经济学、政治学等各方面的知识? 我的答复,乃是由于问题逼出来的"。本研究的问题意识正是被田野工作中的现实问题"逼出来"的。项目的这次"冲突"在我内心萌生出诸多疑问。从项目的角度来看,峰寨的发展干预项目究竟出现了怎样的问题? 项目设计是否真正符合村民实际需求? 工作方式是否让村民觉得不舒服? "好心"募集的衣服为什么不被村民接受? 从村民的层面来看,王满诚"挪用公款事件"在村里产生了何种影响? 他的权威多大程度上受到了挑战? 他激烈的言行究竟只是针对项目本身,还是背后有更深层次的原因? 从当地政府和基层干部来看,项目显然离不开他们的支持与配合,与基层干部相关的"征地补偿事件"给峰寨和项目实施带来了什么影响? 基层干部对项目究竟持何种态度?

田野中面临的实践问题是零散而多样的,与学术研究问题之间还有一定的距离,需要研究者进行学术概括与理论提炼。我试图在项目事务性工作的谜团中,思考"发展"和"发展干预"现象背后更为深刻的理论命题。以上发展干预过程中的诸多现实问题构成了本研究的"问题域",问题域所呈现的各种问题最终提炼为了本研究的中心主题:从行动者的视角理解乡村发展干预的实践过程及其变迁历程,以此管窥其间蕴含的国家与社会关系,并回应结构制度范式和批判解构范式关于发展研究的学术讨论。本研究将普通村民、参与项目的积极分子、基层干部(县、乡、村委会干部)、项目组成员、其他非政府组织以及不在场的国家看作发展干预过程中的不同行动主体,从微观角度出发,运用行动者为导向的分析方法,通过乡村发展场域中不同行动者的动机、目的以及行为研究和解释发展干预和发展变迁过程,进而理解具体的乡村发展场域所蕴含的国家与社会的关系形态及其生发机制。据此,进一步提炼出如下具有内在逻辑性的具体研究问题:

第一,乡村发展场域里行动者的行动策略是如何在社会历史文化背景和人们现实的日常生活世界中交织形成和运作的? 特别地,作为发展干预对象的苗族民众,他们的行动策略会受到哪些传统因素和社会因素的影响?

第二,乡村发展场域中行动者在不同类型的发展干预过程(行政主导式发展干预和社会参与式发展干预)中的行动策略存在何种区别? 产生这种区别的具体机制是什么?

第三,如果将国家和社会进行发展场域的具体化,实际上可将抽象的国家和社会分别视为不同的社会行动者,其中可将国家具体化为不同的政府机构如中央政府、地方政府、基层政府等不同的法人主体及其代理人,而乡村发展场域里的社会可以具体化为普通民众、地方精英、外部发展机构及其代理人等。那么,进一步思考的问题是,不同类型的乡村发展干预过程中分别呈现了怎样的国家与社会关系形态？

第四,在目前有关发展研究的主体范式中,结构制度范式和批判解构范式地位稳固,占据着研究范式的主流,行动者范式话语权式微。本研究试图通过行动者范式的乡村发展干预过程的分析,回应结构制度范式和批判解构范式的相关学术讨论。

二、理论视角

(一) 分析框架

本研究从行动者视角探讨乡村发展干预议题,具体的行动者包括民族国家、基层干部、普通村民、地方精英、外部发展机构及其工作员等,而任何两个或多个行动主体之间都可能因发展干预实践而发生联系,由此构成一个发展场域的复杂"关系<u>丛</u>"。因此,如果在学术层面针对所有行动者构成的行为及其策略展开"地毯式"讨论,显然会是一件费力不讨好的事情。也就是说,本研究需要在一个明确的分析框架之下讨论发展场域里不同行动者构成的"关系<u>丛</u>",这样有利于厘清研究思路,也有利于同以往相关研究展开学术对话。基于此种考量,本研究拟选择"国家—社会关系"作为分析框架,统领乡村发展场域不同行动者构成的复杂"关系<u>丛</u>"。

国家与社会的关系问题是一个亘古而常新的问题(郑杭生、洪大用,1997)。自从西方汉学家如费正清、柯文(Paul A. Cohen)等人提倡中国研究应从"冲击—回应说"向"中国中心说"转变,在中国研究中不断采用诸如国家与社会的分析性概念之后,"国家—社会"分析框架在中国乡村研究中受到日益广泛的重视与运用。张静(1998)将"国家—社会"分析框架划分为三种研究取向,分别是"市民社会"、"国家中心"和"社会中的国家"。"市民社会"取向认为国家是社会的限制性力量的源泉,国家对社会的干预越少越好;

"国家中心"取向主要强调国家的自主性，因为国家拥有广泛的组织资源和推动发展的"行动者"角色；"社会中的国家"取向认为国家和社会的边界模糊而且经常变动，两者相互创造且互为条件。严格说来，三种研究取向在理论上和实际运用过程中常有交叉，很难绝对区分开来，但依然可以比较清晰地梳理出三条路径各自在中国乡村研究方面取得的进展。

1. 国家与社会分析框架的三种取向

第一，"市民社会"取向的乡村研究。"市民社会"（civil society）是源自对个体自由的维护、对市场经济的弘扬、对国家干预行为反应的基础上逐渐产生的相对于国家以外的实体社会（邓正来，1998：274），是对国家与社会之间过度紧张关系的批判与重构。在这方面的讨论中，西方汉学家比较热衷于从传统中国社会之中追寻市民社会的生发因子和影响因素。一些受哈贝马斯"公共领域"概念影响的学者试图构建一种对中国历史经验进行重新理解的"公共领域/市民社会"范式。例如，兰金（Mary Bankin Rankin，1986）对晚清时期浙江地区的社会能动主义（societal activism）的研究，罗威廉（William T. Rowe，1984）对晚清汉口地区商业从业者区别于原本"祖籍认同"的"本地认同"的研究，都是这种学术路径下的产物。这些研究注重从传统中国社会内部探寻中西方政治词汇的类比作用，体现了对中国社会自主性扩展的理论关照，某种程度上是试图运用市民社会理论替代此前的中国历史解释范式。

黄宗智对市民社会概念的适用性问题进行了系统性反思。他认为，市民社会概念实际上预设了国家与社会之间的一种二元对立关系，这种二元对立关系来源于西方经验里抽象出来的理想构造，因此并不适用于中国的特殊境况。他指出，在国家与社会之间还存在某个第三领域的三分观念，国家和社会分别参与其中，且伴随着社会变迁表现出不同的特征与形式，应该对此作具体和动态的分析(黄宗智,1998:420)。黄宗智的"三分观念"试图超越强调"二分观念"的市民社会,寻求更具张力和弹性的理论分析框架。不过,"第三领域"依然是一个比较模糊和抽象的概念,在化解国家与社会的二元对立关系方面还面临着如何操作化的理论难点。同时,"第三领域"蕴涵着显著的"公共领域"的影子,但就文化传统、制度结构和社会背景而言,我国乡村社会中存在的"公共空间"显然同哈贝马斯意义上的"公共领域"相距甚远,二者并不是同一性质的概念。暂且不论黄宗智等学者的努力是否从根本上解决了市民社会理论在中国的适应性问题,此种尝试至少传递出这样的信息:在运用市民社会理论分析中国实际问题时,学术界已经意识到中西方文化、制度、社会等语境的差异性,同时对建构本土化的理论框架表现出相当的热情和兴趣。

第二,"国家中心"取向的乡村研究。"国家中心"取向方面,"国家政权建设"理论成为独树一帜的分析框架,取得的研究成果颇为丰富。查尔斯·蒂利(Charles Tilly, 1975)基于欧洲的国家制度背景研究指出,欧洲民族国家的建构过程,实质上是国家政权不断向乡村社会侵入的过程,民族国家通过官僚体制向乡村社会渗透,而乡村社会则不断同政权侵入过程进行抵抗和斗争。蒂利的理论应用到中国社会就形成了一个主流的研究路径:将国家政权建设视为影响乡村社会变迁的主要动因,或者将中国乡村社会表现出的诸种属性看作国家政权建设的应然结果(张静,2006:35)。费孝通对中国基层社会衰败的担忧;杜赞奇(Prasenjit Duara)对"赢利型经纪"和"保护型经纪"的理想型划分;黄宗智对农村社会"内卷化"问题的论述等等,其实都是对国家政权建设的不同概念化和具体运用。

改革开放以来,运用国家政权建设理论分析中国乡村社会的学术成果更是层出不穷,代表性的研究当属孙立平等人提出的"总体性社会"和荣敬本等人提出的"压力型体制"的观点。孙立平等人(1994)认为,改革的前三十年,中国社会基本按照总体性支配的方式运行,国家和政府几乎垄断了所有重要的政治、经济和社会资源。沈原(2008)进一步指出,总体性体制(totalitarian system)包含两个核心特征,其一是国家吞没社会,其二是国家吞没经济。与孙立平研究路径相类似,荣敬本等人提出了"压力型体制"的概念。荣敬本(1998:28)认为,一级政治组织为了实现上级下达的指标和任务,通常会采取数量化的任务分解管理模式和物质化的评价体系,各级组织都是在这种评价体系的压力和监管下运行的。在运行良好的情况下,这种压力型体制会带来较高的行政效率,但也应该关注其呈现出的意外后果。郑杭生(2004:10)的研究表明,尤其在基层社会,规模庞大的行政集团越来越内卷化,有着明显的自利倾向,干群关系出现紧张、对立甚至冲突的状态。自 2004 年以来,中央政府逐步构建了一套以"科学发展观"为核心的治国新理念和新主张,"将经营性的政府行为转变为以公共服务为本的治理体系",才在一定程度上改变了政府行为模式与社会经济领域的内在关系(渠敬东、周飞舟、应星,2009)。不过在有些学者看来,尽管中国乡村社会政治出现了某些新变化,但国家对乡村社会的控制并未根本转变,基层干部的权力干预并不会随着市场经济的建立而消失,反而可能会更加强烈(古学斌、张和清、杨锡聪,2004)。党的十八大以来,国家治理体系和治理能力现代化建设日益受到重视,我国的国家治理正行走在新的转型道路之上,这重新激发了学术界对于国家政权建设理论的再思考。

综合以往研究发现,学者们主要在国家政权建设的理论框架之下将中国乡村社会的历史考察与现实关照相结合,尝试从现实的本土经验中概括提炼出普遍性的理论范式。学者们的研究立场应该说是多元主义的,他们考察国家与社会的互动层面和非均质性,除了分析国家与各级政府同乡村社会的异同,也探索乡村层面的诸种利益分配和互动关系。不过,总体上看,在国家政权建设理论框架下,乡村场域里的不同行动者个体始终没能真正成为研究关注的主要对象,极易被国家的力量所形塑甚至是"遮蔽",在秉持这一观点的学者们看来,国家与社会的内部分化并未模糊和混淆国家与社会各自依然清晰的边界。

第三,"社会中的国家"取向的乡村研究。"社会中的国家"取向重新将注意力转向社会关系与社会行动,强调国家与社会边界的模糊性和变动性,引入"策略行动"的分析路径,试图扭转国家—社会关系二分的传统研究框架。李猛(1996)对结构社会学和行动社会学进行了学理上的分析,指出"关系/事件"分析具有方法论层面的重要意义。强世功(1998:96—120)运用"关系/事件"分析方法考察了一桩乡村"依法收贷"的诉讼案例,发现不管是国家法还是民间法,都不是单纯地约束社会行动的强力规则,还可能是人们行动选择时可资运用的有效资源。显然,作为国家权力的法律等诸种制度并不是如太阳光线般地直射于乡村社会,而是通过折射、反射等多种方式运作于具体且复杂的乡村权力关系网络之中,最终以曲折迂回的方式同社会生活发生互动关系。同样地,乡村社会对国家的反作用也不是完全直线式的,而是呈现出分散化和多样化的形态。孙立平和郭于华(2000)以一个华北乡镇的"定购粮"征收为研究个案,分析了在正式行政权力的运作过程之外,基层政府官员还将人情、面子、常理等本土性资源和民间性观念加以巧妙利用,一定程度上强化了国家权力资源在农村的运用,这体现了"正式权力的非正式运作"。这一研究发现驳斥了许多人主观上认为的中国改革以来国家在乡村中的权力衰败异常严重的观点。应星和晋军(2000)通过一个水电站移民上访的生动案例,展现了底层社会的诉求与国家权力运作之间的互动关系。

　　"社会中的国家"取向基本上将国家与社会关系看作一个动态过程,将国家视为非统一的组织系统,表现出对整体性与实体性的国家—社会二元关系的质疑和批评。"国家中心"取向将国家假设为完整的范畴,但实际情况是,整体性的"国家"概念永远只是乌托邦意义上的理想构造,难以成为现实情境中的国家本身。国家同社会密切相连,或者说,国家的不同部分与社会的不同部分紧密联结,国家的"力量"和"效能"也因此处于不断变化的状况之中。故此,完全脱离社会的"自主型国家"显然是难以客观存在的。现实的复杂情境中,"社会中的国家"将国家与社会的行动视为反应性和灵活性的过程,是彼此互动的结果。因此,除了社会文化与制度结构对社会行动的影响之外,一些社会行动可能是偶然的和突发性的,而非前设性的和预定性的。

　　2. 迈向行动者的国家与社会关系建构

　　综上,国家与社会分析框架运用于乡村研究取得了较为丰硕的研究成果,具体到乡村贫困和发展干预领域而言,也有部分学者运用这一框架进行了实证研究。古学斌等人(2004)基于一个西南村落的个案分析,生动展现了地方政府对农村贫困问题的经济干预过程。研究发现,当地民众无法摆脱国家干预和地方干部的"干扰",地方干部运用自上而下的强制性手段执行扶贫干预政策,发展干预项目变成了行政性的任务摊派和地方干部树立政绩的工具,地方民众被置于新的约束之中,陷入新的生存困境。进一步研究发现,这种国家对乡村经济的强制性干预显然同地方财政拮据关系密切,申请发展干预项目成为地方政府缓解财政拮据问题的重要途径,与贫困民众生活的关联度并不密切。这项研究具有明显的"国家中心"分析取向,特别注意到国家的"发展主义意识形态"和基层干部运用强制性手段对乡村经济的外部干预,并流露出较强的悲观主义色彩和批判性意味。这容易使人联想到斯科特

(James C.Scott，2011)关于俄国的集体化、巴西利亚的建设、强制的坦桑尼亚乌贾玛村庄等案例的类似研究,国家的发展干预计划除了难以避免的失败之外,还会产生许多连锁反应和负面效应,如官僚权力的扩大和基层民众权力的削弱。

马明洁(2000)的一项案例研究也颇具代表性。他通过对中国北方地区一个乡镇动员当地农民大量种植洋香瓜的"逼民致富"的案例展开深入分析,凝练出"经营式动员"概念,这是一种与组织化动员非常不同的动员方式,实质在于以类似于市场的方式对组织与权力因素予以重新组合和运用。马明洁指出,实行家庭联产承包责任制以后,我国乡村基层的行政组织依然拥有非常强大的动员能力,这种动员能力一般会在进行动员的过程中再生产出来,并不是一种特别固定的惯常能力。马明洁的研究具有较强的"社会中的国家"的分析取向,通过分析乡村发展场域中地方政府和农民作为行动者的具体行动策略,理解具体场域中国家与社会关系的实践形态。应当说,这种研究思路比较接近本研究的思考方向,不过,在研究方法和理论视角上都还有进一步深化的空间:一方面,只是"片段式"选取了发展场域里的单个案例(种植洋香瓜)进行分析,这样的研究缺乏系统性和对比性,难以完整呈现实践场域中丰富而复杂的发展干预过程;另一方面,缺乏更具历史纵贯性的时空视角,尤其未对发展干预过程进行长时段的历时性考察,"横断面"考察可能走向唯意志主义,容易忽略个体行动者的动机和策略是被更宏观的意义系统和行为架构所形塑这一基本面向。

应当说,国家与社会分析框架的三种研究取向在"发展研究"的解释力度方面各有优势,就本研究的问题意识而言,比较倾向于吸纳"社会中的国家"取向所秉持的国家与社会边界模糊的基本观点,但需要置于社会互构论的视野中予以进一步清晰化。国家与社会关系并不是线性的上下层级互动关系,也不是单纯的统制与反制的对抗性关系。国家概念中的社会因子,社会概念中的国家观念,国家话语与社会话语彼此的理论局限性,以及在国家与社会之间的纵深地带繁衍生发的不同类型社会行动者的互动关系,都应该纳入研究者的学术视野。社会互构论对以上观念无疑能起到理论深化的作用。社会互构论着力理解和阐释多元社会行动主体间的相互形塑和同构互生的关系(杨敏、郑杭生,2010),"我们身处于社会互构的时代"(郑杭生,2005:592)。在社会互构论看来,社会与国家分别表征人类生存共同体相互关联的两个基本侧面,社会以个人为其微观和终极组成单元,是由诸多个人彼此联结进而形成的整体,是存在于个人及其诸多个人所建构而成的群体关系之中的共同体;国家是拥有最高权力属性的政治组织,是以科层制为联结模式和运行方式的政治共同体,表征着现代社会的行政管理体系和公共秩序系统。社会互构论认为,社会与国家分别呈现了人类生存共同体的两种互有区别的特征:社会是体现为分散的、个人的、自主性的、多元竞争的权益领域,而国家是集中的、公共的、组织化和制度化的,具有强制性和一致性的权力系统(郑杭生、杨敏,2010:448)。

根据社会互构论的诠释理路,国家与社会存在于特定的互动关系之中,具体领域的国家与社会一定是其互构的结果。一方面,国家是"社会中的国家",是社会的代理人,代表社会行使和运用权力,构成社会的诸种元素(比如人口结构、经济水平、阶层状况、文化传统、规范体系等)是国家权力运作的基本前提条件,也作为国家行使权力的限制性要素。同时,体制模式、组织方式、制度化程度、治理能力等国家自身的特征对社会同样保持着相当的形塑力量。蒂利从历史社会学的视角考察了国家与社会的相互建塑过程,他认为,拥有权力的领导者运用强制性的方式去征服人口、获取资源、攫取利益,如果取得成功,他随即变成统治者,稳固控制并能够相对容易地调拨其获取的资源和财产,同时,围绕侵入和榨取展开的抗议、斗争和讨价还价形塑了社会诸要素的组成方式以及国家的组织结构模式。国家版图之内主要社会阶级的组织,以及它们与国家的关系,极大地影响了统治者为获取资源和利益而运用的策略、遭遇的抵抗、引发的斗争、由压榨与斗争所确定的持久性组织的类型,并因此影响资源榨取的效率和结果(转引自史密斯,2000:108—109)。

社会互构论认为,国家与社会的关系极为复杂、极其生动,互构过程中的国家与社会以及二者的关系形态,不是单一的结构模式和互动逻辑,而是表现出一切社会事实所拥有的多种二重性和多重性特征,是主体与客体、主观与客观、主体的内在结构与外在的对象结构等要素的具体统一和生动表达。作为自主行动体的国家与社会在互构过程中会呈现出相应的变化形态与实践逻辑,既有谐变或共变,也有差异与冲突,在特定的情境中,这种谐变和冲突也可以分别表述为"正向谐变"和"逆向冲突"。在多元的社会生活实践领域,国家与社会也会形成相应特定的互构机制和互构逻辑,而对这些互构机制和互构逻辑的解释是学术研究的重要内容和基本方向。总之,"社会形塑国家,国家也形塑社会,通过国家与社会的交互建塑过程,既构建了国家,也构建了社会。在此意义上说,现代人类共同体的发展和演变的一个重要方面,就是社会与国家的互构关系及过程"(郑杭生、杨敏,2010:451)。

就乡村发展而言,国家与社会的互构关系对于乡村社会发展干预的转型与变迁发挥着重要的、主导性的作用。20世纪80年代中期以来,国家层面的贫困治理体系逐渐形成并制度化,从中央到地方都设立专门的扶贫机构,设立专项基金用于贫困地区的经济开发,对贫困地区实行优惠政策,形成了以国家为背景的秉持"技术—现代化"逻辑的贫困治理体系。90年代初期开始,国际双边和多边组织、国际非政府组织以及本土社会组织逐渐进入到中国乡村的贫困治理领域，开启了以"参与式发展"为基本理念的扶贫干预行动。此后，政府系统和社会组织系统两股发展干预力量逐渐形成"合流"之势，共同推动着乡村贫困治理的发展。不过，由于政府贫困治理的经济—技术视角本质上同行政机构自身的官僚体制特征相契合，这决定了其推进路径的"自上而下"轨迹；而社会组织参与贫困治理基本遵循"参与式赋权"等基层动员轨迹，至少在理想层面上彰显出浓厚的"自下而上"轨迹。进一步而言，两股力量的地方性遭遇肯定会生发出多样化的实践可能性和互动图景。也正因为如此，国家与社会的互构关系能够成为对乡村发展场域的观察和思考方式、理解和解释方式，以及行动实践方式。如此看待和运用国家与社会关系分析框架，或许才能更真实地发掘出乡村发展场域不同行动者的行动策略，也才能更深刻地反观乡村发展场域中的国家与社会的关系演化。

可能引起学术质疑的问题是：行动者视角与国家—社会分析框架运用于同一项研究是否存在理论视角和研究框架上的矛盾？彼此的关系如何处理？在社会互构论看来，国家和社会分别作为行动者之间的互构过程才构成了特定情境下的国家与社会关系形态。同时，国家和社会都不是"铁板一块"的固定主体，二者都能够分解为不同的具体构成元素，国家可分解为中央政府、地方政府、基层政府等不同的行动主体，而社会则可分解为地方民众、社区精英、社会组织等社会行动主体，国家的任何不同部分与社会的不同部分之间都可能发生互动与联系，并形成相应的国家与社会关系形态和互动机制。本研究实际上是在国家与社会分析框架的统领之下对行动者视角的具体运用，换言之，透过行动者的行动过程和实践逻辑剖析乡村发展场域的国家与社会关系。此种意义上，二者不但不会产生理论层面的冲突和矛盾，行动者视角的分析方法反而有利于厘清乡村发展场域复杂而多样的国家与社会关系,而国家与社会关系也能够将多元社会行动主体置于统一的分析框架之下进行系统性考察,避免"流水账式"的故事罗列和单向叙事,从而有可能提炼出本土化的理论观点和学术范式,并提升了同以往研究展开学术对话与讨论的可能性。

(二)核心概念

概念的厘清与界定是学术研究的基础与前提,为了不致引起学术上的歧义和误解,需要对本研究涉及的一些重要概念给予简要说明。本研究所涉及的核心概念包括发展、发展干预、规划性社会变迁、行动者等。

1. 发展(development)

"发展"的拉丁文字根蕴含舒展、展开之意。一般而言,发展指生物演变、成长的阶段,没有价值判断上的好坏优劣之分。十八至十九世纪以来,发展在西方社会被用来解释说明社会历史的演化与变迁,其演进犹如自然界定律,包含由简单到复杂、由低等到高等、由差劣到优越的变迁过程。在日常用语中,发展逐渐被用来指称某种状态或某种过程,涵盖福利保障、社会进步、公平正义、经济增长、生态平衡乃至人的全面发展。西方发展理论所采用的"发展"概念,是在"二战"之后新产生的专门术语(庞元正、丁冬红,2001:前言1)。发展理论或发展研究意义上的"发展"与日常用语和哲学范畴上的发展,虽然在词义上有渊源,但在内涵与外延上却有着本质区别。《牛津现代英语辞典》将发展界定为"成长或进步的进程"(转引自加德纳、刘易斯,2008:3)。作为一个动词,发展指带来成长或进步的活动,而作为一个形容词,发展带有价值判断的意蕴,因为它包含着对事物进行比较的某种标准(加德纳、刘易斯,2008:3)。

　　美国总统杜鲁门（Harry S. Truman）1949 年在其就职演说中宣告了"发展时代"（the era of development）的到来，"我们务必开展一项创举，将科技及工业上取得之先进成果，惠及欠发展地区，以促进其改善"（许宝强、汪晖，2001：389），美国大规模的发展干预行动随即展开，更蔓延到世界上许多新兴的发展中国家。沃勒斯坦（I. Wallerstein，2001：2）指出，当前知识分子、政治家等不同领域所使用的"发展"概念，实质上都是第二次世界大战之后世界体系内地缘政治的产物，作为一种信条教义，"发展"的概念比以往任何时候都更被人们广泛信奉和大量运用，并带有更稳固的社会合法性。特别随着西方发达资本主义国家对落后国家进行的直接经济援助和发展干预行动，"发展"遂成为一种不言自明的合理性概念，并成为世界上大多数人日常生活中习以为常的客观现实（W. Raymond，1983：102—104）。埃斯科瓦尔（Arturo Escobar）认为，"发展是一整套思想观念与社会实践，它在 20 世纪发挥了历史性作用"（转引自加德纳、刘易斯，2008：3）。事实上，最早开始对严格意义上的"发展问题"展开学术研究的，是二战之后西方的发展经济学家，他们关注的重点是广大发展中国家从传统性社会向现代性社会转化和变迁的学术议题。在近四分之三个世纪的历史演进过程中，西方学者对发展问题的理解与阐释经历了从"经济视角"到"社会视角"再到"人的视角"的演变历程，与此相呼应，形成了三种不尽相同的发展理念：第一，将发展基本上与工业化过程中的经济增长画等号；第二，将发展看成是对整个社会结构变革过程和效应的现实反应；第三，将发展视为以人为中心的综合演进过程（庞元正、丁冬红，2001：80）。

　　2. 发展干预（development intervention）

　　发展的最终实现离不开广泛深入的发展干预，发展干预是发展目标得以达成的核心手段。发展干预在国际发展领域中通常被定义为为了某预定发展目标而进行的改变现状的人为努力,是启动和实现发展的主要手段,其主要形式包括结构调整、政策实施与发展项目(叶敬忠,2008)。发展干预概念最初源自现代化理论所倡导的"威权性干预"(authoritative intervention)。按照现代化理论的知识逻辑,"干预"是基于特定目标,在一个社会系统中所实施的旨在改变某些不良状况的一系列周密计划和实践行动,最终使社会达致良好的运行状态。发展干预行动包括三个基本要素:第一,明确的发展目标;第二,根据目标设计并实施的具体干预行动;第三,方案和计划要有特定的行动者进行操作,也就是说,干预是威权性的,而不是随机的或者偶然的(普雷斯顿,2011:151)。依据现代化理论的逻辑,发展干预行动要取得成功,一定要在正确的时间和地点做正确的事,这就要求从干预的设计到执行的各个环节,都须依照理论要求进行操作,其间蕴含的线性干预思想不言而喻。

依照不同的分类标准,可对发展干预类型进行不同维度的划分。从实施干预的主体来看,发展干预可划分为两种基本类型:一是国家和政府层面的干预,包括国家发展规划、具体实施方案或发展干预项目等;二是双边或多边组织层面的干预,包括发展援助方案或发展干预项目等(叶敬忠、那鲲鹏,2008)。从实施干预的对象或问题来看,主要包括贫困、少数民族、妇女、生态环境和艾滋病等。发展干预活动虽然具有不同的表现形式,不过主要还是依托援助项目予以实施,"发展援助"由此成为发展干预行动的另一个"代名词"。援助可以是较大的工程,可以是一系列彼此相关的微小项目,还可以是应对紧急事件的一次性活动。一般情况下,援助项目会被分成细琐的干预活动予以分别执行,为了达成预期效果,项目会持续进行一段时间。"二战"结束的早期阶段,发展援助的旨趣主要包括两个方面:第一,西方国家向盟友提供援助,典型的如"马歇尔计划";第二,西方国家向原先的殖民地国家提供援助,一些西方国家在"二战"结束后都维持着对原先殖民地国家的发展援助计划。与此同时,随着国际社会对发展问题的关注增强,各种国际性的援助组织纷纷成立,在多边或双边援助活动①中扮演着越发重要的角色。

近年来,学术界对发展干预的批评不绝于耳,主要集中在两方面:第一,发展干预活动难以产生较为明显和积极的效果,反而容易导致诸多负面后果;第二,发展干预活动一般在现存的关系网络中展开,容易背离干预的初衷,往往成为维持网络成员发展的独特机制(普雷斯顿,2011:154)。也有一些批评意见认为发展干预不过是一种"新帝国主义"形式,它使欠发达地区成为少数发达地区的附属物。海特(Hayter,1971)就秉持此种观点,他坚持认为,发展援助实质上是发达国家强加给欠发达国家的政治与经济压力的另一种途径。加德纳和刘易斯(Katy Gardner & David Lewis,2008:10)基于发展干预活动的现实合理性对这些批评作出了回应,认为讨论发展援助是不是一种"新帝国主义"其实没有多大的实际意义,发展干预和发展援助现在存在,将来仍然会长期存在。莫斯利(P.Mosley,1987)也持类似的观点,认为应该客观指出发展援助项目失败的原因以及援助工作的好处和积极效应,而不是一味指责和批判其所代表的所谓新帝国主义。弗格森(J.Ferguson,1990:17)针对以上争论进行了颇具洞见的阐述:

> 发展援助项目的功能是很微妙的。无论是何种利害关系在发生作用,无论发展工作者觉得自己在做什么,他们也只能在一整套复杂的社会与文化架构中进行。这种架构根深蒂

① 多边援助活动指国际的多边组织如世界银行等机构进行的发展援助活动,双边援助活动指一些发达国家政府的对外援助和开发机构如澳大利亚援助与发展署(Aus AID)等进行的发展援助活动。

固,且难以正确理解,从而令结果成为初始目标的一种奇怪而不能辨识的变体。我们不应将这样的结果看作是不能解释的错误,也不应看作是尚未被发现的企图所露出的马脚,而应将其看成是一个谜和一个尚需解决的实际问题。

弗格森实际上对发展援助和发展干预的意图与效果进行了某种区别,这种思考对发展研究的启示在于:发展干预的意图与效果之间确实可能会形成某种程度的错位,甚至导致诸多负面效果,但一味争论发展干预是不是一件"好事"其实对社会变迁和社会发展并无实质意义,发展干预作为一种社会事实,如今存在,未来很长一段时期仍会存在。就我国的现实社会发展阶段来看,国家层面的发展干预活动(如农村早期的开发式扶贫到当前的精准脱贫攻坚)由来已久;而以国际性发展援助为背景的干预项目与活动从20世纪80年代进入中国以来,开始了以反贫困为核心的发展干预行动,同时还催生了大量本土非政府组织的崛起并迅速加入发展干预的行动之中。基于这种学术背景,发展研究不能被一味盲目地谴责与批评,更为重要的是应当思考如何改进与完善,抑或者提供不同的解决方式。

3. 规划性社会变迁

费孝通先生在对20世纪早期中国乡村普遍推行的保甲制度进行考察时,关注到这种现象实质上是国家权力向乡村的扩展与渗透,并凝练出"有计划的社会变迁"这一学术概念。他认为,在群体形式、正式的行为准则以及正统的思想体系等方面,"在要求全国具有一致性的愿望之下,这种尝试显然会越来越普遍"(费孝通,2007:93)。吴毅将"有计划的社会变迁"运用于社会发展的案例分析之中,在对川东双村村治变迁过程进行考察后指出,双村经济结构与社会秩序的演变是中国宏观现代化进程的组成部分,催生这种变化的动力主要源自国家所推行的现代化计划,可以视其为前所未有的"有计划的社会变迁",不过,在向现代化变迁的过程中,传统作为一种重要资源依然难以绕开,它始终附着在村庄的地方性逻辑之中,并以多样化的现代形式影响着村庄变迁的过程(吴毅,2002:102)。

史蒂文·瓦戈(Steven Vago,2007:282)在其畅销书《社会变迁》中对"有计划的社会变迁"进行了如下界定:"变迁的实施者通过周密的、有意实施以及相互协作的努力,来提高社会系统的运转能力"。通常意义上,有计划的社会变迁是作为解决一个问题或调整一种状况而作出的某种努力而出现的。在确定期望要达到的变迁种类之后,需要将注意力投向需要变迁的个体和系统层面,但从另一个角度上来说,变迁更可能是社会结构安排上的变化。在有关社会变迁的文献中,有计划的社会变迁通常被视为同社会规划、社会设计、变迁管理等相关的概念。学者们对有计划的社会变迁的研究通常会涉及三个基本问题,分别是变迁的目标、变迁的动因和为变迁所做努力过程中所运用的方法。当然不得不承认,有计划的社会变迁同时会带来相应的社会后果。斯科特在《国家的视角》一书中尖锐地批评了极端现代主义城市的"规划"设计。斯科特认为,乌托邦的、标准化的、总体性的城市规划是导致国家项目失败的原因之一,他带着嘲讽的口气指出,"在国家权力支持下的城市规划者就像是裁缝,不仅可以自由地发明他们喜欢的服装样式,而且可以自由地裁剪顾客以适应尺度"(斯科特,2011:183)。

受以上研究的启发,本文提出"规划性社会变迁"的概念,其涵义较为宽泛,既可以指涉在现代化战略指引下由政府主导的,经过统筹考虑、主动实施,以达到社会向现代化方向转变的发展干预的实践过程;同时也可以指由政府之外的各种社会主体参与规划和实施的发展干预活动。换句话说,规划性社会变迁不仅指涉国家自上而下对社会变迁的干预作用,也关注各种社会主体进入发展场域进行规划和实施的社会变迁过程。之所以不采用"有计划的社会变迁",而采用"规划性社会变迁",主要考虑到不管是国家还是其他社会主体在发展干预中均不是"全知全能"、"无所不能"的。在规划性社会变迁中,发展实施的主体对发展干预的总体方向和目标可能较为清晰,但具体的发展干预路径和方式等则仍然需要地方发展场域各行动主体的参与建构。相对于"有计划的社会变迁"的指令性、简单化而言,"规划性社会变迁"在强调国家和其他社会主体规划力量的同时,也会考虑发展场域的具体需求以及地方民众的主动性和创造性。

"规划性社会变迁"中的"规划"是对未来的一种谋划、安排、部署或展望(杨伟民,2004)。英文"plan"在汉语中既可表述为"计划",亦可翻译为"规划",许多翻译文献中并未对此作出明确区分。汉语语境中,计划通常指工作或行动以及预先拟定的内容和步骤,体现出较强的具体性;规划一般指比较全面的长远的发展计划,具有较强的总体性和抽象性。"规划"这一概念在现代社会已经不仅适用于狭义上的设计和建造建筑物、基础设施等硬件层面,广义上的规划是制定和执行经济、社会、环境、空间和行业发展战略的常规手段,是推动社会变迁的重要机制。规划可以在政府部门、公司、非营利组织、社区等组织中运用,持续性的发展进程和社会变迁需要各种规划,以适应不断变化的政治、环境和技术条件。很多时候,"规划"手段和"政策"手段结合使用,在这种情况下,"政策"强调关于应该做什么以及如何应对可能意外的宽泛决策;而"规划"则侧重于设计、阶段化、预算编制和实施的具体细节。虽然社会转型的大多数乌托邦愿景都已逐渐淡出历史舞台,但随着新型信息通信技术改变全球体系,全球经济和技术变革的步伐不断加快,新的社会规划问题亦随之出现,社会、经济、政治、环境正义和可持续性等基本问题仍然与往常一样,社会规划比以往任何时候都更加重要,而且它越来越成为发展研究的中心议题(Bromley,2003)。只是有些时候,社会规划并不是单独使用,而是在社会政策、可持续发展或者国家建设等不同的名义下综合进行。当前,规划已经成为中国推动经济社会发展和治理社会问题的核心机制,在中国发展规划的编制与实施过程中,扶贫开发一直是非常重要的实践领域。

4. 行动者(actor)

行动者也称社会行动者,属于社会学重要概念"社会行动"的核心元素之一。一切社会过程其实都是社会行动的过程,离不开行动者的参与和行动,离不开行动者之间的行动关系,而且也必然因为行动的关系过程而得到体现(杨敏,2005:5)。不过,对于如何界定与理解行动者这一概念,社会学家其实并未达成一致的观点。帕森斯(2003:49)指出,与社会行动相关的主要要素包括行动者、目的、手段、条件和规范,其中,行动者是指作为行动主体的个人。王思斌认为,行动者是指从事社会行动的人,是以享有文化与价值为基础,有目的、有意识活动的人,人作为社会行动者既有主体性和能动性,也有客体性和实在性,是主体性与客体性的有机统一,其中,人的主体性意味着人是进行社会实践的行动主体,能够主动采取自身认为较为恰当和理性的行为;人的客体性则意味着每个人又都是他人行为的对象和客体,人一定生活于特定的社会关系和互动过程之中,在某种程度上对他人的行为作出回应和反馈(王思斌,2003:37—38)。在法国当代行动社会学的领军人物图海纳(Alain Touraine)看来,行动者可能是行动的主体,他不无幽默的指出,或许《行动者的归来》应定名为《主体的归来》,"因为当行动者处于历史质的层次(level of historicity),或处于生产社会生活的主要规范取向的层次时,他即是'主体'"(图海纳,2008:6)。

科尔曼(J.Coleman，1999：53)将行动者区分为自然人和法人行动者，自然人处于自然形成的社会环境中，人与人之间形成某种原始性的关系结构，法人行动者由一系列个人占据的位置构成，其所处的结构是人为建构的社会环境，法人行动者主要包括公司、政府部门、工会、社会组织等。对于本研究的乡村发展场域而言，行动者既涉及作为自然人的普通村民、乡村精英、基层干部、项目工作员、志愿者等，也涉及作为法人的各级政府、非政府机构、市场组织等。根据科尔曼理性选择理论的逻辑，自然人基本上依据自身个体的利益采取行动；而对于法人，其采取行动的基础应该是组织内部交换活动中所构成的一系列利益。法人权利的所有者与行使者不同于自然人，它是众多的个人将各自的权利集中起来授予法人，法人再将集中的权利委托给代理人，代理人负责行使法人所拥有的各种权利。

当然，科尔曼的理性选择理论还不足以完全解释乡村发展场域中不同行动者的行动策略和逻辑，行动者不仅是生物存在，还是社会存在和文化存在。正如方文(方文，2002：13)将社会行动者视为由生物行动者、文化行动者以及社会能动者所构成的三位一体概念框架。社会行动者在逻辑上和发生学上首先必然带有生物行动者(biological actor)的属性，其行为机制肯定会受制于人类物种的基因程序化(genetic programming)的过程与机制；生物行动者在演化过程中，逐渐构造出自身的文化品格和价值体系，从而成为文化行动者(cultural actor)，开始受制于符号程序化(symbolic programming)的过程与机制；社会行为一定发生在实际的、复杂的社会情境之中，社会情境构成行动者的社会存在和社会事实，使之成为社会能动者(social agent)。本研究对乡村发展场域中多元行动者的策略行为的理解，一定程度上也是依据社会行动者作为生物存在、文化存在以及社会存在的三位一体模式的综合性阐释路径。

对于行动者概念的把握,离不开结构和行动者之间关系的认识。制度结构对于发展干预行动的限制,一直是主流学术界的分析路径。不过,这种分析路径往往过于强调制度结构对于组织和个体行为的单向形塑,有意无意遮蔽了结构为行动者提供的行动机会和空间以及行动者对于制度结构所具有的能动和回应作用(毛丹、陈佳俊,2017)。因此,不容忽视的实践议题是,作为能动的行动者,在发展干预行动中,由于国家的支配意识形态、西方传入的现代价值、中国自身的文化传统,以及他们自身的地域和社群亚文化彼此之间的互构共变,有为实现目标采取行动的动机,有冲破现实规范束缚的冲动,有为自己的愿望和行动作出改变的需要,也有价值规范的自我供给行为。基于此种思考路径,如何发现并解释发展干预场域中行动者的实践逻辑,应该被视为发展研究的重要课题,也应该被理解为"社会如何可能"(陈映芳,2010)的途径之一。

三、方法与田野

(一) 研究方法

本研究从行动者视角探讨乡村发展干预的实践逻辑,主要涉及以下几方面议题:第一,关注乡村发展场域的特殊社会背景。乡村发展干预中的行动者及其实践逻辑是在特定的社会历史背景中形塑而成的,普遍性的解释模式难以契合,需要结合特定的情境去理解和归纳发展干预的行动策略与逻辑。第二,关注乡村发展干预的实践过程。只有在互动实践中才能更好地理解乡村发展场域里不同社会行动主体的行动及其产生的影响。第三,注重阐释乡村发展干预行动背后蕴涵的丰富意义。通过具体干预行动或发展事件的综合考察,诠释发展行动的意义,并据此解释参与行动的主体是如何通过他们的特定行为,建构和维持乡村发展这一社会事实的。综合考量,对这些议题的考察比较符合质性研究方法的主要特征。纽曼(W. Neuman, 1994:316—318)认为质性研究包含三个基本取向:一,非实证取向;二,实践逻辑取向;三,非线性取向。也如潘绥铭等人(2011:188)明确指出的,质性研究所能够获得的主要是"意义",即主体的标定过程,主要包括"对方的感受与解释、对于'主体'的意义、情境中'他者'这个人、社会文化中的那个情境等"。据此,本研究将采取质性研究方法,具体包括民族志方法和行动研究法。

1. 民族志

人类学民族志(ethnography)及其所依托的"田野作业"作为一种研究组合已经成为学术规范,它依据社会整体观所支持的知识论观察并呈现社会事实,既是经验研究的一种文体,也是一种质性研究方法(高丙中,2006)。民族志方法强调研究者与研究对象在日常生活中进行长时段的直接互动,相对于其他方法,民族志方法能够更好地理解他们的研究对象的信仰、动机与行为(泰德洛克,2007:506)。民族志方法的核心逻辑是,研究者进入被研究者的日常生活领域进行近距离观察,并与被研究者直接接触,建立一种密切的互动关系,聆听当地人的声音和生活故事,进而了解当地的历史文化和社会事实。可以看出,民族志方法包括两个核心要领:一是研究者直接参与研究对象的日常生活,二是研究者与研究对象进行亲密的互动(陆益龙,2011:125)。只有领会和把握好这两方面的基本要领,才能更好地理解研究对象的社会文化背景及其社会行动的动机与意义。本研究运用的民族志方法主要包括三种资料收集方法:参与观察、深度访谈和口述史。

参与观察是我在田野点常用的方法。"乡村社区能力建设项目"开展的第一阶段(2004 年 1 月至 2007 年 6 月),我作为项目主要成员,多次连续在田村居住一个月以上,平均每两个星期至少驻村一次,每次 3 天至 10 多天不等;第二阶段的 2007 年 7 月至今,我时常利用工作之余尤其是寒暑假深入田野点收集资料。不断重返田村及其所在的唐镇和北县地域,我近距离接触到当地普通村民、地方精英、村干部、县乡干部以及外部发展机构的工作人员,并亲历了许多发展干预过程中的关键事件(国家工程征地与建设、H 机构建房、农业科技推广、新农村建设、整村推进工程、精准扶贫等)。我正式参与或列席了北县、唐镇和田村举行的各种类型的正式会议与非正式讨论,与乡村干部入户收烤烟,与村民一起赶街①、采集野生菌、放牛羊,参与村里的婚丧嫁娶仪式,调解村民与高速公路和铁路工程施工方的矛盾,在村里亲眼目睹基层干部与村民的互动与冲突。

结合这些亲身经历,我撰写了近 50 万字的田野观察日记和近 10 万字的研究报告,许多重要事件和珍贵场景的全过程得以在第一时间被记录下来。也正是对这些第一手资料的体悟与分析,我获得了本研究的直接灵感。正如陈向明(2000:228)所言,"观察者与被观察者一起生活、工作,在密切的相互接触和直接体验中倾听和观看他们的言行。这种观察的情景比较自然,观察者不仅能够对当地社会文化现象得到比较具体的感性认识,而且可以深入到被观察者文化内部,了解他们对自己行为意义的解释"。当然,既然是参与性观察,参与程度就是一个绕不开的实践议题。李亦园(1997:196)认为,参与观察中的研究者参与到研究对象生活情境中的程度可以看作从"完全的观察者"到"完全的参与者"之间的不

---

① 赶街,云南方言,又称赶集,尤见于农村地区,每到特定日期,田村一般在星期二、四、六,村民分别在本村、邻镇和本镇的一个固定场所或街道汇集成的贸易市场进行日常生活用品的买卖交易,是一种临时性的贸易活动。

同程度。根据田野中的个人经验,我认为参与程度不仅取决于研究的主题,而且与具体的田野场景密切相关,是一个需要灵活处理、随机应变的过程。另外,由于本研究同时运用行动研究方法在田村开展发展干预实践,所以参与观察与行动研究往往交织在一起,参与程度也就变得更加灵活,有时需要深度融入,对发展场域产生同感并进入其中,而有时又需要冷静抽离,减少过于情绪化的反应以便作出理性的判断。

本研究的主题是行动者视角下的乡村发展干预,因此,除了观察不同行动主体的现实日常活动之外,还要了解发展场域中不同行动主体的观念世界(态度、想法、动机等)、历史事件及其细节、人们赋予行为和事件的意义等。参与观察可以获取一些相对表面的、可观测的事实资料,而如果需要理解蕴藏在表面事实背后的深层意义,则要依靠与研究对象面对面的持续互动与深入交流。鉴于此种考虑,田野工作中除了运用参与观察法收集资料之外,还充分运用访谈法特别是深度访谈法(In-depth interview)收集第一手资料。在深度访谈的运用过程中,主要使用开放、直接和口语化的问题引出发展实践中的故事与叙事,强调深度、细节、生动和细微的差别,争取从整体和细节的双向角度去理解当地社会与文化的深层意义及行动主体的实践策略。

同时,由于对社会事实的全面解释需由人类社会历史的多样性知识提供,非历史性的研究往往容易成为对有限环境的静态或短期性的研究。因此,为了重构过去乡村发展场域的重大历史事件与发展干预过程,更为了能够将不同行动主体的经验和生活史与发展过程联系起来,由此全面理解现实发展干预过程中不同行动者的行动策略,田野工作中还运用了口述史(oral history)方法收集资料。口述史透过一个人或者一群人叙述其生活经验或生活故事(life stories)以积累历史文本(text),这种方法对没有权力、没有书写能力或较少使用文字的弱势者和底层群体显得尤其重要。口述史方法突破了传统意义上历史资料的来源必须取自"文字"的限制,将历史资料的取材和范围扩展至研究对象的口头叙述和回忆,"历史的诠释权"由此回归群众,个体在口述的过程中,每个人都是自己所报道事件的深度参与者和解释者。

本研究有意识地选择了一些主要报道人(key informant)(Crabtree & Miller,2003:78)作为口述史访谈的对象。田村多位苗族老人(年龄基本在 70 岁以上)讲述了他们亲历的苗族迁徙游耕的生活史和苗寨在田村定居建村的拓荒历程,第三章"发展干预的前奏"的主要资料便来源于此;同时,多位汉族和回族老人叙述了苗族搬迁到田村 40 多年以来三个族群间复杂的互动过程,第四章"发展话语的生产"的部分资料即源于此;另外,本研究还访谈了田村前后两届村支书和村主任以及三个历任的苗寨小村长,他们上连国家政权,下结乡土社会,不仅是基层政治变迁的核心人物,也是发展干预历程的具体操作者和参与者,透过他们的"从政"经历,能够呈现出田村发展干预历程中复杂的、多重性的权力关系;为了了解 H 机构在云南的援助历程以及在田村实施"建房项目"的过程,本研究深入访谈了一位在 H 机构工作了近 8 年的工作人员,他全程参与实施了 H 机构在田村的建房项目,他的讲述为厘清该机构在田村的"遭遇"提供了重要材料支撑。

2. 行动研究

本研究采用的第二种质性研究方法是行动研究(action research)。行动研究常被视为质性研究的一环(潘世尊,2005)。行动研究自 20 世纪 40 年代被学术界正式提出以来[1],注重理论与

---

① 行动研究源于社会心理学、组织科学和社会规划等学科,美国社会心理学家 Kurt Lewin(1890—1947)是行动研究的先驱之一,他于 1944 年起正式使用"行动研究"这个名词。

实地研究的整合与互动,强调将研究发现直接运用于实践。英国学者艾略特(J.Elliot,1991:69)认为行动研究是从改善社会情境中行动质量的角度进行研究的一种研究取向。Holter 等人(1993)指出行动研究应注重"民主参与"与"理论发展",并概括出行动研究的四个核心特征:第一,研究者应与参与者进行紧密合作,而不是研究者与被研究者的单向度信息获取关系;第二,寻求实际问题的解决方法,研究成果与问题解决之间直接相关;第三,试图改变实际状况,达到研究作用于实践的根本目的;第四,力图发展理论,在行动之外还秉持一种建构理论的学术关怀。行动研究者的重点在于强调"增加觉醒"与"赋加权力",找出研究者与参与者之间合作的联结机制和具体方式,让参与者能够转变为行动研究者。因此,行动研究中的研究者往往扮演"触媒"的角色,以帮助参与者定义问题或对面临的问题产生不同的思考(赖秀芬、郭淑珍,1996:240)。由于"问题"需要解决的人群的参与,行动研究是一个将研究工作与解决实际问题相结合的实践过程。

Grundy 和 Kemmis(1982:87)指出,行动研究是实践取向的研究,通过实践者进行研究,同时研究也为了实践者更好的实践;在行动研究中,所有参与研究过程的行动者都是平等的参与者,他们必须参与研究的每个阶段;参与的类型是协作式和伙伴式的,这是一种特殊类型的人际沟通,可称之为"对称性沟通",允许所有参与者成为平等条件下的沟通伙伴;在理论性、实践性和政治话语方面,协作式沟通因此成为行动研究和行动研究者的一个重要标志。行动研究作为一种实践研究,往往包括一连串的规划、行动和行动结果的事实发现,通常都不是线性的发展过程,而是呈现出螺旋式、动态性的循环往复过程(Hart & Bond,1995),研究、行动、评估犹如绳索般紧密相连,形成交互的"咬合"关系而无法分离。

国外学术界的行动研究应用较为广泛,主要领域包括教育研究、医务护理研究、组织研究、社区研究、发展研究、行为研究、社会工作研究等。发展研究方面，Vernooy 等人（2004：10—16）提出的行动研究概念具有较强代表性，认为行动研究能够推动专业知识更好、更直接地服务于当地人群，前提是研究者与参与者需要共同完成四方面工作：第一，确定发展干预议题与需求的优先顺序，明确面临的主要问题；第二，深入分析问题形成的原因和机制；第三，采取行动以寻求问题解决的基本方案；第四，从行动中总结经验，并随时调整行动方案。国内对于行动研究的关注主要集中在教育领域。在发展研究领域，通过近三十年的实践探索，行动研究也积累了较为丰富的本土经验，成为发展研究领域不可或缺的基本方法（李小云，2008）。安迪（2004）在农牧区生计改良项目和李鸥等人（2004）在参与式水资源管理项目中都强调了行动研究中行动主体的自主参与和能力提升的重要价值，并意识到研究、实践和变化不能一蹴而就，呈现为一种循环往复的艰难过程。

我们在田村开展的"乡村社区能力建设项目"即是运用行动研究方法进行发展研究的尝试。项目组采取社区组织策略、非正规教育策略和政策倡导策略在田村开展综合性的发展干预行动，具体包括设立社区发展基金、农业技术培训、文化夜校、妇女小组、青少年社区教育、基础设施建设等多个方面。项目实施过程中，注重不同行动者（项目组成员、普通村民、地方精英、乡村干部、外部志愿者等）的共同参与，项目呈现为一个多元行动主体互构的过程，其间充满曲折和艰辛，构成了一个正向谐变、反向递变、悖向同变并存的互构场域。"我们"作为研究者与"田村"作为发展场域的关系不同于传统的研究者与被研究者之间的单向度关系，发展场域的行动主体不再简单地被当作"信息获取对象"，而是有着主观能动性的参与主体；"我们"也从"局外人"变为了发展场域的"局内人"，从原本可能只对田村发展的客观历程这一"发现知识"的目标感兴趣,转变为一方面亲自投身田村发展干预实践,另一方面也有着"探索新知"的理论诉求。

行动研究强调"对行动进行反思"。对于本研究的主题而言,如何抽离具体的发展场域,有意识地对贫困治理行动进行反思,深入理解乡村发展干预的行动者逻辑就成为关键性议题。发展干预实践是复杂的、可多种解释的、不可预料的,行动研究的"实践性反思"有利于获得对发展实践的有效理解。正如 Baskerville 等人(1999)所指出的,研究者面对复杂的社会现实时,如果实证主义的研究方法难以奏效,那么最理想的研究方法可能是一方面做出干预,引起社会现实的变化,另一方面在参与干预的具体情境中,研究者要注意观察干预引起的变化过程中的相关议题,而行动研究一方面能解决具体情境下当地人的实际问题,同时也能够实现社会科学研究的原本目的,并作出理论贡献,这时的理论就是根植于社会现实的"扎根理论"(grounded theory)或曰"生活理论"(Jean McNiff, Pamela Lomax & Jack Whitehead,2002:203)。显然,对于弥补布迪厄(Pierre Bourdieu)所谓的研究与实践彼此分离的"概括性幻想"(synoptic illusion),行动研究的方式值得尝试。

当然,在指出行动研究对本研究中心主题的论证所具有的优势的同时,还必须清楚地意识到,"对行动进行反思"实际上往往面临巨大的挑战。行动研究基于一个核心假设,即通过研究者体验和共同行动以认识自己以及自己与研究对象的关系,通过合作式的研究和评估实现对社会事实的深入理解。但是,田野工作具有实证性格与人文气质的双重特性,往往将真实的观察和想象的再现紧密结合在一起(应星,2018)。因此,研究者的省思结果未必全然契合实务情境的特性,还须将行动与反省置于"辩证性重建"的关系之中,才能对实务情境有更深入的理解(Carr,2006)。这时,研究者的身份是多样的,既是参与行动的主体,同时又是研究反思的对象和客体,如何平衡"参与主体"与"反思客体"之间的复杂互动关系,将是研究者必须要慎重处理的实践难题。福柯也强调论述(discourse)、权力(power)与知识(knowledge)之间的紧密关联。本研究中,需要对"我"与普通村民、地方精英、乡村干部、外部志愿者等行动主体的关系及其行动策略进行分析与反思,如何在材料整理中合理取舍,如何在文字中做到尽量客观的呈现,这是作为"书写"权力关系中强势一方的"我"应该警醒和认真对待的方面。在整个研究过程中,我常常会为这种可能随时出现的"书写霸权"感到惶恐不安,不过,这促使我时刻保持警醒和反省,在行动之中、行动之后持续地自我省思与自我转化,在研究过程中努力面对该面对的问题,反思自我所秉持的研究取向的效应与局限,而不是仅仅只是制造成功的假象,进而以更为适当的方式看待行动研究。

最后需要说明的是个案研究的"代表性"问题。案例研究尤其是单个案例的代表性问题和推论难题时常遭受人们的批评(折晓叶,2018)。对于本研究的主题而言,一个可能会被追问的问题是:田野点田村的发展干预故事究竟是否具有普遍性和代表性?卢晖临和李雪(2007)提出应该从纯粹的"个案研究"迈向"扩展个案研究",但这似乎只是将个案的应用范围予以扩大,并不是方法本身的改进。王宁(2007)则提出定量研究是总体代表性,而质性研究则是类型代表性,主张"证伪性个案研究",从而能够"从逻辑上绕开代表性问题"。对于这个问题的回答,本研究比较认同潘绥铭等人(2011:216)的观点,即质性研究与定量研究在"代表性"上的区别,并不是"能够在多大程度上代表",而是"究竟要去代表什么",质性研究所希望代表的是"与研究主题相关的所有潜在信息",而不是定量研究所要代表的"总体中的所有个体"。Michael Burawoy等学者(转引自古学斌,2000)认为,个案研究的"重要性不在于这个个案的典型性(typical)和代表性(representative),而在于这个个案的特殊性（particularity），从它的特殊性中，我们可以看到一种社会现象的历史脉络和当地处境下被各种复杂因素互为交错地构成的过程"。渠敬东（2019）进一步指出，个案研究的分析策略，不同于以代表性为基础的假设检验，也不等于社会生活的单纯描述和记述，而是从具有典型性的案例出发，发现由具体社会生发的运行机制。这也是本研究试图运用民族志方法和行动研究方法尽力呈现乡村发展场域的独特性和深入性的根本原因所在。

（二）田野概况

本研究的田野点田村位于云南省拓东市北县唐镇境内。北县位于云南省东北部，是国务院扶贫办认定的国家级贫困县，共辖17个乡镇、173个村民委员会。北县横跨金沙江和南盘江两大流域，全县土地总面积约 3 598 平方公里，从东到西纵距 80 公里左右，由南向北绵延 60 余公里。北县地形中部与北部偏高，西部与东南部偏低，境内山脉起伏，沟壑纵横，其中有名字的山峰大约 90 余座，山地面积占全县总面积的 70% 以上。点缀在群山之间的坝子①有 80 多个，水田面积在万亩以上的坝子 5 个，千亩以上的河谷槽坝 10 个。这些坝子与河谷槽区的总面积大约 20 余万亩，占全县耕地总面积的 30% 左右，是水稻和苞谷的主要产区。其余的土地均为山区、半山区和高寒山区。北县地形复杂，温差较大，气候差别悬殊，最热月平均气温 20 ℃，最冷月平均气温零下 6.6 ℃，年平均气温 14.4 ℃，年平均降雨量为 1 030.8 毫米，其中 5 至 10 月份雨季的降雨量占全年降雨量的 90% 左右。

通过历史文献资料的考察，能够大致梳理出北县的人口变迁

---

① 坝子是当地针对"局部平原"地区的一种称谓。坝子主要分布在山间盆地、河谷沿岸和山麓地带，坝上一般地势平坦，气候温和，土壤肥沃，往往是农业兴盛、人口稠密的经济中心。

历程。北县是一个典型的多民族共居县,汉、回、彝、苗为主要民族。关于北县人口资料的记载,最早见于明《嘉靖北县府志》,嘉靖庚戌年(1550 年)计,"七里共一千一百五十一户,二万八百三十四口"。清《康熙北县州志》记载,"北县原额上中下共三千八百二十一丁"。民国十五年(1926 年)分编"全县共二万六千九百一十八户,一十三万五千八百四十五人"。1952 年全县总人口 218 834 人,1982 年人口普查全县共 419 292 人。2005 年末,全县总人口 505 351 人,其中汉族 395 447 人,占 78.3%;回族 61 290 人,占 12.1%;彝族 42 622 人,占 8.4%;苗族 5 395 人,占 1.1%,人口密度为 140.5 人/平方公里(《北县概况》编写组,2008:8)。2010 年,北县常住人口 45.7 万人,少数民族人口 11 万人,占 21.8%。北县各民族的居住模式呈现出不同的特点。汉族主要居住在坝区;回族居住地比较分散,全县的 17 个乡镇中,13 个乡镇有回族居住,但大多数也居住在坝区和城镇交通沿线;彝族主要居住在海拔 2 000 至 3 000 米的山区,由于居住在山区,畜牧业有较为悠久的历史;苗族并不是北县的世居民族,清朝咸丰年间,苗族先民开始迁入北县地域,田村的苗族村落形成则更晚,至今不过 40 多年的时间,基本都是 1975 年以后从邻县迁入。当前,北县的苗族主要分布在 13 个乡镇的 73 个自然村,大多居住在高寒山区,村寨不大,甚至几户、十来户就是一个自然村。

北县是一个典型的农业县,耕地面积 57.8 万亩,其中水田 16.3 万亩,旱地 41.5 万亩。粮食作物主要种植水稻、苞谷、马铃薯、小麦等,由于气候条件和土壤优势,经济作物可种植烤烟、油菜、芸豆等。马铃薯是北县的重要粮食作物,是高寒冷凉贫困地区农民口粮、动物饲料和经济收入的主要来源。烤烟种植的历史也非常悠久,1983 年国务院颁布《烟草专卖法》之后,北县就成立了烟草公司,烤烟生产形成了产供销一体化经营,成为全县经济的主

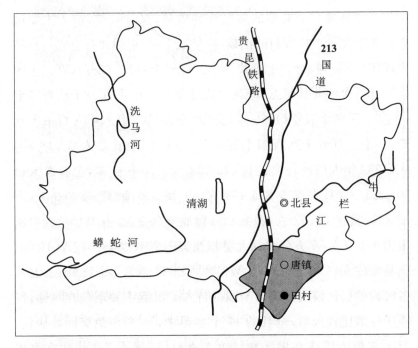

图 1-1　唐镇与田村在北县的位置

要支柱。北县 1982 年被列为云南省经济不发达的困难县,1986
年被列为云南省省级贫困县,1994 年被国务院列为国家级贫困
县。作为贫困县,北县一直是国家和各级政府扶贫开发的重点对
象,现有省级扶贫攻坚乡 5 个。截至 2005 年,北县仍有绝对贫困
人口 2.85 万,低收入人口 15.96 万。按照农村人均纯收入低于
1 196 元的贫困标准,2010 年底,北县贫困人口超过 20 万人。

　　田村是北县唐镇所辖的一个行政村,位于唐镇南部,距离镇政
府所在地 8 公里,距离北县县城 23 公里,距离省城拓东市 70 多公
里。田村历史悠久,据《北县县志》(1999:36、48)记载,"田村是
明、清时的驿站,木密守御千户所旧址,古驿道经过此地",传闻诸
葛亮南征时到此,"诸葛武侯南征本征部驻地,即'平蛮会盟处',诸
葛亮曾手植一古柏,植柏之地尚存。因手下大将关兴镇此,苗民称

父曰索,故名关索岭。后人为纪念诸葛武侯,在此立'英烈武侯庙'"。从现存的田村古城遗址的断垣残壁及其广阔的辐射范围,可以推测出当时的田村古城应该颇具规模;而从关索岭上蜿蜒而下的古驿道遗址,又可以勾勒出当年大量的马帮群在这条古代"国道"上驮着千年的历史游走在行省与京城之间的那种壮观景象。如今,高速公路、铁路、国道从境内通过,田村依然是一个交通异常便利的村庄。在田村西北,干流全长 423 公里的牛栏江(金沙江右岸支流)跨村而过,是田村重要的灌溉水源。

　　田村国土总面积约 26 平方公里,海拔 1 900 米左右,全村耕地面积 2 844 亩,人均 0.82 亩,主要种植烤烟、苞谷、水稻、小麦等农作物。田村辖 17 个自然村寨,其中 11 个自然村为汉族村寨,5 个自然村为苗族村寨,1 个自然村为汉、回杂居村寨。现有农户920 户,人口 3 562 人,主要为汉族、回族和苗族,其中汉族人口为2 690 人,占 75.5%;回族人口为 531 人,占 14.9%;苗族人口为341 人,占 9.6%。"乡村社区能力建设项目"在田村的三个苗族村寨(峰寨、栗寨和石寨)开展,分布在方圆 6 公里的范围内,其中峰寨有农户 60 户,204 人,男性 104 人,女性 100 人;栗寨有农户 12户,46 人,男性 26 人,女性 20 人;石寨有农户 7 户,27 人,男性 15人,女性 12 人。苗族并不是田村的世居民族,而是 20 世纪 70 年代逐渐从邻县移民搬迁或游耕至此定居下来。三个苗族村寨除个别农户有入赘的女婿或者嫁入的妇女为汉族外,其余人口都为苗族。

　　峰寨、栗寨和石寨都是典型的山区贫困村寨。村民的经济收入主要来自农业种植、家庭养殖和山林采集。由于所居住的山区水源不足,海拔相对偏高,农作物主要为耐旱和耐寒的苞谷、小麦、烤烟等。贫瘠的土地、老化的品种加上落后的耕作方式导致农作物产量很低。近年来,当地政府全面推广新技术农业,苗族村民基

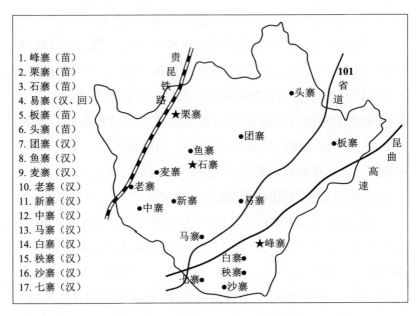

1. 峰寨（苗）
2. 栗寨（苗）
3. 石寨（苗）
4. 易寨（汉、回）
5. 板寨（苗）
6. 头寨（苗）
7. 团寨（汉）
8. 鱼寨（汉）
9. 麦寨（汉）
10. 老寨（汉）
11. 新寨（汉）
12. 中寨（汉）
13. 马寨（汉）
14. 白寨（汉）
15. 秋寨（汉）
16. 沙寨（汉）
17. 七寨（汉）

图 1-2　田村 17 个自然村分布图

本掌握了地膜栽培苞谷的技术，农作物产量有了一定程度的提高，才算勉强解决了温饱问题。不过，许多村民认为新技术过于麻烦，耗时费力，且需要资金购买大量地膜等农资，于是又返回到了老品种、老方式的耕作套路上。采集野生菌类和野菜、挖中草药是苗族村民经济收入的重要来源，村民每年基本上四分之一左右的时间进山采集，相当部分苗族家庭，采集收入占其家庭总收入的 50％以上。苗族有饲养家禽家畜的传统，不过，饲养的畜禽往往难以带来明显的经济效益，一方面是因为饲养方法简单粗放，饲养周期长且病死率非常高；另一方面则是由于饲养的畜禽基本自己消费，或换一点粮食油盐、日常生活用品，很少有村民会以增加收入为目的饲养畜禽。概括上述情况，田村苗族基本上还是延续着"靠天吃饭"的生计方式。

苗族村民的受教育水平普遍偏低。根据项目组的入户调查数据,三个苗族村寨村民平均接受教育的年限不足三年,很少有人初中毕业。寨子里从未接受过任何学校教育的成年人超过 50 人,其中妇女占绝大多数。更加令人担忧的是村里儿童的入学情况,一方面有些学龄儿童由于家庭特别困难而早早辍学,另一方面村里流行着"读书无用"的思想观念。随着国家教育政策的落实,义务教育阶段的教育支出并不高,但苗寨的儿童大多数只会读到小学三年级到四年级,很多小孩宁愿辍学在家干家务、做农活、放牲口,也不愿上学读书,通常只有少部分儿童能完成小学学业。生活方式方面,村民依然基本延续着苗族先民游耕迁徙时代即时消费、不重视积累的生活习俗。当前,现代主义的消费观念也时刻影响着村民的生活方式,他们对新奇时尚的东西非常感兴趣。年轻人喜欢模仿电视里的时尚元素,崇拜明星偶像,推崇劲歌热舞。近些年来,村民表现出对摩托车、电动自行车、手机等现代消费品的热衷。项目组刚进驻峰寨时,许多村民正好领到修建高速公路的征地补偿款,多的领到几万元,少的也有五、六千元。我们经常看到村民们买肉打酒、大肆宴请的情景,同时,村里突然之间出现了许多山地自行车、大量崭新的摩托车、彩电、沙发、音箱和手机,好几户家庭还用几万元的补偿款购置了二手的小轿车和面包车,甚至还有几户村民购买了并不适用于山区的电动单车。这种情形大概持续了两个月,大多数村民基本都消费完了征地补偿款。当资金不足时,一些村民会到当地农村信用社贷款以维持对大宗消费品的支出。田村的村干部经常向项目组"诉苦",政府都不敢将救济粮款直接分发给村民,担心他们拿来打酒喝。

田村苗族的贫困问题,引起了当地政府的长期关注,多年来一直是政府扶贫的重点村寨。县乡两级政府将其作为对口扶贫的"挂靠"点,推广苞谷新品种及种植技术,发放救济粮款,帮助改造"茅草房",进行"农电"改造。政府的扶贫规划和措施一定程度上改善了村寨的生产生活条件,村民的经济收入得到增加并基本解决了温饱问题。但是,这种扶贫行动也养成了村民对"输血式"扶贫的依赖,他们每年会"等着盼着"政府的救济,希望政府帮助他们解决各种问题。如果政府没有"表示"或"指示",村民也就没有了发展的动力。在这种缺乏内生动力的发展状态下,贫困治理依然是苗族村寨的核心议题。不过,这种贫困已不完全是经济学家所说的"老式贫困"(ancient poverty)或绝对贫困,而是呈现出相对贫困和绝对贫困并存的"丰裕中的贫困"(poverty in the midst of plenty)(谭崇台,2002)的显著特征。经济增长并没有改变苗族传统的贫困的生活方式,反而带来了更为深刻的发展问题。这是一种缺乏发展的内在动力、同当地汉族和回族相比存在明显的收入及生活方式上的差异,以及由于抗风险能力和应变能力不足、缺乏自主性而造成的脆弱性等原因而产生的贫困。田村苗族的贫困问题,除了得到地方政府的长期扶持外,还引起了许多非政府机构的关注,其中以 Y 大学"乡村社区能力建设"项目组开展的综合性减贫活动和 H 机构的建房项目最为典型。这些发展干预实践构成了本研究分析的核心素材。

(三) 篇章架构

本研究将乡村发展干预实践视为一种规划性社会变迁的过程,总体目标是从行动者视角分析乡村发展干预的实践逻辑,进而管窥乡村发展场域中的国家与社会关系。毫无疑问,从行动者视角理解乡村发展干预实践,不能仅靠单独的微观个案呈现,而应该是一项系统的"学术工程"。因此,在研究思路上,除了具体发展场域的行动者策略分析之外,以下三个方面亦是本研究重点处理的议题。首先,必须梳理前人对此议题所进行的浩如烟海的探索,发展研究的理论遗产和智识资源是本研究的基础,如果不能从学理上厘清发展研究的基本路径,就无法确立本研究的学术价值和主攻方向。其次,为了使行动者取向的发展研究不至于滑向极端个体主义的"泥塘",有必要考察附着于行动者身上的历史文化因子及其现实意义,这显然需要吸收结构制度取向的分析优势,开展历时性的纵向结构分析。第三,如果承认发展不仅是一系列客观的事件与活动,同时也是一种独特的话语建构过程,那么,分析作为整体的发展实践所不可或缺的有机组成部分的"发展话语",就不单是吸收批判解构取向的营养,更是行动者取向发展研究的题中之义。

基于以上检讨和反思,本研究在整体架构上分为七章,除第一章"导论"和第七章"结论与讨论"之外,主体部分沿着四个步骤展开。第一步,从学理的角度梳理出社会学与人类学等学科关于发展研究的主体范式,对本研究进行学术定位(第二章);第二步,对发展干预对象(田村苗族)的历史文化进行深入探讨,建立"行动者"视角分析的基础(第三章);第三步,探讨作为发展实践组成部分的发展话语的建构过程,分析其蕴含的现代性意义(第四章);第四步,运用"行动者"视角对田村的发展干预过程展开类型学分析,"行政动员式发展干预"和"社会参与式发展干预"构成了田村苗族发展干预的两种基本类型,其中社会参与式发展干预又呈现出不同的亚型,并分别分析了其间蕴含的不尽相同的国家与社会关系形态(第五章与第六章)。

第一章:"导论"。这部分首先阐述了本研究的研究缘起和中心主题,同时,为了讨论发展场域里不同行动者构成的复杂"关系丛",提出将"国家—社会"关系作为本研究的分析框架,而为了不致引起学术上的歧义和误解,亦对与研究主题相关的核心概念进行了澄清。另外,本章对采用的民族志方法和行动研究方法进行了探讨和反思,并介绍了田野工作的基本情况。

第二章："发展研究的主体范式"。二战以来社会学、人类学等学科关于发展问题的学术研究形成了三种较为清晰的研究范式。第一种是结构制度范式，主要关注发展的宏观层面的结构变化和制度变迁的趋势。第二种是批判解构范式，通常秉持"福柯式"的分析逻辑，对"发展"概念本身展开本体论的话语批判。第三种是行动者范式，核心议题是关注发展干预实践中行动者的"策略行动"，但也考虑行动者同结构和制度之间的关联性以及对行动者发挥形塑作用的发展话语的建构过程。与前两种范式相对丰富的学术成果相比，国内学术界在行动者范式的发展研究方面才刚刚起步。

第三章："发展干预的前奏"。行动者本身的历史文化传统及其所处的现实社会背景会影响其日常生活和行为方式，从而对发展干预行动发挥实质性的重塑作用。因此，理解当前乡村发展场域的行动者策略，首先需要厘清附着在行动者特别是干预对象身上的历史文化信息及其实践特征。本章主要对作为发展干预对象的苗族的历史起源、社会记忆及其现代性遭遇进行系统分析。总体上看，苗族的现代性遭遇表现为"迁徙"和"定居"两种不尽相同的人类生存模式的碰撞与冲突。迁徙的生存模式是"流动维持生计"，展现的是一幅"原初丰裕社会"的图景；而定居的生存模式则是"积累促进生产"，面临的是一场"丰裕中的贫困"的现代性困境。

第四章："发展话语的生产"。发展一方面是一系列客观的事件与活动，同时也是一种独特的话语建构过程。发展话语是发展场域里不同行动者互构的产物，是行动者视角的发展研究应该予以分析的基本内容。本章的目的在于考察田村苗族作为被发展者或发展干预的对象是如何被社会建构起来的。研究发现，国家的发展主义逻辑、基层的干部治理策略以及主族的话语权力实践共同生产和传播了附着在田村苗族身上的发展话语形态，这些发展话语不断建构着苗族作为"被发展者"的"客体身份",并逐步演化出苗族的身份认同危机。

第五章:"行政动员式发展干预的地方实践与行动策略"。本章运用行动者视角对"行政动员式发展干预"实践进行了系统讨论,重点分析了田村苗寨的"整村推进工程"的规划与实践。这种类型的规划性发展可以简化为政府和农民构成的"二元行动者场域"的干预实践。政府通常采取条线化控制、组织化动员、简单化操作等策略实施发展干预;而农民则慢慢形成对发展干预的"制度性依赖"。这种发展场域显现出一种国家"悬控"社会(农民)的特征。

第六章:"社会参与式发展干预的地方实践与行动策略"。本章运用行动者视角对"社会主体的被动参与型减贫实践"和"社会主体的自主参与型减贫实践"进行了系统分析。H 机构的"危房改造计划"是前者的典型呈现,此种发展干预类型中,政府、社会组织和农民构成三方互动的关系结构。政府采取"行政吸纳"方式将社会组织的服务功能纳入自身体系中为己所用;社会组织则不得不采取"被动适应"策略,以维持组织的基本利益;而农民对于政府与社会组织之间的博弈往往采取"随机应变"的策略,选择更加符合自身利益的行动方式。这种发展场域显现出一种国家"吸纳"社会(社会组织)的特征。Y 大学的"能力建设项目"是后者的典型呈现,此种发展干预类型中,政府、社会主体和农民也构成一种三方互动关系。社会组织采取"自主型参与"策略,通过主动规划和组织进行发展干预;政府不是将社会主体吸纳到自身的行政体系中加以利用,而是采取"合作型参与"策略与社会主体共同推进发展项目;农民则表现出更多的"利益型参与"策略,参与与否以及参与程度的高低取决于可能获得的现实利益。这种发展场域显现出一种国家"嵌入"社会(社会主体)的特征。

第七章:"结论与讨论"。本章是对乡村发展干预实践的总体特征的归纳与总结。本章首先对乡村规划性发展的基本表征进行了归纳，指出乡村规划性发展的类型具有多元形态和非固化性。其次，对乡村发展场域里国家与社会关系的复杂性和多样性进行了探讨，指出应当回到具体场景之中，以已经发生或正在发生的主体间的实践形态为讨论国家—社会关系议题的根本依据。最后，基于"行动者"取向的实践导向，本章尝试性地提出了乡村发展干预的"内源性能力建设"模式的构想。

第二章　发展研究的主体范式①

> "以行动者为导向"的方法，一方面吸取了结构主义的教训，另一方面也采纳了后现代主义的优势。其关注的中心在于社会结构与能动者之间的互动，尤其是能动者如何通过日常生活来构建社会。
>
> ——彼得·华莱士·普雷斯顿，2011:313

纵观二战之后社会学、人类学、政治学等学科关于发展问题的学术研究，可以梳理出三种较为清晰的研究范式。第一种是结构制度范式。结构制度范式关注宏观的结构变化和制度变迁的趋势，通常从现代化理论中吸取营养，也会在马克思主义政治经济学理论的基础上采用结构主义或制度主义的分析方式。第二种是批判解构范式。批判解构范式秉持后结构主义或曰"福柯式"的分析路径，对"发展"概念本身展开本体论的话语批判，并在此基础上倡导"后发展"理念，试图构建一个"后发展时代"。第三种是行动者范式。行动者范式背后的理论支持实际上与结构制度范式并无本质区别，注重行动者与结构和制度之间的相关性，但同时也关注发

---

① 本章内容经过扩充与延伸，分别以论文《当代国外发展研究主要学术争论解析与研究展望》《交叉学科取向的国际发展研究：构想、实践与挑战》的形式发表于《外国经济与管理》2013年第6期和《国外社会科学》2017年第6期。

展场域里对行动者产生影响的话语建构。不过，相较于结构制度范式的宏观性和批判解构范式的激进性，行动者范式的发展研究体现出更多的实用性和折衷性，"更注重从细节上记述行动单元对社会结构现状的不同反应，以及探索相关社会行动者的生计策略和文化禀性，描述人们解决他们每日生活面临的困境的方式"（叶敬忠、李春艳，2009）。

一、结构制度范式的风靡

结构制度范式的发展研究拥有两个传统的主流理论作为支撑，分别是现代化理论和依附理论。现代化理论与依附理论虽同属结构制度取向的发展理论，却秉持两种不尽相同的意识形态。现代化理论遵循自由主义的理念逻辑，同时恪守渐进的扩散效应与滴漏效应对贫困国家与地区的影响；依附理论坚持激进批判的态度，认为发展是中心国家对边缘国家不断剥夺的不平等过程。在差异性之外，两种理论也有相似之处，都视发展变迁为一种核心权力向外扩散的过程，即发展变迁是通过国家或国际按照事先规划的"发展阶段"并采取"自上而下"干预方式而运作的实践活动。据此，两种理论都不同程度地表现出决定论色彩，即在将发展看作是由外部干预决定的线性发展过程这一理念上是一脉相承的。

（一）发展的结构视野

现代化理论是各种观点的集合体，兴起于 20 世纪 50 至 60 年代，并迅速成为发展研究的主流理论，此后虽受到来自多方面的质疑与批评，但目前依然是支配发展实践及其学术研究的重要理论视角。尽管当前许多从事发展规划与发展干预的人员所使用的概念相较他们的前辈更加复杂，但他们本质上仍然是地地道道的现代化理论的实践者和倡导者。正如诺曼·龙（Norman Long，

1992:18)所指出的,就朝向技术复杂化和一体化的"现代"社会形式的转型过程来看,现代化无疑使发展显得更加现象化了。本质而言,现代化是进化论思想的展现,它以自然经济向商品经济转变为根据,强调不同的国家与地区都处在同一条直线发展道路之上,发达国家与不发达国家的区别不在于发展道路的不同,而在于发展阶段的差异,但最终都会到达工业化与都市化的社会发展阶段。

现代化理论实质上采取"二分方法"描述发展的演进过程,"传统"与"现代"是其基本的二元对立概念,之后又衍生出"农业与工业"、"农村与城市"等一系列具有互斥特征的二分概念体系。这种划分意味着现代化将帮助传统社会跨越各种二元对立,从传统社会迈向现代社会。美国著名社会学家帕森斯(Talcott Parsons)从社会学角度论证了现代化理论的合理性。帕森斯在行动理论的基础上构建了其复杂的结构功能主义理论体系,将社会看作是由共同价值观组合而成,且具备自我调节功能的世界,通过现代化,欠发达国家会从传统社会逐步过渡到发达的现代社会,社会发展应当以工业化为基本目标,世界将在工业化的逻辑下获得最终整合(普雷斯顿,2011:163)。帕森斯的理论阐述极大地影响了现代化理论的发展路径,某种程度上结束了现代化理论内部各种学派分立的局面。正如普雷斯顿(2011:164)所言,现代化理论"展现了现代化的过程和目标,并为发展干预提供了一些政策建议"。

作为一种发展理论,现代化理论遭受了多方面的批评。首先,关于发展必然遵循西方发达国家模式的基本假设无疑蕴涵着西方中心主义的倾向。人类学的研究表明,发展变迁具有多种演变形式,无法简单阐述为传统社会向现代社会的过渡。其次,现代化理论排斥地方文化和传统农业的观点很难具有说服力。研究指出,认识地方知识与文化是开展符合当地发展项目的关键所在(L. Mair,1984)。第三,现代化理论没有注意到经济增长在微观层面的具体表现,认为经济增长将自然导致所有人获益,而实际情况往往更加复杂。莫斯利的研究发现,即使在经济快速增长的地方,贫困问题并不一定解决,相反有可能加剧(P.Mosley,1987:155)。希尔指出,在发展项目中,受助地区居住着不同人群,其在权力、机会、资源等方面均有所不同,现代化理论并没有对此作出区分,这对于处在贫困底层的群体和少数民族而言显然是灾难性的(P.Hill,1986)。第四,现代化理论难以解释贫困产生的真正原因。现代化理论的"直线发展观"基本不考虑历史与政治因素,将工业革命时期的欧洲同20世纪后半叶的亚洲或非洲进行比较。这种观点遭到"依附理论"或"新马克思主义理论"的强烈批判。

运用现代化理论对发展问题展开分析的经典研究包括:艾森斯塔德的《现代化:抗拒与变迁》与《传统、变迁与现代性》,其中《现代化:抗拒与变迁》从社会学角度分析了现代化社会的主要特征与问题,并着重介绍、比较和分析了现代化过程的失败与成功的情况(S.N.Eisenstadt,1988);阿普特的《现代化的政治》运用结构—功能分析方法,将经验研究与规范研究结合起来,对现代化进程中的不同国家进行了比较研究(David E.Apter,2011);布莱克主编的《比较现代化》(Cyril E.Black,1996)及其专著《现代化的动力——一个比较史的研究》(Cyril E.Black,1989),强调了现代化研究中比较分析方法的重要性,其中《现代化的动力》被认为是运用历史比较方法对现代化过程进行综合研究的开山之作。

依附理论于20世纪60至70年代逐渐兴起,汲取了马克思主义关于资本主义天生具有剥夺性的思想,认为发展在本质上是一个不平等的过程(加德纳、刘易斯,2008:15),在依附发展的过程中,富国越来越富有,而穷国则越来越贫困。依附理论认为,通过帝国主义的侵略与征服,边陲地区的经济被资本主义整合,而整合的过程是不平等的。以制造业为例,边缘地区在向中心地区的制造业提供原材料的过程中,逐渐依附于海外市场,经济则主要依靠非常单一的产品。就此而言,桑托斯(Dos Santos)认为依附是"一种持续的状态,在这种状态下,一些国家的经济取决于另一些国家经济的发展与扩大。依附是两个或更多经济之间互相依赖的关系,当一些国家可以通过自我推动来扩大经济,另一些国家则处于依附地位而只能在占支配地位国家的经济扩大后有所改变时,世界经济体系就具有了一种依附关系"(转引自加德纳、刘易斯,2008:16)。依附理论的代表人物富尔塔多(C.Furtado)在《拉丁美洲经济的发展》一书中,采用结构与制度的分析方法,并结合纵向历史的分析维度,发现拉丁美洲被以一种不平等的经济运行方式纳入世界资本体系之中,并造成了拉丁美洲当前社会经济结构的困境(转引自普雷斯顿,2011:183)。富尔塔多于1978年出版的另一本著作《积累与发展》中,深入研究了拉美国家的依附现实,并明确指出,拉美国家的依附困境是长时期历史的产物。

依附理论面临的挑战也是多方面的。第一,依附理论将边缘国家和穷人看作是被动的客体,似乎除了受到剥削的事实之外,他们没有反抗的能力和知识。换言之,依附理论强调分析贫困产生的结构性因素,而不试图去理解当地人怎样制定行动的策略以及如何获取自主发展的机会。第二,依附理论在提供解决问题的方案上明显不足。依附理论不仅没能力为资本主义自身问题的处理提供策略方案,更由于它坚持如果现存结构不发生根本变革贫困问题无法根除的观点,在发展实践中带来了诸多悲观论调和情绪,从而在某种程度上可能影响边缘地区的进步与发展。不过,依附理论探讨的"谁从发展中获得了什么"的问题,显然是被现代化理论所忽略或遮蔽的,在对发展本身的反思层面,依附理论显然更进一步。尽管作为一种发展理论,依附理论显得比较单一粗糙,影响不及现代化理论深入持久,但它坚持的"一方获益与另一方损失相关联"的观点,对于认识发展问题还是大有裨益。

运用依附理论对发展问题展开研究的经典论著主要包括:弗兰克的《拉丁美洲:不发达和革命》(A.G.Frank,1969)与《依附性积累与不发达》(A.G.Frank,1999),其中《依附性积累与不发达》试图通过对世界资本积累进程中依附性生产关系与交换关系的分析,说明不发达问题的产生根源;阿明的《不平等的发展——论外围资本主义的社会形态》以不发达问题的分析为中心,不仅对亚非拉第三世界国家发展道路进行了剖析,而且对整个资本主义"外围"与"中心"的南北世界进行了历史的和地域的纵横描述,是一部深刻剖析现实世界的政治经济学论著(Samir Amin,1990);卡多索等人在《依附与拉丁美洲的发展》一书中不仅表达了对拉丁美洲依附发展的忧虑,同时也表达了对工业资本主义体系复杂变迁趋势的关注(F.H.Cardoso,1979)。

(二) 整体性思维的发展研究

虽然现代化理论与依附理论不能囊括所有结构制度取向的发展理论,但此后的制度主义发展理论、世界体系理论等宏观发展理论在分析路径上同它们有异曲同工之妙。总之,在结构制度取向发展理论的支持和影响下,二战以后发展学家的主要任务便是"分析社会结构变化、提出相应的干预建议"(普雷斯顿,2011:306)。虽然遭受多方批评,但结构制度取向依然是当前发展研究的主流范式,国内外关于贫困与发展问题的相关研究也大多集中在此种范式门下。

国外相关研究中比较著名的要数缪尔达尔对南亚贫困与发展问题的专门研究,在《亚洲的戏剧——南亚国家贫困问题研究》一书中,缪尔达尔认为,南亚的制度结构对其社会经济状况产生了深刻影响。南亚国家存在着许多不利于经济发展的制度条件,如土地占有制不利于农业发展,有些国家的政府机构缺乏必要的权威或者国家公共管理的效率和廉政标准低下等。他进一步指出,制度的缺陷与低效同公众态度的缺陷密切相关。公众的态度支撑着制度,同时得到制度的支撑,两者对菲薄的收入均难辞其咎。他的结论是,南亚国家要获得发展,要提高贫困群体的社会生活水平,需要相当大的努力,要进行更快和更有效的制度改革,这需要引起西方世界的关注。缪尔达尔认为,人类理性能够确保国家政府计划的制定与实施,并获得社会发展变迁。他指出,国家政府的本职工作就是要制定并实施相应的宏观发展计划,当然,这种计划不仅包括经济的增长,而且是全方位的发展,从而使社会取得最大限度的进步(Gunnar Myrdal,2001)。

国内社会学对于贫困与发展问题的分析路径多数追随现代化理论,基本可以归属于结构制度取向的范畴。沈红(2000)借用胡格韦尔特(A.Hoogvelt)的阐述框架,从过程、互动和行动三个方面归纳了国内学术界对于贫困与发展的研究。根据发展研究的特点,本研究也尝试借鉴胡格韦尔特的分析框架中的"互动"与"行动"两个维度对结构制度范式的发展研究文献进行简要梳理。

第一,作为"互动"的发展研究。这里的互动主要不是微观层面的主体互动,而是相对宏观层面的诸如地区互动、群体互动等,即运用一种或者多种互动关系展开对发展问题的探讨,具体包括地区差异分析、群体差异分析、利益结构分析和发展主体的讨论等。费孝通曾经大力倡导的边区研究,主要在较为宏观的视野下考察东部与西部地区间的互动与协调发展的问题,将农村和少数民族地区的发展问题置于全国范围之内进行宏观互动分析(费孝通,1993)。之后,通过马戎、潘乃谷等学者的长期系统研究,有关民族地区的发展研究形成了诸如《边区开发论著》、《多民族地区:资源、贫困与发展》、《社区研究与社会发展》等一系列卓有成效的研究成果,这些研究着重强调指出我国西部地区的发展应当是包括各少数民族在内的整体区域的综合协调性发展(潘乃谷、周星,1995;潘乃谷、马戎,1996)。康晓光(1995)从成因的角度区分了三种贫困类型:制度性贫困、区域性贫困和阶层性贫困,并据此提出了反贫困的三种基本战略。王绍光(1999)的研究指出,政府给予沿海地区相对独立的优惠政策实质上是秉持了"强者更强"的发展策略,他认为这给人一种歧视贫困内陆地区的印象。黄平(2006)分析了不平衡格局下我国农村发展的困境,并指出区域发展是个"大问题、真问题"。李培林(2010)认为,在新的发展阶段寻求"三农问题"的解决途径,应该跳出单纯从农村出发的传统视野,必须从城乡统筹发展的角度思考问题。

第二,作为"行动"的发展研究。主要包括扶贫方式、传递系统、瞄准机制以及参与式扶贫等方面的讨论。1985 年以前,我国还没有形成系统的发展干预体系,减贫行动主要依赖于国家整体经济的强力带动,并辅助运用一定形式的救济式扶贫策略。上世纪 80 年代中后期,国家启动了大规模、长时段的开发式扶贫工程。90 年代以后,国际性的援助工业大量输入并促发了本土性社会组织的兴起,发展干预行动朝多元化迈进。针对发展干预瞄准机制失灵的问题,有学者根据发展干预项目的组织方式、实施流程、干预规模等方面的数据资料,分析了政府发展干预系统自身的运行机制与干预的效率问题(谢扬,1995)。汪三贵等人(2005)从不同侧面分析了我国农村贫困的现状和扶贫开发过程中面临的诸多现实问题。当前,逐渐开始有学者关注发展干预的传递过程、社区自组织的形成与发展潜力、参与式发展以及小额信贷发展等方面的议题,不过,此类研究主要并不是分析发展场域里不同参与主体的行为特征与互动模式,而是依然注重从发展场域外部探讨社区自组织的建立、参与式发展与小额信贷的实施问题,这种分析方式与行动者范式所强调的对发展场域里不同行动主体之于发展实践的共同形塑过程的分析还有较大距离。

二、批判解构范式的呼喊

20 世纪 80 年代以来,越来越多的研究者对"发展"这一概念本身提出了质疑,批判解构取向的发展研究随之兴起。这种取向的发展研究包含了前后相继的两方面内容:第一,对"发展"本身展开"福柯式"的话语分析与批判;第二,在话语批判的基础上,倡导一种"后发展"理念,寄希望于"后发展时代"的来临。

(一) 发展的话语批判

话语分析与批判的方法源自福柯(M.Foucault)及其众多的追随者。福柯探讨了经济学、自然史等诸多知识领域,通常情况下,知识和话语都被表述为客观的和超越政治性的,但福柯的研究恰好表明知识和话语是被历史、社会和政治所建构而成的。判断什么是知识、什么不是知识以及谁有资格拥有知识实际上涉及权力的运作。虽然权力话语一般被学术界作为客观的事物进行描述,但事实上权力也会以特定的方式建构着自己的主体,话语的生产和传播是权力运作不可或缺的组成部分。话语既包含了结构,也蕴含了实践,并对实践发挥着深刻的影响,发展本身作为一套话语体系,精彩地扮演着这一角色。从福柯的逻辑出发,发展领域生产的知识可以被解构为是对现实的历史和政治的某种建构,它同特定历史条件下的权力关系的运作密切相联,并不仅仅是对现实情形的纯客观描述。

发展的话语分析视角始于 20 世纪 80 年代晚期,主张对"发展"作为一个概念和实践进行本体论质疑。发展的话语批判试图回答几方面问题:发展话语如何同社会结构和权力体系相勾连?

发展场域的不同行动主体如何争夺话语权？发展作为一种知识类型与其他知识类型的边界在哪里？总之，发展的话语分析试图跳出"发展"，把发展本身视为一个"社会事实"加以考察，以一种不同于以往的方式认识解构发展实践及其运作逻辑。发展的话语分析习惯于将发展看作是源于西方世界的话语体系，被运作成了一种强劲而有力的机制建构形塑着第三世界的经济、社会和文化，它试图在作为主流的发展主义意识形态之外发出另一种声音，希望能够提供某种替代性的表达方式和实践方案。这种视角的研究基本上达成了一种共识，看似立场中立、不言自明的发展概念实质上掩盖了诸多复杂的社会事实，鼓励研究者跳出发展本身看待发展，要像考察异文化那样考察"发展"这个"庞然大物"。

弗格森在《反政治机器："发展"、去政治化与莱索托的官僚权力》一书中对莱索托王国（Kingdom of Lesotho）的研究是发展话语分析的重要论述之一（J.Ferguson，1990）。莱索托是一个接受了许多西方发展援助的南部非洲国家，弗格森对世界银行在该国实施的一个综合性的农业发展项目进行了深入的民族志考察。从研究路径上看，弗格森没有从发展项目结果的好坏或者如何改进项目等方面展开研究，而是另辟蹊径，着重分析了发展项目、国家的社会控制与不平等关系再生产之间的关联性。在莱索托王国实施的农村发展项目同其最初设定的目标相比，毫无疑问是失败了，但弗格森并非简单分析项目失败的原因，而是有另一个重要的发现，即发展项目产生了诸多意外后果和功能，比如国家权力的进一步稳固、现代化思想的持续扩展、社会关系的重新调整、社会问题的去政治化（depoliticization）等。弗格森据此指出，应该在这些意外结果的层面分析与评价发展机器的有效性和现实性。

弗格森在研究中还着重分析了世界银行关于莱索托项目的"书面报告"，发现该报告中存在非常明显的出入和错误。报告频繁使用"传统"、"孤立"、"原始"、"停滞"等语汇,但莱索托王国的现实并非如此,由于其国土全部被南非环绕,该国在政治和经济上很早就同南非发生了联系。弗格森指出,这种明显错误的出现显然不是因为报告撰写者的水平问题,而是为了以特定的话语描述"被发展"地区的某种深层需要。弗格森据此认为,发展话语往往同特定的发展机构相联系并服务于该机构。因此,话语一定会同发展活动动态关联,并影响到发展项目的设计和实施,同时,话语也只会将发展场域的问题归因为"技术"方面,而忽视目标群体的社会情境。总之,发展话语永远只会对发展机构和发展干预项目进行正面的评价,从而避免作出过于悲观的分析和结论。

德国发展学家萨克斯在《发展词典:作为权力的知识指南》一书中对发展的核心词汇进行了话语分析。萨克斯追溯了发展、环境、平等、援助、市场、需求、参与、规划、人口、贫困、生产、进步、资源、科学、生活水平、国家、科技等发展话语的关键词汇在欧洲文明历程中的缘起,并分别考察了这些概念自 20 世纪 50 年代以来在发展话语体系中的使用情况与转变逻辑(Sachs, 1992)。萨克斯旨在揭示出这些概念的武断性,在不同历史与文化中的特殊性,以及在第三世界不加区分地套用和滥用这些概念的危险性。萨克斯考察发现,二战后,发展的"灯塔"和"旗帜"被以美国为代表的发达国家树立起来,它们向步其后尘的"欠发展"国家隆重输出现代化的发展理念。从那时起,发展提供了北方与南方之间关系的基本参考框架,也成为慷慨、贿赂与压迫的混合物和伴生品。近半个世纪以来,这个星球上的国家交往和睦邻友好其实是在"发展"与"进步"的光环下逐步构想起来的。

萨克斯悲观地认为,如今发展作为灯塔已经出现裂缝并显现崩溃和瓦解之势,发展的理念逐渐成为学术景观里的一个废墟。妄想和失望、失败和罪恶、破坏与腐败始终与发展相随,它们在讲述着一个共同的故事:"发展并不管用"。"发展已经过时"正一跃成为人们不得不正视的理念。然而,发展的废墟依然矗立,仍然占据着主导地位且像一个具有里程碑意义的风景。虽然怀疑和不安广泛存在,但发展仍不仅弥漫在官方的声明、文件和报告之中,还继续广泛存在于基层运动的实践和话语之中。多年以来,积累成堆的技术报告已经表明发展并不起作用;同样,成堆的政治学研究也表明发展是不公正的。发展不仅仅是作为一种社会经济的努力,更是一种模拟现实的感知,一种舒适社会的神话,一种释放激情的幻想。发展的观念、神话与幻想的出现和消失,不是因为它们已被证明是正确的或者是错误的,而是因为它们怀抱着承诺或者变得无关紧要,因此,应该将发展的偏见、不足暴露在阳光下,为了能够应对世纪之交的挑战,我们应该有勇气适时背离根深蒂固的发展信仰。

埃斯科瓦尔(Arturo Escobar)作为解构发展潮流中的领军人物,对西方工业社会主导的发展战略进行了犀利批判。在一篇经典文献中,他分析了发展研究的历史中特定话语的生产与传播过程,并将其看作是权力行使的有机组成部分,即所谓的"真理政治"(politics of truth)(埃斯科巴,2001:84—107)。发展话语成功地将各种各样的处境与行动变为能够被世界所"看见的现实"(a visible reality)和能够接受特定"发展药方"的现实。该研究通过哥伦比亚的具体经验,主要关注了亚非拉地区的很多国家如何被建构和标签为"第三世界"(Third World)或者"低度发展"(underdevelopment)的地区,及其随后在发展领域所遭受的不平等对待。

在话语和权力的关系之中,埃斯科瓦尔进一步探讨了如下问题:第一,所谓"第三世界"国家的经济与社会生活的新思维模式是如何在二战之后的早期阶段逐渐形成的;第二,这种新思维模式如何生长和扎根在西方的经济理论和实践之中;第三,厘清让"发展"这套话语能够施行和产生作用的体制性实践(institutional practice)。埃斯科瓦尔认为,当今对发展的最有希望的批判研究是明确探讨知识与权力等方面的问题,这种批判支持着日益蓬勃的环境、和平、女性、原住民等社会运动,以及尝试运用地方性知识(local knowledge)改变既存权力架构(architecture of power)的斗争,而正是这些新生的社会运动,使人们逐渐感受到"发展机器"正在解体,一个多元化的新时代正在降临。

在《遭遇发展:第三世界的形成与瓦解》一书中,埃斯科瓦尔更是将发展研究的话语批判方法发挥到了极致,将二战后的发展机器、发展战略、发展经济学以及发展干预行动解构得支离破碎,对发展话语和发展干预实践进行了近乎挑衅式的剖析和批判(埃斯科瓦尔,2011)。埃斯科瓦尔认为,通过将发展视为一种话语,研究者不仅能够继续考察发展的统治地位,还可以更为有效地探讨发展的特定条件和可能结果。话语分析创造了从发展话语体系中退出几步,绕过其司空见惯的现实,去展现它所身处其中的理论与实践的真实背景的可能性。发展话语能够使研究者将"发展"分离出来,将其看作一个蕴含着其他许多事物的社会与文化空间,研究者"抽离"发展本身,从一个崭新的视角去辨析它。

埃斯科瓦尔指出,将发展作为话语和历史的产物进行分析,首要的任务是要考察为何如此众多的国家和地区在二战结束后的初期都很快意识到自身是"欠发达"和"贫困落后"的,"发展"如何被建构为这些国家和地区的首要目标和责任,同时,这些国家和地区又是如何着手对社会进行广泛、系统和深入的发展干预行动,以期实现"不再欠发达"的总体性国家目标。为了完成以上分析任务,埃斯科瓦尔首先分析了从二战后初期以来发展话语和发展机器的建立与巩固过程,发展的出现和不断强化其实源自当时的人们将

"贫困问题化";其次,对经济学进行了文化批判,分析了二战后的经济学理论中"欠发达"、"欠发达的经济体"等概念是如何被建构起来的;第三,以农村发展、可持续发展、妇女与发展的"故事"为例,展现发展机器是如何运用特定领域的知识和权力的关系来产生作用的,并对发展话语的转变进行了理论阐述。

除以上几位学者对发展话语进行的富有洞见的批判性研究之外,还有一些研究者的成果值得关注。譬如,发展干预过程中"忽略女性"的议题引发了"发展中的妇女"(women in development)的广泛探讨。"发展中的妇女"被许多女性主义者作为表征体制加以研究,其中较有代表性的是帕帕特(J. L. Parpart,2001:340—361)、阿普菲尔-马格林(F. Apfel-Marglin)和西蒙(S. L. Simon,2001:362—388)等人的研究。这种视角强调从本土的、具体的语境下考察女性的生存策略,鼓励对第三世界女性的生活进行细致入微的理解,质询那些再现第三世界女性为孤苦无助的"他者"的话语,从而挖掘女性多样性的"声音"和"知识"。另外,一些学者关注了传统学科在发展话语研究中的作用。如辛金克运用政治学知识对20世纪50、60年代巴西和阿根廷在经济社会建设中呈现出的发展主义意识形态进行了卓有成效的研究(K. Sikkink,1991);智利学者莫兰德(P. Morande)考察了北美的社会学如何在拉丁美洲扎根并奠定了将发展视为从"传统"到"现代"的转变过程的纯粹功能主义思想(转引自埃斯科瓦尔,2011:14)。

(二)"后发展"的构想

"后发展"的概念直接源自上述学者对发展的后结构主义式或曰福柯式的话语批判。"后发展的方法论、理论框架和政治是福柯式的,它的方法论前提是对发展进行话语分析……它的纲领是一个反抗而不是解放的纲领。它的视野是按福柯原则形成的地方斗争,不承认有一个普遍的议题"(西尔维斯特,2001:257)。福柯式的发展话语批判秉持对现实主义认识论的深刻质疑和剖析,总体上看,这种视角批判"发展"的最终目的并不是通过对发展概念的不断完善和补充去建构另外的某种概念,而是要质疑为何亚非拉诸多国家和地区被建构为"欠发达"的客体以及为何需要所谓的"发展"。换句话说,福柯式话语批判提出的问题,实际上不是如何能够更好地促进发展,而是要剖析在怎样的历史进程中,以及什么原因导致亚非拉的国家和地区在发展话语和发展实践中被标定为"欠发达",同时,这种建构会产生怎样的现实后果。对这些问题的探索既是发展话语分析的主要目的,同时也为"后发展"的倡导和呼喊奠定了认识论基础。正是基于对发展的话语批判,并迎合所谓的第三世界的国家中逐渐出现的对发展干预实践的效果的诸多不满和失望,有些学者提出了"后发展"和"后发展时代"的概念。

埃斯科瓦尔在发展话语批判的基础上,对后发展概念进行了较为清晰的逻辑分析:首先,后发展是创建不被意识形态、语汇言语、基本前提等发展建构本身所约束和制衡的多元发展话语的可能性;第二,后发展是转变以往诸种发展认知、发展理念和发展实践以及扭转决定发展模式和发展体制的政治经济学的现实要求;第三,后发展是构成多元化的知识生产主体的必然要求,尤其特别注重发展客体或发展对象本身的知识生产,促使发展客体转变为捍卫其自身权利的发展主体;第四,实现后发展的途径主要包含两方面:一是密切关注地方民众在外部发展干预中的斗争、反抗与适应的过程;二是注意考察各种社会运动在发展干预的项目中所提出的可能的替代性方案(埃斯科瓦尔,2008)。

随着"后发展"概念的提出与演化,学者们又进一步对与此相关的"后发展时代"进行了诸多构想。"后发展时代"与当前的"发展时代"相对应,埃斯科瓦尔认为后发展时代指的是"一个发展不再作为社会生活的核心组织原则的时代"(埃斯科瓦尔,2008)。埃斯科瓦尔指出,后发展时代的核心组织原则是多元模型和混杂文化。通过对拉丁美洲现代性问题的研究,埃斯科瓦尔发现,拉丁美洲其实并没有完全消除其所有的传统,也没有顺利地步入到进步与现代,而是处在复杂的"文化混杂化"(hybridization)的状态与过程之中,其中蕴含着多样化和多元化的传统与现代元素。无论是相对传统的乡村文化抑或是相对现代的城市文化,都生动而明显地展现了文化混杂化的基本特征,并且这些特征往往难以清晰辨认,这反映了拉丁美洲现代性的特殊性。这样一来,传统与现代、农村与城市、本土与舶来、草根与智者之间的差异似乎丧失了其存在的必要性和分类价值。人们不再像以往那样过分假设现代性的实现过程就是现代对传统的完全替代,而是更为理性地意识到现实状况可能体现为一种混杂现代性(hybrid modernity),其基本特征表现在两方面:一是多样化的文化与群体使不同的国家和地区呈现出各自的独特性和地方性;二是这些国家和群体会经常对其混杂现代性的因素进行自我更新和主体再造(埃斯科瓦尔,2011:256)。通过取代现代性的标准化模式,混杂化为不同主体间的多元生产作出了突出贡献,从而丰富了现实的社会实践。

在后发展的呼喊历程中,必须要回答的一个问题是:是否存在相应的替代方案?有学者认为,在后发展时代,发展应该具有地方性视角,不应仅依照西方的话语建构方式进行运作。在此观念的基础之上,吉尔贝·李斯特等学者强调要对地方性知识和本土性文化予以格外重视,需要更普遍地依靠地方民众拥有的知识而不是外部专家的知识,从而建构一个更加具有人道主义精神的、文化上和生态环境上更加具有可持续性的世界,并且,应该注重将基层地方的动员和普遍的社会运动看作步入后发展时代的前提和基础(G.Rist,1997)。但这种任务显然异常艰巨,大多数社会运动的倡导者和实施者都深刻地意识到新自由主义主导下的传统发展话语和模式难以提供解决问题的路径，于是，他们试图寻求其他可能的多样化道路，或许，发展的另类或别样道路是可能的。这些社会运动实践所生产的知识正逐渐成为学术界重新反思"发展"的重要载体和机制，这样一来，后发展概念的完善和后发展时代的呼喊似乎有为专家知识和外部干预的空前主导地位画上句号的可能性。

对于寻求替代方案，埃斯科瓦尔的回答显得比较保守。他清楚地意识到，不可能存在适用于所有地方和所有情境的总体性的替代方案。比如，如果仍然像有些学者倡导运用可持续发展的方式思考替代方案，其实还停留在以往那种制造并固化发展的老套陈旧的思维模式之中。因此，绝对不能停留在抽象与宏观的层面上考虑和制定替代方案，也不能由外部专家主导替代方案的制定过程，尽管专家在替代方案的制定过程中必然会发挥其应有的价值和作用。埃斯科瓦尔认为，可以从两种基本的可行路径中寻求替代性方案：第一，从草根组织对主要发展干预的抵抗过程中寻找；第二，从人类学的民族志研究中寻找（埃斯科瓦尔，2011:261）。埃斯科瓦尔断言，某种意义上而言，替代方案总会存在，只不过需要摒弃固有的传统思维定势和问题解决套路，运用新的辨识力、新的方法和工具以及新的理论范式予以细致的挖掘和正确的解读而已。

"后发展"倡导者们的一致意图是终结具有欺骗性同时又极具危险性的"发展"概念及其实践，但这样的呼喊并非一帆风顺，也并未取得预想的效果，反而遭遇到"另一种发展"鼓吹者们的异常尖锐的批评。另一种发展强调发展可以摆脱同资本主义和帝国主义的联系，因而正确和人道的发展是可能的。他们对后发展的批判的观点主要集中在三个方面：第一，认为后发展对"发展"的批判有些过犹不及,因为现实情况其实表明,许多发展政策和实践都产生了非常好的客观效果,所以,发展作为一个通用词汇,其涵义和实践的广泛性是理所当然的,其存在的价值不应被过度贬抑;第二,指责"后发展"的倡导者仅仅拘泥于揭示和剖析现实情况的不可接受性和难以突破性,并将其完全归责于"发展概念"和"发展实践"本身,但是,单纯的指责之后却又不能提供令人满意的解决策略和突破方案;第三,批评"后发展"理念因为同主流模式的决裂而欢欣鼓舞的情绪标志着一定程度的反现代主义的浪漫主义情怀与文化相对主义的风险,从而可能走向新型的民粹主义,甚至是支持不同形式的原教旨主义(李斯特,2011:240—242)。

作为后发展的积极倡导者和坚定支持者,瑞士发展学家吉尔贝·李斯特对上述争论分别予以了反击和回应(李斯特,2011:240—243)。针对第一个问题,李斯特认为,虽然一些民众确实受益于某些发展活动,但后发展的支持者们其实从来都没有想过要逐一考察以发展的名义进行的所有积极的干预行动和政策落实。后发展首先针对的是发展作为一种信仰、一种意识形态、一种表述模式或者决定着朝向"全盘市场化"趋同实践的话语形态和实践构建。因此,关键的问题不在于发展计划和干预项目的成败,而在于我们看待地球上所有民众及其后代和谐共处的一种全球视角与思维方式,而发展显然缺乏实现这些愿景的可行能力。针对第二个问题,李斯特指出,提出解决策略的前提假设其实是将发展看作必不可少且能够给予信任的问题解决方式。然而,如果认识到发展其实是如今一切问题的始作俑者,就不应该义无反顾地考虑运用所谓拥有普世价值的替代性方案。针对第三个问题,李斯特认为,相对主义同反中心化和对社会中心主义的批判本质上是一对孪生兄弟。例如,后发展的批判者们认为一些反对发展的运动似乎无视《人权宣言》,比如它迫使男孩们不得不去放羊而不是去上学读书,这种论据其实是相当脆弱且站不住脚的。因为,如果说尊重同现代性一致的价值是判断社会制度的唯一标准,那么究竟应该怎样看待经济增长与社会排斥同步升高的"反差"社会现象呢?因此,李斯特认为,将后发展的倡导者和坚持者打入狭隘的相对主义是没有道理的。

应该承认,批判解构取向的发展研究具有异常深刻的反思性,其对发展的话语批判和对后发展的构想,在理论上具有相当的深度。当今社会,"可持续发展"、"真正的发展"、"人道的发展"、"综合发展"等诸多重新界定发展的词汇已经进入主流话语,新型的"社会运动"正逐渐成为现代社会改造或重建的力量。这些变化的产生,与批判解构取向发展研究的积极推动不无关联。但是,"深刻"并不等同于"实用",传统的发展主义思维固然有其缺陷,但"后发展"并不一定能够完美地处理现实状况,"后发展"的构想在实践层面其实也难以令人满意。埃斯科瓦尔所构想的"后发展"实质上源自福柯的"权力—知识论"思想,将权力作为一种硬通货推广至不同类型的经验、文化和观念。而现实往往是,我们不可能跳出特定的"概念图式"(如发展和发展干预)去讨论问题。当今社会正处于不可逆的全球化时代,客观上讲,广大发展中国家仍然未脱离贫困的泥潭和陷阱,对多元文化的歌颂并不能遮蔽这些国家经济社会发展的现实困境和客观难题。对"发展"的批判和解构是有意义的,不过对发展中国家来说,最为现实和重要的应该是进行多方面的社会变革,想方设法消除民众的苦难,实现民众所期待的福祉。并且,西方社会几百年的现代化发展模式早已经通过全球化的扩散效应散布到世界的每一个角落,发展中国家毫无疑问已经受到现代化"进步观念"的长时间"侵扰",纯粹地方化和原生态的另类发展道路和模式显然是不存在的。批判解构取向的发展研究对"现代化发展"一方面彻底否定,但另一方面却没有能够给出"发展主义"之后发展中国家社会变迁的良策，这一点无疑需要引起注意和反思。

三、行动者范式的复兴

围绕着结构制度范式和批判解构范式的各种学术争论活跃了发展研究领域。结构制度范式秉持现代化理论和依附理论等思想逻辑，对"发展"展开了结构主义或曰制度主义路径的分析，不同程度地表现出决定论色彩，有将发展看作是外部干预所决定的线性发展过程的嫌疑。批判解构范式秉持后结构主义或曰福柯式的分析策略，对发展概念和发展实践本身进行深刻的话语批判，并在此基础上倡导"后发展"理念，试图构建一个"后发展时代"。以上两种取向各有特点，丰富了发展研究的理论内容，但二者"水火不容式"的争论容易遮蔽"发展"本身作为一种客观实在的实际价值和展开方式。因此，需要一种更为折衷和更为实用的研究路径，以期为现实情境中的发展如何运作和演变提供某种新的解释框架。

行动者范式发展研究的萌生一定程度上弥补了这种缺陷。行动者范式的发展研究通过关注地方不同行动者针对发展干预活动的"策略行动"，试图揭示出一种多元化的发展道路和现代性。行动者范式关注现代性的概念、理念和实践如何被运作并嵌入到地方的日常生活当中，由此形塑了多样化的、异变性的和地方化的现代性。"策略行动"关注发展场域中的各种社会行动者如何重新定位发展干预计划和项目，使外部干预真正融入地方性的社会文化当中，并将之运用到对已有发展干预计划的重建与改造过程中。依循行动者范式的逻辑，策略行动一般会通过将不同的社会背景和文化传统进行再次整合而对外部发展干预计划展开主体性的重塑和再造。这样，发掘、辨识和培育在文化上适当的、政治上赋权的策略行动就成为现时代发展干预的一种可能路径。

（一）发展的行动者逻辑

结构制度范式的发展研究注重普遍法则与二元对立的线性发展进程分析，忽视发展过程中普通人的生活细节，从而不能有效解释社会中大量存在的异质性因素以及发展本身的动力机制问题。这一方面弱化了结构式分析的可信度，同时也妨碍了由这些理论延伸出来的发展干预实践。诺曼·龙（Norman Long）指出，结构宏观取向的发展研究没有试图解析复杂多元的新旧生产方式、消费模式、生计结构和社会认同等是通过何种途径相互缠绕并彼此影响的，从而无法总结出不同的经济和文化变迁模式（叶敬忠、李春艳，2009）。杰斯普亦认为，社会重构与发展的过程是过去与现在各种社会冲突的产物，根本不会独立于社会行动以外而独立运作（B.Jessop，1988）。结构制度范式没有关注到在发展过程中不同社会行动者及其兴趣与利益的多元化特征，同时，也忽略了特定情境中缺乏权力的行动者会发出他们自己的声音并有可能影响和形塑发展的过程。因此，结构制度范式的发展研究逐渐受到人们的批判，而秉持后结构主义思维的批判解构范式由于其目标在于对"发展"本身的质疑，也就更没有为此提供可行方案的理想愿望和具体行动。

吉登斯（Giddens）异常深刻地指出，关于社会如何运作的知识广泛存在于现实社会中，而社会里的每个行动者都深谙此道，这些知识大体可概括为四个层次：第一，个人基于对当地的了解所形成的知识（personal knowledge）；第二，社区里共同生活的人们所形成的常识（common sense）；第三，人口的不断流动所形成的民间知识（folk knowledge）；第四，具有浓厚传统色彩的官方知识（official knowledge）（转引自普雷斯顿，2011：308）。吉登斯运用这种分析框架，将研究的重心放在微观的文化模式上，研究发现，每个社会行动者都有自己特定的行动方向与目标,他们对外界的认知活动和行为模式并不消极和被动,相反,行动者往往通过积极的认知与行动,去获取和吸收更为广博的社会知识。由此可见,现实的社会世界其实是由人类自身的政治、文化、沟通等共同形塑的,其中包含着不同类型行动者的积极参与和彼此互构。

尽管发展变迁可能源于市场、国家、机构等外部干预,但行动者取向的相关理论和学术研究并不满足于外部决定论与直线发展论的观点和分析方法。研究者们相信,外部的发展干预一定会进入受其影响的个体与群体早已存在的日常生活世界之中,而外部的干预活动则构成行动者与结构之间的某种中介,同时在两个层面进行改变和切换。换言之,外界力量要想改变个体早已生成且固定的生活方式与行为模式,只能采取直接或间接地形塑个体与群体的日常生活的方式展开。因此,"需要一种动态的分析方法理解发展与社会变迁,强调外部与内部因素之间相互作用和共同决策的过程,其核心是人的行动与意识,这就是行动者取向的分析方法"(叶敬忠、李春艳,2009)。

行动者取向的分析方法兴起于 20 世纪 60 年代末,之后被社会学、人类学等学科广泛运用。社会学中的符号互动主义和现象学社会学便是其中的典型代表。很显然,这种分析方法吸取了结构主义的教训,借鉴了反结构主义与传统的政治经济学的不少灵感,试图借此能够更为深入地理解和阐释特定行动者之间的复杂互动逻辑。行动者取向的研究方法对传统的结构分析方法至少构成三方面挑战:第一,结构式的分析路径显得过于宏观,容易忽视和遮蔽社会生活的形塑与发展干预过程中微观层面的诸多情形与动态变化;第二,发展理论需要解构"干预"概念本身,应当从发展干预的计划制定、计划执行的理想模式中脱离出来,因为干预囊括了各种社会行动者的广泛参与,是一个复杂且持续的社会动态过程;第三,要想对发展问题进行深入的理论阐述,应当从细微处出发,详细分析不同类型的概念及其逻辑,尤其要注意"能动性"这一概念,以此消解能动者与结构之间的差异和紧张(N.Long & A.Long,1992:37—38)。

在行动者分析方法的运用过程中,研究者一般会将行动者看成社会整体的部分加入到社会结构的构建过程之中,使社会结构表现出多元的模式与特征。这种分析方法的核心观点是,社会行动者不会单纯被动地接受外部干预,相反,他们能够运用自身所获得的各种信息和独特的策略同外部机构与人员进行多层面互动。不同行动者之间会进行沟通、互动、谈判甚至出现各种形式的社会冲突,从而使社会变迁表现出不同的样态与模式。正如诺曼·龙所指出的,"干预是持续变化的过程,它本身的组织机制与政治安排向来就是不断变化着的;与此同时,当地人为了捍卫自身的文化与社会环境,也要回应干预活动,从而重新塑造干预的过程"(N.Long & A.Long,1992:37)。因而,社会发展与变迁的路径并不仅由外部力量单独决定,也不能解释成某种刚性的"结构逻辑",发展绝不呈现出直线状态,一定包含着柔性的"行动者逻辑",从而呈现为一种循环往复的动态过程。

行动者取向的方法在实际的发展研究过程中也面临各种挑战。例如,有些人类学家为了批评结构分析学者对发展变迁过程的简化认知,时常会采取唯意识主义的逻辑对个体和群体的决策进行分析,只注重考察行动者策略的互动性特征,基本不考虑个体与群体的策略是怎样被更宏观的意义和行为架构所形塑。这些意义与行为架构包括文化禀赋、布迪厄意义上的"惯习"、"被嵌入的历史"以及舞台上权力和资源的分配等等(叶敬忠、李春艳,2009)。有些行动者取向的研究采用一般性的理性选择模型,将行动者的策略建立在纯粹的数学公式之上,如采用效益最大化的推导原则。

另外,有些行动者取向的研究仅仅按照个体的动机、兴趣与意图解释他们的策略与行为,体现出极端的个人主义倾向。批评者据此指出,这种方法是以个人主义为基础的社会行为西方模型,坚信"功利的人"可以跨越不同的文化与情境的约束(叶敬忠、李春艳,2009)。批评者的主要焦点在于,行动者取向的发展研究过分强调个体的能动性与工具理性,是"方法论上的个人主义"和唯意志主义。

"行动者为导向的发展社会学"的倡导者诺曼·龙对于这种批评给予了有力回应。诺曼·龙认为,行动者取向方法的"个人关注"并不等同于"方法论上的个人主义",其强调经由理解个体的兴趣、动机与目的去分析社会事实,注重行动者同其他人的合作与冲突,在此过程中一起建构现实的社会生活。事实上,"理性"其实并不是个体层面的心理本质属性,而是提取自社会实践中的文化背景下所形成的话语体系,自主性、能动性、权力、知识等概念同理性一样,也与文化背景密切相关,且与行动者的社会实践捆绑在一起。维肯(Unni Wikan)运用民族志方法对巴厘岛居民每天的社会生活实践过程进行了深描与阐释,揭示出当地居民日常生活中的困境、危机与痛苦及处理这些问题的常用手段与方式(转引自叶敬忠、李春艳,2009),他的研究为行动者取向的发展研究提供了良好的学术样板,此后的许多相关研究都以此为基础展开。

(二) 行动者导向的发展研究

国外行动者取向的发展研究以荷兰瓦格宁根大学(Wageningen University)的发展社会学家诺曼·龙为代表。诺曼·龙在对现代化理论、依附理论以及世界体系理论等传统发展理论予以反思批判的基础之上,开创了以"行动者为导向"(actor-oriented approach)的发展社会学研究方法。通过对墨西哥等国家的发展干预行动的研究,诺曼·龙指出,发展变迁的核心动力其实通常源于民众内部和地方社会,而且不是一蹴而就的,往往表现出很强的动态性,是一个非线性发展的过程。发展场域里不同的行动者在面对同一种外部政策时会展现出自身独特的理解,并且会进行持续不断的解释与转译,最终试图经由谈判与冲突使自己的认知和解释能够影响发展场域里的其他行动者。诺曼·龙的代表作主要有《行动者视角的发展社会学》《探索发展界面:从知识转移到意义转化》以及《知识的战场:社会研究和发展中理论与实践的结合》等。

在长期有关发展问题实地经验研究的基础上,诺曼·龙于2001年出版了《行动者视角的发展社会学》(Development Sociology: Actor Perspectives),旗帜鲜明地提出和倡导"行动者为导向的发展社会学研究方法",尝试为发展研究和发展实践提供新的分析视角和讨论思路。诺曼·龙以大量关于拉丁美洲的经验材料和案例分析为基础,把行动者导向的研究方法同社会建构主义的研究方法相结合,综合理解发展变迁的实践过程。在研究采矿企业的过程中,诺曼·龙不是去研究国外投资、劳动力流动等宏观的经济数据,而是转而收集村庄、区域、工厂等不同社会单元的定性资料,通过深入分析农民、手工业者、矿工、矿主、专家、店员等不同社会行动者的生活世界,随后又收集到许多历史的和现代的信息,为研究提供一个动态的框架,从而更加系统全面地认识地区内的社会变迁。这些经验研究支撑了诺曼·龙关于行动者导向的分析方法。首先,必须关注不同行动者是怎样解释与处理其生活世界中的新问题;第二,分析不同的行动者如何为了实现自身"项目"的目标而不断构造变革的空间;第三,展现这种不断解释的过程是如何影响到更为广泛的社会单元及其行动(叶敬忠、李春艳,2009)。

在《去除计划干预的神话色彩》一文中,诺曼·龙对计划干预的线性与循环模式进行了批判反思,从行动者的视角对农业发展与国家政策予以剖析,展示了发展干预过程的复杂性(诺曼·龙,2008)。诺曼·龙研究指出,地方民众不应仅仅被视为外部干预的接受方和被动主体,他们能够根据自己的实际情况同外部干预的实施者进行沟通互动。因此,干预过程不仅是对已有发展计划和预期目标的单向执行过程,而是持续互动、谈判与冲突的复杂过程。干预实践需要考虑特定情境下有关程序、互动、文化类目、实践策略、话语类型以及利益相关者等在干预过程中的具体展现过程。在面对计划干预时,个体与家庭会依据自身的条件和机制建构出各种各样的生活方法。他们采取的行动策略及其与不同行动者之间的互动类型形塑了干预的性质与结果。如何真正理解干预方进入到被干预方的生活世界并对其产生效应及形成干预方行动策略的资源和限制的过程是一个重要议题。故此,需要更加深入地以行动者的视角重新思考国家干预与发展议题,需要去除计划干预固有的神话色彩并对之进行批判性分析。

国内有关行动者取向的发展研究主要集中在社会学和人类学关于非政府组织扶贫及其采用的参与式方法的讨论中。其中,以康晓光为首的学术团队对 NGO 扶贫行为的研究影响较大。在《NGO 扶贫行为研究》中,康晓光对 20 个参与扶贫的国内外 NGO 组织进行了实证调查,运用社会统计分析方法,建立了描述和解释 NGO 扶贫行为的一种三维模型(康晓光,2001)。该研究指出,政府、社会和 NGO 的结构与能力支配了 NGO 的扶贫行为,在扶贫实践中,政府和 NGO 应当建立起基于比较优势的合作关系。洪大用、康晓光等在《NGO 扶贫行为研究:调查报告》中,采用个案研究的方法,对"中国扶贫基金会"等 21 家民间组织的扶贫行为与过程进行了分析,区分了专业性、中介性与兼业性三种组织类型,分别描述了其参与扶贫的背景、获取资源的途径、扶贫活动的类型、对扶贫项目的管理以及处理外部关系的策略等,初步解释了组织发展过程中面临的问题(洪大用、康晓光等,2001)。2010 年,康晓光等人出版了著作《NGO 与政府合作策略》,该书站在 NGO 的立场上,通过系统总结 NGO 与政府合作的经验,建立起了具有"行动指南功能"的"策略框架",策略框架包括合作原则、合作策略、合作措施三级体系。康晓光认为,借助这个策略框架,NGO 可以选择策略,采取行动,从而实现与政府合作的目的。另外,有学者从农民视角探讨了新农村建设问题。叶敬忠在《农民视角的新农村建设》一书中指出,在与新农村建设相关的讨论中,我们惯常所能够听到的建议和主张几乎都来自官员和学者,而农民作为新农村建设的主体和最终受益者,却在此过程中陷入了集体失语的境地,各种专家和政府官员成了他们的话语"代言人"(叶敬忠,2006)。叶敬忠尝试从相对客观的立场将话语权"还给"农民,以期能真实反映出农民的态度、愿望和想法。

在当前发展干预的行动实践和学术研究中,"参与式发展"正在成为人们讨论的热点议题,这与国际发展干预的范式转向有着千丝万缕的关系。从上世纪 90 年代以来,在国际双边、多边组织的倡导下,参与式评估与参与式发展被应用到中国反贫困实践中。杨小柳在《参与式行动——来自凉山彝族地区的发展研究》中,基于对四川大凉山彝族聚居区实施参与式扶贫项目的田野调查,探讨了源自西方倡导、自上而下推动的参与式行动援助如何在中国的特殊场景中开展实践,并从援助效果的角度出发,探讨了参与式在实践过程中面临的现实复杂性(杨小柳,2008)。在《寻求内源发展——中国西部的民族与文化》一书中,周大鸣等学者强调,应从传统的生存方式和现有的日常习俗出发,对西部内源发展及其文化资本进行研究,在适应固有的自然资源、生态环境的前提下,充分发挥当地农民的主体性,依靠其自身力量,创造出地区经济自我循环的机制(周大鸣等,2006)。

四、实用主义取向的行动者范式

结构制度范式的发展研究以现代化理论、依附理论等宏观发展理论作为支撑，奉行乐观的现代化逻辑或激进的依附论思想，关注宏观的结构变化和制度变迁的趋势，秉持"分析社会结构变化、提出相应干预建议"的研究思路。具体而言，结构制度范式的研究一般将发展变迁看作是从核心权力扩散开来，经过国家或国际"自上而下"干预且依照事先设置的"发展阶段"而运作的发展行动，对发展问题展开结构主义或制度主义的分析，不同程度地表现出决定论色彩，往往将发展视为由外部干预决定的线性发展过程。结构制度范式虽然饱受批评，但目前仍是发展研究的主流范式。特别从坚持"结构分析与机制分析"（渠敬东，2007）为学科视角的社会学文献来看，国内关于发展问题的社会学研究主要还是遵循结构制度的分析套路。

批判解构范式秉持后结构主义或曰福柯式的分析视角，对发展概念和发展实践本身展开话语批判，并在此基础上倡导"后发展"理念，试图构建一个"后发展时代"。发展的话语分析试图跳出"发展"，把发展概念本身视为一个"社会事实"加以考察，以一种不同于以往的方式认识它，首要针对的是发展作为一种信仰、一种意识形态、一种表述模式或者"完全市场化"实践的一整套话语体系。因此，关键的问题不在于发展计划和项目的成败，而在于我们看待地球上所有民众及其后代和谐相处的一种全球视角与方式。正是基于对发展概念本身的话语批判，并迎合第三世界的国家中逐渐出现的对发展干预实践的效果的诸多不满，有些学者提出了"后发展"和"后发展时代"的概念。传统的发展主义思维固然有其缺陷，但"后发展"的构想其实也难以令人满意。批判解构范式的发展研究对"现代化发展"一方面彻底否定，但另一方面却没有能够给出

"发展主义"之后发展中国家社会变迁的良策,这一点显然需要引起注意和反思。

行动者范式背后的理论支持与结构制度范式并无本质区别,注重行动者与结构和制度之间的相关性,同时也会关注具体发展场域对行动者产生影响的话语建构。但是,相较于结构制度范式的宏观性和批判解构范式的颠覆性,行动者范式的发展研究更多体现的是实用性和折衷性。行动者取向的发展研究注重发展过程中不同社会行动主体的"策略行动"对发展过程的影响和重塑。不过,在研究过程中也容易导向极端"个人主义式"的分析,从而忽略社会结构与历史文化对于个体与群体行动的约束。诺曼·龙提出以行动者为导向的发展研究方法,对行动者范式的发展研究进行了澄清和延展,为行动者范式指明了学术方向。国内学术界虽然有学者尝试运用行动者方法进行发展研究,但还是存在以下几点不足。

第一,国内已有的行动者取向的发展研究一般仅从"单一"社会行动者的视角探讨发展问题,往往将民族国家、地方政府及其代理人、发展工作者、普通民众、地方精英等法人和自然人行动主体独立讨论,很少有研究将同一发展场域里的不同社会行动主体进行"交互式"的综合系统考察。本研究所依循的行动者取向尤其强调关注地方发展场域里不同行动者针对发展干预活动所采取的"策略行动",关注发展和现代性的理念、概念和实践是如何被不同却相互影响的社会行动者运作并嵌入到地方性的日常生活和已有的发展干预计划过程当中,并最终形塑了多样化、异变性和地方化的发展历程。

第二,社会学领域运用行动者取向展开的发展研究所采取的研究方法主要是社会学传统的调查方法,如问卷法和访谈法,相较诺曼·龙所倡导的民族志方法还有一定距离,难以揭示出发展过程中不同行动主体的互动、合作乃至冲突的复杂过程。本研究一方面运用人类学民族志方法，进入乡村发展场域的日常生活领域进行近距离观察，并与被研究者直接接触且建立密切关系，聆听当地人的声音和生活故事，进而了解当地的历史文化和社会事实。同时，还深入采用行动研究方法，研究者亲自参与发展干预实践，包括一整套的发展规划和干预行动，展现一个螺旋的、动态的、循环的发展过程，使研究、行动、评估犹如绳索般紧密相连、交互作用，更好地理解发展场域的行动者逻辑。

第三，现有研究基本上倾向于横断面上的静态研究，对影响发展变迁的社会历史文化等结构性因素关注不够，虽然能够一定程度上展示出行动者的即时行动策略，却难以揭示出整体发展变迁的非线性过程，甚至有可能滑向极端"个人主义式"的心理学分析。本研究认为，行动者取向的发展研究除了关注自然人和法人行动者的具体行为反应和行动策略之外，还应该注重分析行动策略生产的深层社会机制，注意社会结构和历史文化对发展场域不同行动者的影响和约束。因此，行动者取向的发展研究并不是要完全摒弃结构制度范式和批判解构范式的所有"元素"，而是应该关注行动者与结构和制度的互联关系，以及对行动者发挥形塑作用的发展话语的建构过程。正如陆益龙在理解农民的社会行动时所明确指出的，"现实社会中的农民，他们的行动既符合理性人的逻辑，又具有特殊文化环境的特点，而且还包含更为丰富的实践建构特征，即与行动者和行动情境相关的偶然性特征"（陆益龙，2009：147—148）。所以，行动者范式的发展研究并不是将行动者放在孤立的环境中进行个人主义式的"解剖"，而是应该综合考虑附着在行动者身上的理性逻辑、文化历史、实践建构等复杂因素，在动态互构的实践场域里理解发展变迁的复杂过程。

第三章　发展干预的前奏

> 社会科学探讨的是个人生活历程、历史和它们在社会结构中交织的问题。……每一门社会科学，或更确切点，每一门考虑周全的社会科学，都需要具备观念的历史视野以及充分利用历史资料。
>
> ——赖特·米尔斯,2005:154、156—157

现实与历史存在连续性关系,欲认识现实需把握其历史上的来龙去脉,"片面的深刻"可能导致只知其一不知其二的狭窄视野和近视目光,许多现象背后的渊源机制不能单纯地归因于此时此地的场景因素或国家政策,而是有着更为源远流长的因果关系和深厚的历史根基(周雪光,2019)。林耀华指出,"吾人须知各门科学之任务,莫不寻求与叙述各种现象之历程。自然科学分析自然历程,生物科学分析生命历程,心理学分析有意识的历程,最后社会学分析社会历程","社会学研究的目标,在乎理解社会生活的变迁"(林耀华,2003:6、4)。故而,要深入阐释和理解某个社会事实,离不开对其发展变迁历程的关注。具体到乡村的发展干预实践,行动者自身的历史文化传统和所处的社会结构背景会影响他们的日常生活和行为方式,从而对外部发展干预计划发挥实质性的重塑和再造作用。因此,认识乡村发展场域的干预实践与行动者策略,首先需要厘清附着在行动者身上诸多的历史文化信息及其实践特征。对于本研究的主题而言,分析作为发展干预对象的苗族的历史起源、社会记忆及其现代性遭遇将是研究的逻辑起点。

一、贫困的结构制约性与文化敏感性

少数族群贫困是中国最突出的贫困问题,少数民族地区是中国扶贫工作的主战场(汪三贵等,2012)。目前,国内学术界关于少数族群贫困问题的既有研究,可概括为两种较为清晰的分析进路。第一,结构取向的解释进路。结构解释认为少数族群的贫困现象是一种客观层面存在拥有的匮乏状态,致贫的根源是制度或政策派生的外部因素,如少数族群的市场机会、工作获得、收入不平等、权利剥夺、民族政策等(刘小珉,2013;马戎,2009),而与此同时,这些外部因素相对而言更易被人为地改变,因此,少数族群的贫困只是一种暂时性的经济现象与社会问题。第二,文化取向的解释进路。文化解释强调少数族群贫困群体的价值规范、行为方式、主观态度以及心理感受等文化特征(王建民,2012;古学斌等,2004;古学斌等,2007),致贫的根源是规范所衍生的被少数族群逐渐内化的内部因素,因此,贫困是一个具有代际传递性和福利依赖性的持续的或长期的文化现象,或者说,贫困作为整体社会现象的一部分可能无处不在且难以根治。不过,理论和事实的依据都表明,对贫困议题的深刻把握和理解需要结构解释与文化解释两种进路的彼此增益,而不是分割替代。任何结构取向的制度解释中一定包含着文化因素;而文化取向的贫困文化解释亦伴随着制度的约束因素(周怡,2002)。从中国的扶贫实践来看,"扶贫开发"、"输血式扶贫"的提法倾向于结构解释,但"扶贫先扶志"、"造血式扶贫"等口号却又显然是文化取向的(朱晓阳、谭颖,2010)。面对这种现实两难,国家政府层面的扶贫实践通常倾向于将贫困问题化约为以经济—技术为表征的结构性命题,而文化敏感实践(cultural sensitive practice)(古学斌等,2007)议题往往被各种操作性的现实困境"有意无意"遮蔽,多数情况下仅存在于政策语言和宣传口号之中。

本章以西南田村苗族的"迁徙—定居"历程及其贫困治理过程为分析对象,重点考察游猎迁徙这一典型的苗族文化记忆符号在遭遇现代国家的贫困治理实践后所呈现出的复杂性图景,并据此反思当前国家扶贫工程所蕴含的文化敏感性与结构制约性议题。本研究尝试跳出原有贫困研究中结构解释或文化解释相对分立的简化模型,遵循"文化—结构"互联的分析策略,充分肯定并适度还原贫困议题的复杂性和丰富性,将文化解释强调的主体性、内生性、植根性与结构解释注重的强制性、外部性、暂时性进行学术勾连,综合解释少数族群发展场域中贫困的延续机制与治理策略。其中,文化分析要求以少数族群独特的生存方式、社会记忆、价值观念等作为分析基础,考察地方性知识这一核心变量对于族群发展与变迁的意义;结构分析要求呈现出制度派生的外部因素之于族群发展与变迁的效应。对于本研究中的田村苗族而言,文化层面主要体现为附着于苗族民众社会记忆中的游猎迁徙所蕴含的"原初丰裕社会"的图景。而结构层面主要表现为地方政府及社会各界长期实施的减贫行动计划所依据的"丰裕中的贫困"的假设。从二者的互联关系出发探讨贫困议题,将浮现出一幅少数族群对贫困治理之后果的矛盾心理的图景,这实际上是一种"现代性的焦虑"的状态,而正确理解和妥善处理"现代性焦虑"背后所蕴含的"文化—结构"议题,将是贫困研究领域的重要学术命题和减贫实践领域的核心操作难题。

二、苗族的族源考古学与生存迁徙史

苗族的族属起源,同远古时期的"九黎"、"三苗"以及"南蛮"关系甚密。据历史考证,远古时期我国黄河的下游地区和长江的中下游地带就居住生活着原始人类,经过代代相传的繁衍生息,在距今大约五千多年以前,渐渐形成了一个名叫"九黎"的部落联盟,蚩尤是这个部落联盟的首领。《国语·楚语》的注释中写道,"九黎,蚩尤之徒也"。我国许多古籍文献如《吕氏春秋·荡兵》、《战国策·秦》高诱注等,都一致认为蚩尤是九黎之君。九黎凭借黄河、长江流域优越的地理条件,社会经济稳步发展壮大,很快成为我国东部的强大部落。而此时,以轩辕黄帝为首领的部落联盟逐渐兴起于黄河上游的姬水①地区。《国语·晋语》记载,"黄帝以姬水成"。后来,黄帝部落向黄河下游延伸,最终与九黎产生冲突,黄帝部落在涿鹿(今河北省涿鹿县)境内战胜九黎。九黎虽然战败,但依然据有长江中下游地区的广阔地带。

大约在尧、舜、禹时期,九黎又逐渐形成一个新的部落联盟,这就是史书上记载的"三苗",也被称为"苗民"或者"有苗"(《苗族简史》编写组,1985:1)。三苗依靠洞庭湖、鄱阳湖、衡山、汶山等水域和山川的地理优势,实力不断发展壮大,还与尧、舜、禹为首领的部落联盟进行过长时期的军事斗争。商朝和周朝时期,三苗的主体部分依然生活在长江中游地带,与当地的其他部族一道被称为"荆楚"或者"南蛮"。之后,荆蛮逐渐强盛起来,慢慢发展成了春秋战国时期楚国人的主体。从商朝开始,通常把"居国南乡"的"荆蛮"看作"肘腋之患",不间断地以武力进行讨伐。《诗经·商颂·殷武》记载,"挞彼殷武,奋发荆楚"。周朝也对荆蛮实施类似的敌视政策,《诗经·小雅·采芑》记载,"蠢尔蛮荆,大邦为仇"。春秋时期的《公羊传》更是记载了"南蛮与北狄交,中国不绝如缕"的语句,

---

① 据史学家考证,姬水位于今陕西境内的渭河流域一带。具体位置有两种说法,一种认为姬水位于关中中部武功县附近的漆水河,另一种认为姬水位于关中北部黄陵县一带的沮河,漆水河与沮河均属渭河的支流。

表现出对"南蛮"部族发展壮大的深深忧虑。

很显然，九黎、三苗、南蛮和荆蛮之间实质上是一脉相传的关系，其中都有苗族先民的存在。《日下旧闻考》中载，"画本以飞空走险"，描绘的是蚩尤有翅翼能在空中飞行的场景。《山海经》在谈到三苗的首领驩兜时也说，"驩头，人面鸟啄，有翼……杖翼而行"，同时又记载"西北海外黑水之北有人有翼，名曰苗民，……驩头生苗民"。史书中的记载表明，以蚩尤为首领的九黎与驩兜时期的三苗均被描述为拥有翅翼，能够在空中展翅飞行，这可能显示二者均信奉鸟类图腾。据此，驩兜三苗是蚩尤九黎的苗裔，他们拥有共同的图腾信奉，均繁衍生息在我国东部地区。在史书资料中，也有多处记载了九黎和三苗之间的亲缘关系，如《周书·吕刑》的"蚩尤对苗民制以刑"，《国语·楚语》的"三苗复九黎之德"、"三苗，九黎之后也"等。

许多史书也认为苗族和三苗之间拥有亲缘关系。例如，《炎徼纪闻》卷四认为，"苗人，古三苗之裔也"；杨慎的《滇程纪》指出，"苗者，三苗之裔"；《皇朝经世文编·青螺文集》也记载"考红苗蟠踞楚、蜀、黔三省之界，即古三苗遗种也"。事实上，这些史书的观点并非完全主观推断，大多能找到较为可靠的现实根据。《苗族简史》记载，如今的苗族一般都将"蚩尤"供奉为远古的先祖。湖南、贵州的苗族民众在祭祀仪式时，都会宰猪供奉"剖尤"，当地流传着"剖尤"是远古时期一位英勇善战的首领的传说。四川南部、贵州西北部的苗族地区供奉有"蚩尤庙"，苗族民众通常会在每年的重要时刻进行拜祭。湖南西部苗族五大姓氏之一的石姓，苗语称呼为"仡驩"。石姓分大小，而其中的大石姓在苗语中竟然直接念作"驩兜"。湖南的花垣、大庸以及泸溪等苗族分布的地区有大量的驩兜墓、驩庙等各种同驩兜关系密切的文物古迹（《苗族简史》编写组，1985：3）。

综上所述，大量的历史文献和民俗资料均显示出，苗族与黄帝时期的"九黎"以及尧、舜、禹时期的"三苗"拥有血脉相承的亲缘关系。而商朝和周朝时期的"荆蛮"则是"三苗"的遗裔，与苗族拥有同宗同源的直接渊源，并生活着如今苗族的先人。故在《续修叙永永宁厅县合志》卷二十中甚至有这样的记载，"考苗族⋯⋯古称三苗⋯⋯一曰有苗或荆蛮"，这表明上述的苗族族属源头已经得到了较为广泛的认同。

苗族的历史，可以说是一部艰难的"生存迁徙史"，大幅度、远距离、长时期等成为苗族迁徙的重要形容词。至于迁徙的原因，显然是多层面的，既有躲避战争等政治因素，也有维持生计等经济因素。迁徙的路径，大范围内主要有两条，一是由东向西，二是由北往南。大范围迁徙之后，苗族小范围的局部迁移更是频繁。直到新中国成立，特别是改革开放后，家庭联产承包责任制的实施将土地分包到户，苗族失去了继续迁徙的客观条件，才逐渐分散定居下来。但迁徙不仅作为苗族过去的历史符号而存在，更为重要的是，它已经融入一代代苗族民众的血液和骨髓里，成为苗族民众身上难以抹去的集体记忆，并显现在如今苗族民众的日常生活实践之中。可以认为，苗族在现代性的适应过程中所面临的诸多"与众不同"，甚至是看上去所谓的"难以适应"的心理和行为，也正源自其长时期的迁徙历史所形成的鲜明的民族特性。这种民族特性一旦遭遇外部的现代性发展干预，必将碰出异样的火花。

据史书记载，蚩尤为首领的"九黎"在被炎帝和黄帝的联合部落击败以后，大部分九黎部族向南渡过了黄河，聚集在黄河南边的长江中下游一带，在黄河以北仅仅遗留下一些被称为"蚩尤戏"、"蚩尤冢"的民俗和古迹。如《皇览·冢墓》中就有这样的描述，"蚩尤冢在东郡寿张县（今山东境内）阚乡城中，高七丈，民常十月祀之"。蚩尤戏则主要流行于今山东、河北以及河南地区。《述异记》

记载，"秦汉间说，蚩尤氏耳鬓如剑戟，头有角，与轩辕斗，以角抵人，人不能向。今冀州有乐名蚩尤戏"。如今，一些苗族地区流传的先祖"浑水河"的古老传说，应该就是蚩尤被炎黄部落打败之后南下黄河的记忆（《苗族简史》编写组，1985：7）。

到了"三苗"时期，同样是战争的缘故，由于常年受到尧、舜、禹等部族的侵扰和攻击，"三苗部落"又被迫进行了再次的大规模迁徙。迁徙的"三苗"部落一支远赴西北地区，也就是《庄子·在宥》中所说的"投三苗于三危"。西迁到西北的"三苗"并没有稳定下来，之后又陆续往南迁徙，一直到达今天的四川、云南和贵州地区，因此这一带的苗族中流传着先民从寒冷的冰天雪地的北方往南下的故事。"三苗"部落的另外一支则迁徙到了洞庭湖、鄱阳湖以南的今湖南、江西的高山险岭里，即后来所谓的"南蛮"。虽然这些地方现在已经鲜有苗族后裔的身影，不过苗族后人依然非常确定那里曾是苗族先祖的居住之地。《太平寰宇记》中就有记载，"庐山记云：柴桑彭湖之郊（鄱阳湖流域），古三苗国"。据《苗族简史》描述，如今云南文山州的苗族群众，在老人逝世办丧事的时候，都要邀请巫师引导亡灵回到洞庭湖投祖（《苗族简史》编写组，1985：7）。可以推测，这种民间的传统习俗应当是对"三苗"旧地的集体记忆。

夏朝和周朝时期，"南蛮"逐渐发展扩大，"渐为边患"。而到了周朝，"党众弥盛"，更被看作是威胁到周王朝政权的潜在势力。终于，随着"南蛮"在公元前九世纪末至公元前八世纪初逐渐强盛，天子周宣王"乃命方叔南伐蛮方"，试图消除"南蛮"的威胁。战国时代，楚国的楚悼王支持吴起实行变法，严明法令，欲将"荆蛮"里发展较慢的一支"南蛮"强行归入楚国的势力范围，于是运用武力"南并蛮、越"，占领了"洞庭、苍梧"等"蛮"、"越"之地。在那个战火纷飞的动荡时期，苗族先祖纷纷往西迁徙，进入到荒无人烟的武陵山区。如今贵州东部、湖南西部、四川东部等地的许多苗族都流传着其先民从祖国东方越过崇山峻岭沿着河流迁徙到当地的传说。这一支"南蛮"也在当地留下了许多现今可以考证到的地名,例如洞庭湖内的"苗山"(今改称君山),洞庭湖南面的"苗山"(今改称鼎山),以及《嘉庆大清一统志·岳州府》中记载的洞庭湖右岸的"苗鸟头石"等。到了战国末期,秦国和楚国两强战争不断,《后汉书》中记载,秦昭王命"白起伐楚,略取蛮夷,始置黔中郡"。此时,武陵地区的苗族又遭遇到不断的侵扰和冲击。

秦汉时期,偏居山区的苗族先民拥有了难得的休养生息的安定时期。至西汉晚期,"武陵蛮"逐渐强盛起来,逐渐引起朝廷的关注。东汉建立以后,开始对"武陵蛮"实施诸多规模庞大的军事行动。公元47年至公元186年的一百四十余年间,东汉朝廷对"武陵蛮"采取军事行动共计十二次之多。建武二十三年至二十五年的仅仅三年时间之内,刘秀就大规模向"武陵蛮"起兵三次。大将军刘尚和老将马援都曾奉命出征"武陵蛮",刘尚遭遇全军覆没,而马援最后更是困死于武陵地区的"壶头山",朝廷顿时手足无措,对"武陵蛮"的讨伐终于停息下来。此后,又由于朝廷不断增加武陵地区的税赋,"武陵蛮"怨恨增强,掀起了不少针对苛捐杂税的抗争,苗族先祖又经历了多次血雨腥风的洗礼,其间大量先民往西、往南迁徙。

西晋时期,荆州刺史陶侃曾两次出兵征讨武陵地区,掳掠了大量人口。西晋朝廷被中国北方的少数民族击败之后,武陵地区的许多苗族先祖趁着封建皇权不稳固的时机,沿着汉水逆江北上,进入到今天的河南、湖北和陕西等省,在此与北方的各民族共同杂居。刘宋元嘉二年,"五溪蛮"发生了民间起义,朝廷派军队镇压,将掳掠的人口强制迁徙到今天的南京。元徽元年,朝廷对五溪地区征收繁重赋税,第二年,荆州刺史又以"讨蛮"为名,出兵五溪,"五溪蛮"群起反抗。沉重的徭役赋税,常年的朝廷征讨,迫使"五溪蛮"不得不开始向西、向南迁徙,向西进入到今天的贵州境内,而向南则进入到今天的广西境内。

到了唐朝,云南境内的南诏政权与唐王朝战争不断。公元873年,南诏政权出兵贵州和四川,一路到处掳掠财物和人口。这场战争中,大量苗族先民涌入云南。唐朝末期,江西的彭氏兄弟拥兵进驻五溪地区。据《宋史·诸蛮传》记载,五代时期,彭氏在楚王马殷的大力支援下,多次对五溪的苗族部落兴兵,最终完全据有了五溪地区,并自称刺史。随着彭氏势力的逐渐发展壮大,同楚王在五溪地区的政治利益产生了冲突,最终溪州刺史彭士愁起兵反楚,双方发生了大规模战争。五溪地区的苗族先民在彭氏的长期侵扰以及彭、楚之间的常年战争中,许多人遭遇家毁人亡,大量苗民迁移远离这一地区。唐宋时期,有苗族先民从江西等地迁徙至今天湖南的城步、武冈等地居住。《宋史·西南溪洞诸蛮传》记载,北宋皇佑年间,广西壮族侬智高在白色起兵反宋,朝廷派兵镇压,镇压的队伍中有不少来自思州、靖州等地的苗族土丁,叛乱平息以后,他们被留在当地驻守,即今天的凌云、凤山、河池等地。

元朝时期,民族压迫和民族歧视非常严重,遭受欺凌的各族民众不断揭竿而起,掀起了数量众多的民族反抗斗争。大德二年,贵州桑柘蛮王二万、马虫等起兵反叛朝廷,苗族民众也参与到这场斗争之中,之后受到朝廷的残酷杀戮和野蛮驱赶。大德四年,朝廷派军征讨"八百媳妇国"(今缅甸境内),途经贵州地区时烧杀抢掠。第二年,贵州土官宋隆济动员苗族和仡佬族的民众掀起了反抗斗争,随后,贵州水东、水西和乌蒙等地的苗族民众纷纷响应,遭到朝廷军队的残酷镇压。这些年持续的军事战争,大量苗族民众家毁人亡,许多人无家可归。此外,元朝末年,湖南城步的苗族将领杨完者奉元朝廷命令,率领十余万苗族士兵进入到浙江、江苏等地镇压民间起义,之后大量苗兵就地留下来,慢慢融入当地汉族之中

（《苗族简史》编写组，1985：10）。

明朝初期，胡大海统领湖南地区的部分苗兵调往贵州西部戍守，不少苗兵后裔留居于今贵州的水城、普安等地。同一时期，贵州境内的苗族大量向云南迁徙。比如云南的《邱北县志》就有记载，"苗人二千余，明初由黔省迁入"。天顺三年，贵州苗族干把珠率领部族起义，被镇压之后，四千多人被杀害，另有五千多名妇女被掳往其他地区。万历年间，朝廷出兵镇压播州土司杨应龙叛乱之时，大量苗族民众遭到杀戮，许多人被迫远走他乡，最后当地的幸存者寥寥无几。为了开垦边疆地区，明朝在贵州东部、贵阳以及安顺等地不断安屯设堡，逼迫大量苗族民众移居他乡。海南岛的苗族就是在这一时期从广西征调过去开垦守边的，后来军队建制撤销，苗族后裔不断开枝散叶，在海南扎下根来。

清朝初年，吴三桂从四川南部征调三千苗兵征讨水西，息兵之后，吴三桂命令一部分苗兵就地分散定居。在吴三桂征讨水西时，原先居住在普定、郎岱等地的苗族民众为了躲避战争大量逃往云南文山等地。吴三桂强大之后起兵反清，清朝廷兴兵镇压，血战持续近两年，杀戮数百万人。其间，云南的苗族民众为了躲避屠杀纷纷迁往云南西部边境，有的甚至远迁国外。清朝"改土归流"实施后，黔南和黔东南的苗族民众受到残酷对待，不少人组织起来进行反抗斗争，但大都遭到朝廷镇压。起义失败之后，黔东南的苗族民众不愿死守故地，"他们扶老携幼，肩挑着小孩，手捧着蚕种，足穿着草鞋，翻山越岭向黔西南迁移，其中一部分经兴义移入云南文山地区，一部分经黔中南迁入安顺地区"（《苗族简史》编写组，1985：12）。当时，云南文山地区的苗族有的继续向红河州甚至西双版纳等地迁移。

综上，中国版图中苗族先祖的迁徙非常频繁，呈现出一个总体性的迁徙规律，即首先从北往南，随后变为从东往西。一些地方的县志也进行了类似的记载，《郎岱县访稿》说，"苗人……即古之三苗，自涿鹿战后渐次向南辟居，以滇黔为最多"；《马关县志》载，"苗人，其先自湘窜黔，由黔入滇，其来久有"。迁徙是苗族发展史上频繁且重大的历史事件，其印记深深地烙在苗族民众的心里，融在苗族民众日常的生活之中。贵州东南部的《苗族古歌·跋山涉水》里有这样的语句，"居住在东方，挨近海边边，翻过水山头，来到风雪坳，河水黄泱泱，河水白生生，河水稻花香，沿着稻花香河，经历万般苦，迁徙来西方，寻找好生活"（《苗族简史》编写组，1985），歌中的词句表现了苗族先祖南渡与西进的历史画面。本研究的田野点田村所在的云南北县的苗族妇女喜爱的百褶裙，都会染上三条明显的花边。据当地的苗族知识分子讲述，百褶裙的上部花边代表黄河，中部花边代表长江，而下部花边则代表西南山区，之所以在百褶裙上染上花边，是为了铭记本族先民艰苦的迁徙历程。

三、空间压缩：田村苗族的定居历程

"中国西南的云南省被称为'人类种族博物馆'，反映了其迁移的历史"（斯科特，2016）。通过苗族迁徙史的考察发现，苗族并不是云南的世居民族，迁入北县地界应在清朝时期。据《北县县志》记载，清咸丰元年（1851），大约 120 户 600 人左右的苗族从贵州威宁作为当地黑彝奴隶主陪嫁的丫头、娃子，或者作为奴隶主的保镖跟随主子进入武定环州和元谋等地。随后，其中的少量苗族民众从这些地方逐渐迁入北县境内。清咸丰四年（1854），又有一批苗族民众由黔西北分两路迁入云南，一路先在云南东北部的巧家、东川居留一段时间之后迁往昆明西部的禄劝雪山，咸丰九年（1859）为躲避病疫，迁入北县境内；另一路约 40 户 150 人左右，由威宁迁至北县与邻县的交界处。同治六年（1867）前后，一批苗族民众从禄劝、武定等地迁入北县（《北县县志》编委会，1999）。一直到解放前,苗族搬迁都十分频繁,一般是一、二户先选地住下,等到容易生活了,便有亲朋迁入,逐步聚集成小的村落,反之,则会继续搬迁到他处。因此,北县苗族定居村落形成的时间并不算长,最长的苗族村落形成的时间也不过 100 年左右。

1952 年,北县全境共有苗族 479 户,土地改革后,无地的苗族民众分到了田地,部分苗民在地方政府的帮助下,从山区迁到坝区。1958 年之后,因三年困难时期的到来,苗族的搬迁再次变得频繁,北县境内如今许多苗族小村落均是在 1977 年以后才逐渐形成。直到 20 世纪 80 年代,北县境内的苗族才基本定居。因搬迁频繁,北县苗族人口的起伏非常大,1945 年 4 333 人,1953 年则减少到了 2 881 人,1964 年进一步减少到 2 453 人,1982 年人口增加到 4 346 人,1988 年为 4 476 人(《北县县志》编委会,1999)。有学者这样描述云南境内苗族的迁徙情景,“他们搬迁往往是一家或数家,搬迁时必须带走的是生活中不可缺少的用于加工粮食的石磨,做饭用的吊锅和必备的籽种,走一程住上三五年,就这样在群山中辗转千里,像流动的沙粒一样慢慢地渗透到全省大部地区,直至越出国界,进入东南亚。这种长时期的流动,在别的民族中是罕见的”(颜恩泉,1993)。

北县田村的峰寨、栗寨以及石寨等 5 个苗族村落,都是 1975 年之后才陆续从邻县和其他地方搬迁过来形成的村落。峰寨在 1970 年代中期以前还是一片山林,无人居住。1976 年初,邻县马龙县马明乡要修建部队的训练靶场,部分村民的房屋和土地被征用,失去土地的村民需要异地安置,北县便是其中一个安置点。当时,北县统战部长亲自带领车队将 12 户总共 40 多人接到峰寨,其中 3 户迁来之后不久又搬走了。第二年,又有 3 户从其他地方迁来。这些村民构成峰寨最早的家户结构。由于没有土地,当地政府向邻村购买了 50 亩荒地,并动用拖拉机进行开垦,这是峰寨最早的土地来源。其实,这并不是峰寨村民的第一次搬迁,居住在马龙县之前,他们以及他们的祖辈们还经历了几次长距离的迁徙。寨子里流传着先祖们迁徙的故事,当我们和老人们聊到他们经历的往事时,他们总会记忆犹新、栩栩如生地向我们讲述类似的故事。有些故事是他们亲身经历的,而有些故事则是他们的父辈们代代相传的历史。寨子里年近八旬的杨道松老人回忆到:

> 我们的老祖其实以前居住在北方的,那地方有大江大河,水草很好,那时候年年都要打战,老祖们受不了,就开始搬迁。后来就搬到山区了,每到一个地方都要重新开荒,一般先用火烧,再挖坑埋上种子。平时都会到山里打猎、采集野菜,老祖们都会这个,很厉害的呢。过几年又会重新搬个地方,都会往山上搬,这样方便打猎啊,也不会被抢。
>
> 后来老祖就搬到贵州,贵州比北方好啊,山多林密,好打猎,打战也少。一个地方待的时间长了以后,老祖就会换地方,有时候是躲避战争,有时候是想换个更好的地方。最后就搬到了云南的马龙县,我就是在马龙出生的。那里的山很高啊,山上也种不出什么东西,但适合打猎呢,还可以捡(野生)菌、挖野菜,生活得很好呢。
>
> 1976 年政府要在马龙建靶场,就把我们搬到这里来了。我们是最早一批来到这里的,当时连地都没有呢,都是荒地和林子,很苦呢。当时政府买了一块地分给我们。后来搬来的人多了,地就不够盼(种)了,好多人就开始开荒。现在每年我们还要到马龙靶场去捡菌呢,带上被子、锅碗,经常住在山上。

栗寨和石寨的建村时间也是在 1975 年前后,不过,建村的过程并不像峰寨一样是政府的动员搬迁行为,而是苗族自主性选择的结果。栗寨 85 岁高龄的张林文老人讲述了他经历的迁徙故事：

> 我们的老祖（祖宗）在贵州。后来搬到（云南）马龙，再搬到（云南）彝良，1975 年从彝良搬到这里（栗寨）。解放以前，我们住在山上，四、五户或者六、七户住在一起，人很少。那时候经常有土匪到村里来抢东西，一百六、七十人的队伍，有的还骑着马。被抢得最多的是那些地主，那时营盘山上有三家地主，被抢得最严重。我们也被抢，只是把我们的牛羊牵走。

> 我们在彝良的地太陡了，又高，天气热得很，粮食产量低，根本不够吃。那时我们先砍一块林子，把树烧了，然后点（种）上苞谷、荞子（荞麦）、天生米（一种谷物）等。农闲的时候就出去打猎。刚开始没有猎枪，只有弩。做弩的树这里（指栗寨）没有，弩就像电视里看到的那种，不过还要大，射的时候腰间还要系两根带子，这样才拉得动。箭头要粘一种草药，是用"草乌"提炼的，一大捆（草乌）只能提炼一点。那东西一射出，（猎物）见血就死，能射死豹子呢。

> 解放后，我们就能在供销社买到枪了，二十元钱一杆，子弹几块钱一公斤，火药十多元钱一公斤。我们打猎时都是几个人一起去，打到猎物都是平分。那时是公社时期，公社安排我们去打，打回来算工分。如果能卖钱，钱也是平均分。我们那时到处打猎，富源、玉溪，还打到现在这里。那时这里刚好在修火车路，我哥还被修火车的给扣押了，幸好当地有一个认识的人在场，才把我哥放了。后来我们跟麦村（位于栗寨南面）的人讲，说想搬到这里来，他们说可以，我们就搬过来了。

> 搬家时，只用篓子背一口锅，家里也没有家具，赶着牛羊就过来了。能搬的就搬，不能搬的就扔掉。真是越搬越穷啊！那时房子是用圆木盖的，很粗，其他人连那些木头都不要了，

我还是用马车拉过来了。早上五点出发,上午十点左右就到了。我和老三搬到这里,大哥和四兄弟搬到了嵩明。其实我们在彝良时还搬过一次,只是从一个山头搬到另一个山头。被土匪抢了之后搬的,搬了之后还是被抢。(20世纪)70年代搬到这里后,就不能再搬了,林子都变成了集体的、土地也成了自家的,没有人愿意给土地我们的,国家也不允许我们到处搬迁了。

40多年前,当张林文哥俩搬到栗寨所在的大山深处时,还是荒无人烟的山林,没有开垦的土地,更没有居住的人家。他们砍倒大树,用火烧山,开垦出空地建造房子、种植庄稼,便形成了栗寨最初的两户居民。在此期间,张林文哥俩开垦的土地得到地方政府的确认,他们拥有了自己的土地。"土地的明确占有,乃是先民从不断迁徙的状态而固定下来的一个最为重要的物质基础,其不仅可以借此提供稳定的食物来源,还可以保证有固定的人口依附于此土地上并存活下去"(赵旭东,2012)。张林文哥俩的子孙长大之后成家再分家,最终发展成当前田村一个颇具规模的苗族寨子。从目前的发展趋势看,田村苗族定居建村的历程为其祖先的迁徙大历史画上了一个阶段性句号。族群迁徙运动由于越来越受到现代国家观念的约束已经变得难以发生。一个成熟的社会往往期待族群流动更加趋于固定化或者停止进而完全定居下来,很重要的目的之一是为治理社会所制定的各种规则发挥作用而创造现实条件。在传统社会向现代社会的转型过程中,苗族迁徙可供操作的生存空间被迅速挤压。"空间压缩故事的中心是国家与定居农业的永久结合,在固定耕地上种植农作物受到国家的鼓励,并且历史地成为国家权力的基础"(斯科特,2016)。尽管已经建村定居,游耕迁徙不再,但对于田村苗族而言,迁徙记忆已经成为其文化内核中至关重要的元素,他们甚至将迁徙的生存记忆演变为当前日常生活中随处可见的身体实践。记忆在绵延时空中的构成复杂,且与"过去"、"现在"和"将来"纠缠交错,关注记忆议题,不仅是为了"对抗遗忘",同时也是为了更好地理解"现在"(王汉生,2016)。

四、昔日重现:田村苗族生存记忆的身体实践

"昔日重现"是社会记忆研究中一个十分重要的主题。当然,"昔日"不可能完全真实地"重现",正如哈布瓦赫所言,"过去"不是被原封不动地保留下来,而是在"现在"的基础上被重新建构(哈布瓦赫,2002)。唐纳顿建构出"身体实践"这一概念将"昔日重现"的主题进行了具体化和操作化。唐纳顿指出,在身体是在具体实践和行为中被文化构成的意义上,它是由社会构成的,身体的习惯性操演对于表达和保存记忆十分重要,对于过去的记忆来说,虽然从不用追溯其历史来源,但却以我们现在的举止重演着过去,在习惯记忆里,过去似乎积淀在身体中(唐纳顿,2000)。因此,通过类似于身体实践的行为,记忆传承得以实现。如今,虽然游猎迁徙的真实图景早已成为现时代苗族民众的"过去时刻",不过,有关游猎迁徙的社会记忆及其身体实践却依然伴随着他们,体现在他们的日常生活当中。总体上看,田村苗族民众身上仍然保留有较为明显的游猎迁徙时代的传统习俗,这主要体现在采集和狩猎两项迁徙时代的基本生计活动和生存技术上。

(一) 农耕生产间隙的采集生活

虽然苗族已经在田村定居近 40 年,农耕早已成为主要的谋生手段,现代商品经济也已经深入到他们的日常生活,但苗族民众对山林的情感却依然浓烈。采集这种古老的生计传统,苗族民众还较为完整地保留了下来,无论男女老少,几乎都有一套属于自己的

采集本领。我们曾多次跟随村民到山林里采集野生菌,但我们每次都几乎是空手而归。村民们则是轻车熟路,哪些地方曾经长过以及可能生长野生菌,早已印刻在他们的脑子里。每年的采集季节,成年人的农闲时间、读书小孩的课余时间,基本都在山林里度过,几乎所有苗民都会到山林里采摘野生菌、棠梨花、蕨菜、中草药材等。有的村民到就近的山林里进行采集,一天能有几个来回;有的到离家几十、甚至上百公里的地方,带上简单的行李,吃住在山林里,一般三五天,长则十多天才往返一次。

> 每年的 5 月到 9 月,我都会到马龙(邻县)捡菌,带上行李,带上一个小吊锅,带上一点米。村里还有其他人去,我们就一起做饭吃。一般要在山里待上一个星期,之后会回家来两三天,然后又去山里。每天都有人到山里现场收菌。干巴菌最贵,价格好的时候可以卖到 120 元一公斤,大多数情况下也能卖到 100 元左右一公斤。(访谈资料:峰寨村民 WHZ)

> 我一般到村子附近捡菌,早晨天不亮就要出去,迟了就被别人捡了。一般都知道什么地方有菌,特别是干巴菌,都长在草里,如果今天还没长大,先用草把它盖着,明天就可以捡了。在附近捡当天就可以回来,等到第二天早上再拿到街上去卖。(访谈资料:峰寨村民 YCY)

> 现在的野生药很贵,因为这几年挖的人多了,药越来越少。虫蒌(当地人对一种野生药材的称呼)近两年都卖到 25元一公斤。一个星期下来,好的能赚到四五百元。不过太辛苦了,一天要走上好几十公里,都是在陡坡上转,只有这些地方才有药。(访谈资料:栗寨村民 ZHH)

以前,苗族采集的菌类、野菜主要自己食用,中草药材用于治病。不过,随着当地社会经济的发展,周边地区民众对野生产品的需求不断增加,一些汉族和回族的"贩子"会主动到村里收购他们采集的野生产品。苗族民众逐渐意识到了采集的经济价值,他们就将采集的产品拿到附近的集市上销售。尽管同周边的汉族和回族相比,他们可能不太懂得如何向顾客展示自己的"商品",尚缺乏"讨价还价"的能力,但对苗族而言,采集已经从传统的自给自足功能向现代商品经济靠近。对于不得不面临现代化和市场化考验的苗族民众来说,这种行为的转变应该具有里程碑式的意义。

(二) 仪式化与娱乐化的狩猎传统

如果说采集作为一种传统的生计方式仍然活跃于苗族民众的生活舞台上,那么,与采集有着"孪生"关系的狩猎传统现今的命运则大不相同。田村苗寨建村的最初 20 年时间里,苗族基本都还延续着祖先的狩猎传统。那时,每户苗族家里都有一杆甚至几杆猎枪,家里还驯养着追赶猎物能力很强的猎狗,村里的男性经常到附近和邻县的山林里、甚至是云贵两省的交界地带打猎。他们穿行在深山密林里,用随身携带的干粮充饥或者随手捡材生火做饭,累了铺上简单的被褥就地而睡。上世纪 90 年代中期以后,国家对林地和野生动物的保护力度逐渐加大,政府开始全面实施"封枪禁猎",收缴了村民的猎枪,严禁猎杀野生动物。其间,石寨一位村民因在贵州"偷猎"被判刑十几年。之后,田村苗族的狩猎习俗逐渐远离他们的日常生活。

> 搬到这里后,我们还经常到富明、云南和贵州的交界地去打猎。那时会带上猎狗。那种猎狗很乖,叫它在哪里就在哪里,不会乱跑,还会追赶猎物。(20 世纪)80 年代时,我们地方上有疯狗,政府就把我们的狗全部杀了。现在养的这种狗不

行,只会咬家里的羊,不会打猎。1997、1998 年,政府开始禁猎,2000 年完全把枪支收缴了。我们村现在有的人家都还有枪呢。如今没地方打猎了,我们还会拿着皮枪(指村民自制的弹弓)打鸟玩,也打打兔子什么的。(访谈资料:栗寨村民 ZHW)

97 年以后政府开始收缴枪支,并开始抓打猎的。村里有人在贵州打了 10 多只野鸡,抓了之后被判了十几年,现在还没回来呢!自那以后打猎的就少了,更不敢到贵州那边去打了。现在我们放牲口的时候一般都会带着皮枪,可以打鸟玩,可以赶牛羊,很方便。玩烂了一杆又做一杆新的。过年时,我们都会到门前摆上一个自制的靶子,每人都将一根烟摆在前面,用皮枪打靶子,打中了得烟,没打中的出烟。好玩得很呢!(显出很自豪的表情)(访谈资料:石寨村民 ZCH)

不过,狩猎习俗的各种"变体"依然在田村苗族中流行。例如,几乎每位苗族男性都会自制弹弓,平时到田里干活或山上放养牲口将弹弓挂在腰间,看见鸟类或小动物,随手捡起身边的石子作为子弹击打;每年正月,许多村民偷偷到山里打兔子、野鸡、麂子等,运气好的话还能吃到"野物",这更多地呈现为某种仪式化特征,也预示着来年会拥有不错的运气,并非真要获得多少猎物;许多村民会到山林里寻找"掉包蜂"(村民对一种蜜蜂的称呼),然后将"一窝蜂"全都取回来,在自家土坯房的墙上挖个洞,将蜂用泥土封在洞里养起来,等到成熟了再拿到街上卖,是很好的中药材和营养品;村民们会自制鱼竿到附近的牛栏江里钓鱼,有的男性甚至开玩笑说钓鱼比种地更有意思,喜欢一天到晚在河边钓鱼的感觉,累了可以直接躺在河边睡觉,醒来后不用担心地里的庄稼是否长虫了;有时,狩猎的技能也会演变为苗族村民玩乐的游戏,比如"皮枪赌烟"(用皮枪打靶,赢了得烟,输了出烟),也增添了日常生活中的乐趣。

如果说苗族先祖主要是因躲避战争等政治原因而长距离迁徙,那么,寻找更加适宜的狩猎、采集以及"刀耕火种"的地点等则成为苗族民众频繁迁徙的日常经济因素,二者夹杂在一起,共同构成了苗族迁徙史的基本动力。新中国成立后,国内政治稳定,战争因素逐渐消失,经济因素上升为苗族继续迁徙的首位动力。解放初期国家进行大规模的土地改革,苗族分配到了属于自己的土地,但是,这并没有阻拦其继续迁徙的脚步。虽然将解放后苗族频繁迁徙的原因完全归结于经济因素即"流动的"生计模式会冒一定的风险,但不得不承认,苗族长时期的迁徙历程所孕育出的生计模式已经深深印刻在其子孙后代的血液里。改革开放后,土地包产到户,山林划分给集体或个人,加上国家的"建村定居"以加强户籍管理的统一规划,苗族真正意义上失去了迁徙的客观条件,田村苗族村寨的形成即源于此。但是,近40年的定居生活并没有使苗族完全抛弃迁徙的习俗,在他们的集体记忆中,依然清晰保存着先祖和父辈们长途跋涉、开荒拓土、游走于山林间的美好传说和故事,许多迁徙时代的生计方式如今依然以各种形式活跃在他们的日常生活实践之中。

五、结构治理与文化记忆的实践遭遇

作为国家级贫困县中的特殊照顾民族,田村苗族定居之后40年的变迁史就是一部生动鲜活的地方村落发展干预史。在田村苗族有关生存记忆的身体实践过程中,国家的贫困治理工程始终与之紧密缠绕在一起。二者的相遇所碰撞出的火花异彩纷呈,但也蕴含着难以名状的实践感悟与心理体验。

(一) 贫困治理:技术现代化逻辑下的结构表征

田村苗族的贫困问题得到了各级政府长时期的关注,其贫困治理的历程可划分为五个阶段。第一阶段（1970 年代中后期）：移民定居建村与季节性救济。田村苗寨自 20 世纪 70 年代建寨伊始，就一直是当地政府的重点救济对象。这一时期的政府救济主要分为"春夏荒"救济和"冬令"救济两种形式。在"余粮将断、新粮未收"的"春夏荒"时节，当地政府会划拨救济粮款给苗族农户。"春夏荒"救济和"冬令"救济是传统农业社会将政务智慧与天时相结合的产物，属于典型的政府季节性帮扶政策。

　　第二阶段（1979 年至 1980 年代中期）：民族自治县设立与公粮减免。1979 年是田村苗族贫困治理的第一个重要转折点。这一年，田村所在的北县成为民族自治县，开始享受国家更多的政策性照顾：一是自治县的财政收入实行"全超全留"；二是贫困生产队免征公粮，即坝区人均口粮在 200 公斤以下，半山区人均口粮在 175 公斤以下，山区人均口粮在 150 公斤以下的生产队免征公粮（《北县县志》编委会，1999），当时田村苗寨都属于免征公粮的贫困生产队范围，并在此后很长时间内享受着这项照顾性政策。

　　第三阶段（1986 年至新世纪初）：贫困县"戴帽"与全方位扶持照顾。1986 年，北县相继被列为省级、国家级贫困县，作为特困县的"特困民族"，田村苗族从此获得全方位的扶持与照顾。同年，北县成立了主抓扶贫工作的贫困山区领导小组，派驻山区民族工作队到贫困乡开展扶贫工作。此后，县乡两级政府将田村苗寨作为对口扶贫的重点"挂靠点"，安排基层干部开展结对帮扶工作，发放救济粮款，进行"茅草房"、"杈杈房"改造和"农电"改造。与此同时，全面推广农业新技术，尤其重视地膜覆盖和营养袋育苗移栽技术，大力推广苞谷、烤烟等作物新品种。

　　第四阶段（2009 年至 2013 年）：扶贫重点村规划与项目"扎堆"进村。为了将田村苗寨打造成扶贫开发的典型村和亮点村，2009 年以来，田村多个苗寨先后被当地政府确定为扶贫开发的

"整村推进"重点村和新农村建设示范村,扶贫项目"扎堆"入村,开展了包括道路硬化、猪圈建设、村容村貌整治、太阳能安装、种猪购买、公共洗澡房新建、垃圾房建设等基础设施建设和产业转型工作。

第五阶段(2014 年至今):贫困县"摘帽"与精准扶贫工程。2014 年起,以数字为计量核心、以建档立卡为实施手段的新一轮精准扶贫工程在北县全面启动。县主要领导表示,将举全县之力,大干 600 天,确保按期"摘帽"。为配合北县县级层面 2017 年实现脱贫摘帽,田村苗族顺理成章成为地方政府精准扶贫的攻坚村落。具体的组织形式包括"挂包帮(领导挂点、部门包村、干部帮户)"、"转走访(转作风、走基层、遍访贫困村贫困户)"以及派驻驻村扶贫工作队等,帮扶单位和个人必须立下脱贫攻坚"军令状"。当前,田村苗寨的各种政府扶贫项目还在"轮番上演",苗寨的贫困治理依然在路上。

从田村苗族的扶贫历程来看,可概括出蕴含结构性逻辑的三个主体特征:第一,外源干预的发展理念。外源性发展假设发展的力量产生于外界。这一模式的核心原则是围绕规模经济和集聚经济,农村地区的功能主要是为不断扩张的城市提供粮食(Galdeano-Gomez,2011)。城市承担着区域经济发展的核心功能,集中了大部分的人口、商业和工业活动;而农村则成为由技术进步主导的、以市场为导向的农业地区。农村的空间范畴通常被看作是一个剩余范畴(residual category),并与农业的部门分类等同起来(Lowe,1998)。依据城市和农村的这种分类标准,农村发展"问题"的出现被归因为这些地区和国家的土地上保留了太多的人口,从而限制了推动城市和工业增长所需的劳动力转移,与此同时,也抑制了有竞争力的和高效率的农业发展。人们普遍认为,这种停滞不前的地区必须与充满活力的中心区域连接起来。因此,农村地区的发展就是要追求持续的现代化与工业化,并以追求经济增长为核心目标。

第二,自上而下的动员轨迹。我国的发展干预大计以政府之手或貌似以政府之手推动是明显的事实(朱晓阳、谭颖,2010),政府在贫困治理中一直居于主导地位,具有典型的"行政推动"特征。政府扶贫以"多予"为核心,通过层层责任考核制的强力组织形式,将国家财政的转移支付输送到贫困地区,此时,扶贫工程既是一种治理贫困的举措,也变成国家治理体系中的重要纽带,即扶贫不仅在处理国家与农民的关系,也是在处理中央与地方的关系。以精准扶贫为例,各级政府全员动员,干部成为建档立卡、驻村帮扶的主力军,立下"军令状",实行绩效考核奖惩制度,官员层层问责,各级政府视扶贫为中心工作。在这种组织架构下,扶贫资源被行政输送到贫困地区,虽然其间也会提倡参与式发展,但总体的自上而下发动和推行的基本方向没有发生实质性改变。

第三,技术理性的治理逻辑。在从"汲取型国家"向"给予型国家"的转型过程中,国家治理的具体形态走向技术化(王雨磊,2016)。遵循外源性干预的核心理念,通常情况下,贫困地区的脱贫发展,一方面就是想方设法吸引产业进入农村贫困地区以提升就业机会,进而改善经济活动,另一方面注重引进新型生产技术以提高农业生产效率,这成为外源性干预的主要措施(Sharp,2002)。中国农村的扶贫工程基本遵循城市发展的"技术—现代化"逻辑,强调外界资源和技术的大规模输入。田村苗族的扶贫历程,即是一个"技术—现代化"国家治理逻辑的全面展现过程,现代性的单向度视角居于支配地位(杜星梅、陈庆德,2016),尤其以1980年代中期以来的北县贫困县"戴帽"为标志,田村苗族获得各级政府的扶持与照顾,各种基础设施建设、产业发展、技术支持不断涌入,苗族民众经历了全方位的外部干预。

(二) 记忆实践：原初浪漫图景下的文化意蕴

社会记忆问题已成为一个日益重要的文化事件和文化关键词（刘亚秋，2010）。社会记忆是乡土社会存在和流变的历程记载，构成其文化的精神脉络和灵魂核心，形塑了支配民众行动的思维方式与价值取向，是乡村共同体的文化遗产（郑杭生、张亚鹏，2015）。遗憾的是，近来的多数记忆研究通常倾向于将记忆作为一种方法加以运用，而不是作为一个实体进行关照，对记忆背后的文化意涵缺乏深入的实践探寻。于是，有学者倡导，当代的记忆研究应当注重回到记忆的社会本体层面，重视记忆背后的文化规则对于人们的回忆方向以及现世生活重心的基础性作用，探究背后的社会文化意涵（刘亚秋，2017）。在苗族贫困治理场域中，以迁徙式生计为代表的记忆实践发挥着特殊的文化导向作用。

历史上，苗族是以游耕、狩猎和采集为主要生计方式的民族。当迁徙到一处新的地段之后，苗族民众会采取"刀耕火种"的生产方式进行耕种。一般情况下，他们会在每年的秋冬季节开始砍树，被砍倒的树木在次年的二、三月份基本风干，待到春季雨水来临之前开始用火烧地。经过春雨浇淋过的火烧地，其自然形成的灰肥不易被风吹走。此时，苗族民众便使用竹棍或铁锄掘坑点种，其间不用除草、施肥以及中耕的田间管理，直到作物成熟的时候进行收割。因为需要经常更换播种地块，故每到一处地点，多的三、五年，少则一、二年就要搬到其他的山头重新烧山垦地。可以看出，苗族游耕时代的农业生产非常粗放，收成也很微薄，而与此同时，他们会在山林里从事狩猎和采集，用于弥补生存所需的不足部分。由于需要频繁搬迁，苗族民众通常必须随身携带的工具是一盘石磨，这个石磨是加工苞谷面的基本器具。此外，还会有一口用于做饭的吊锅以及睡觉用的麻布被单。其他的日常生活用具都有可能在迁徙到新的地点之后重新制作，例如，苗族民众平常吃饭的碗和装菜的盆，也许都会到搬迁的目的地之后用当地的竹子重新来做。其主要目的是减少搬迁的负重，这样，即使再频繁的搬迁游动，也不至于被太多负重所拖累。

在进步的观念和注重经济发展的大环境里，原初社会通常被标签为一种低度条件下的社会发展阶段，是一种以绝对贫困为主要特征的"糊口经济"（subsistence economy），大量的生产行为基本仅够维持最低度的生存之需。萨林斯对这种观点不以为然，并且用从世界各地许多地方尚存的狩猎民族那里获得的第一手资料对这种主流观点进行了批驳。他描写道，不管是食品的生产抑或是工具的生产，狩猎族群一天的工作额度其实远比社会经济发展条件较好下人们的付出要低，狩猎民族的生产方式使得他们通常都会拥有更充足的闲暇时间，这样一来，他们甚至可以在白天睡觉休息，不用大量参与劳作。狩猎的民众其实并非像外人想象的那样，会恐惧匮乏或者担忧生活，其生存的主要诀窍是注重手段与目标之间协调的比例关系：狩猎者对物质的需求和自身欲望是有一定限制的，这样那些稍显"低级"的生产方式就能轻易承担有"节制"的需求（萨林斯，2009）。另外，狩猎者长期游动的现实制约了其"贪欲"的无限增长。因此，他们实际上生活在一种可称之为"物质丰裕"的环境中。萨林斯阐述道：

> 很明显，我们需要从实际功用和局限两个方面，对狩猎采集经济加以重新评估。我们的常识存在一种习惯性思维，错误地把所处的物质环境想当然地和经济结构联系起来，从其生活之简单推导出生活之艰辛。但一种文化体系总是辩证地和自然环境联系在一起的。如果不能跳出生态环境的局限，文化就无法给他们以丰裕，所以文化体系恪下了自然条件的

印记,并使社会特征与之对应(萨林斯,2009)。

埃马纽埃尔·勒华拉杜里在《蒙塔尤》一书中也描写了类似的情景,一个转场放牧的蒙塔尤人皮埃尔·莫里的社会生活,包括皮埃尔·莫里在内的牧民社会属于单独的社会经济阶层,他们不能积累很多的"客观"价值,流动的需要限制了他们,使他们不能像固定居民那样拥有许多固定资产,而总是在"可携带性的余地之内"进行各种活动,他们对打来的猎物,好像是养在自家的圈里,吃了还有一样(勒华拉杜里,2007)。狩猎者不用担心明天会收获什么,因为他们认为明天也会毫无悬念地获得另一顿大餐。不管其他人如何理解,但这样的自信给狩猎者"挥霍"的理由。

上世纪80年代以前,田村苗族还基本处于游动搬迁的生活方式之中。他们无积累,不储存,迁徙时简单轻便。苗族老人张林文描述道,"搬家时,只用篓子背一口锅,家里也没有家具,赶着牛羊就过来了。能搬的就搬,不能搬的就扔掉"。也许在他们看来,这种无计划性的生存模式才是理性的生存选择。正如斯科特对赞米亚"山地人群"的点睛刻画,"他们学会了在不知道下一个目的地在哪里时便轻装前行,是否成功完全取决于如何使他们的灵活性最大化"(斯科特,2016)。如今,这种适应于"原初丰裕社会"的文化影响力依然发挥着重要作用。例如,随着市场经济的发展,苗族虽然懂得将采集的野生菌、药材等拿到附近集市上交易,但所得资金通常不会作为原始资本的积累投资于生产,而是会在短时间内无计划性地消费;再比如田村苗族如今一边因高额的人情开支苦不堪言,一边又乐此不疲地参与其中,当然有全球化背景下现代消费主义文化的影响,但传统延续的即时消费观念显然起着非常重要的催化作用。

哈布瓦赫认为,记忆的稳定性受制于物质变化的影响,人们甚至难以意识到这些变化，因为它们是以一种缓慢不察的、持续渐进的方式发生的，即使变化突如其来、势不可挡，习惯的力量依然使留守在某个地方的人们对之浑然不觉。人们在远方会重构地方传统的象征符号，但它已超越地方变迁，同时又与物质环境相剥离，保持一种稳定性和持续性的意象，并能因此抵御真实社会生活发生的变迁，甚至能够处理冲突的记忆（哈布瓦赫，2002）。在我们的当代现实生活中，历史记忆的选择、强化、重整与遗忘，随时都发生在我们左右，观察体会一个族群的本质，历史记忆与失忆如何凝聚或改变一个族群，以及社会人群如何藉由各种媒介保存和强化各种记忆，将有利于我们理解"过去"的本质，以及许多记忆的社会文化意义（王明珂，1997）。记忆并非一种简单的心理学现象，而是一种建构认同和验证认同效果的斗争空间，通过不断重整的塑造，记忆可能最终决定了我们所能够知道的过去，也塑造了我们对可能的未来的概念（布里安等，2012）。田村苗族有关迁徙的记忆及其现代实践，实际上构成了其日常生活乃至发展变迁的深刻文化内核，其与贫困治理实践之间的碰撞纠葛，无疑会使苗族的民族社会心理产生复杂的变化。

（三）现代性焦虑的生产：文化与结构的双重逻辑

文化与结构的互联意味着必须将文化因素与结构因素共同置于社区空间的真实场域，不能将二者割裂开来。因此，理解苗族民众在面对发展干预时的行动策略和心理反应，必须要厘清"迁徙—定居"和贫困治理这两个重要的历史进程对于苗族民众的不同意义和影响。也正是米尔斯所强调的要探讨个人生活历程、历史和它们在社会结构中交织的问题。米尔斯指出，要理解一个运动缓慢的循环的社会，一个跌入了持续的长时段的贫困的社会，必须探究其历史根源，研究它在自己的历史上跌入这个可怕陷阱的持续的历史机制,要做非常深入的历史分析(米尔斯,2005)。所以,在研究苗族的贫困与发展问题时,既要在社会文化史的脉络下分析特殊的地方性元素;同时,也要把在现代化、市场化、全球化的大环境下所产生的结构性现象作为分析的背景。国家的"技术—现代化"逻辑改变了苗族的传统生活轨迹,迁徙史变成了定居史,但转变过程却充满了不确定因素,并非一帆风顺的线性发展,而是产生了转型期的诸多不适应性。总体上分析,这些不适应性离不开迁徙和定居两种不同的人类生存模式和生活方式之间的博弈与碰撞。迁徙的生存模式是"流动维持生计",展现的是一幅"原初丰裕社会"的图景;而定居的生存模式则是"积累促进生产",遭遇的是一场"丰裕中的贫困"并进而实行大规模贫困治理的现代性预设。

表 3-1   国家贫困治理与苗族生存记忆的逻辑分殊

	逻辑起点	知识来源	意识层次	对苗族社会发展阶段的基本判断
贫困治理	结构性外部逻辑	普遍主义的现代性知识	国家意识	现代贫困社会
生存记忆	文化性内部逻辑	多元主义的地方性知识	集体意识	原初丰裕社会

田村苗族在上个世纪 80 年代之前处于时常游动搬迁状态,一定程度上还过着游耕、采集、狩猎等方式相结合的原初丰裕生活,"贫困"对于他们而言可能是定居之后的产物。正如萨林斯所指出的,"世界上最原始的人们拥有很少的财产,但他们一点都不贫穷。贫穷不是东西少,也不仅是无法实现目标;首先这是人与人之间的一种关系。贫困是一种社会地位。它恰是文明的产物"(萨林斯,2009)。形式上早已定居的游耕、狩猎采集者实际上仍然是"无根者",他们以非典型的生产方式出没在现代社会的边缘,任凭主流文化的进步发展,它始终游离于更先进经济形式的旨趣和视域之

外。当今社会,是一个市场化、现代化与全球化的时代,是一个强调"积累促进生产"的时代,这种综合性因素注定要对中国社会的各个层面都产生前所未有的形塑。改革开放以来,田村苗族正式开始不再迁徙的定居农耕生活,而形式上的定居还要求相配套的思想观念的转变,才能实现表现形式与实质内容的匹配。如今,田村苗族还有着较强的迁徙时代的影子,"游动维持生计"的生存模式显然难以融入快速的现代化浪潮中。以现代化的标准来衡量,田村苗族已经被置于"落后民族"的行列,变成了国家和社会各界帮扶的对象,很难再说田村苗族的生活是"原初的丰裕生活",反而成为了"丰裕中贫困"的典型代表。

实际上,原初丰裕社会中人们的生活条件非常脆弱,一般情况下只处于满足基本生存需求的状态。虽然在当时的生存条件下,人们可能觉得生活很安逸轻松,不用追求"高品质"的生活,也不担心明天会饿肚子,但是,随着社会经济的发展,原来的不积累、无计划性的丰裕生活状态可能相对而言就显得"贫困"。这与费孝通的论述是吻合的,匮乏经济的生活程度低,物质基础被限制了,但丰裕意味着要不停地积累与扩展,两种经济所养成的基本态度和价值体系是不同的,匮乏经济中的主要态度是"知足",而丰裕经济所维持的精神则是"无餍求德"(费孝通,1999)。客观上看,苗族民众现今的生存环境与定居前大相径庭,传统文化所依托的社会环境和自然条件已经发生了重大转变,适应"原初丰裕社会"的"游动维持生计"的生存模式在现代化逻辑强调"积累促进生产"的进步观念的冲击之下变得十分脆弱。

一方面,由于保持了原初时代的即时性和无计划性等生活惯习,苗族民众在日常生产生活中不太注重计划与积累;另一方面,不积累的生活方式一定程度上导致苗族同当地其他民族拉开了"现代化道路上的距离",被标定为"落后"和"贫困"的民族。当"原初丰裕社会"的文化传统与"技术—现代化"的贫困治理的结构性逻辑相遇时,二者不可避免地会生发出某种张力,并导致苗族民众诸多文化与社会适应上的尴尬处境。在苗族的现代化发展过程中,这种张力必定会发挥形塑作用;而在面对外界的发展干预行动时,苗族民众的回应策略也必定印刻着文化内核的影响。可以认为,苗族在现代性的适应过程中所面临的诸多"与众不同",甚至是看上去所谓的"难以适应"的心理和行为,也正源自于其长期的迁徙历史所形成的鲜明的民族特性。这种民族特性一旦遭遇现代性和发展干预,必将碰出异样的火花。

综上,文化取向与结构取向分立的分析逻辑不能很好地解释民族地区发展过程中因"文化—结构"亲密互动而形成的实践现象。更为重要的是,在少数族群变迁发展的历史长河中,文化敏感性议题与结构制约性议题通常都是相伴而生,无法分割。本研究以西南田村苗族的"迁徙—定居"历程及其生存记忆的身体实践为历史脉络,以国家长时期的贫困治理工程为现实背景,运用"文化—结构"互联的分析策略,呈现出了少数族群现代性焦虑的生产路径。研究发现,少数族群生存记忆的文化取向与现代国家扶贫开发的结构取向的现实遭遇呈现出一幅蕴含"现代性焦虑"的实践图景。少数族群一方面担心错过了国家扶贫工程的发展机遇而距离现代化构想愈发遥远,另一方面又对拥抱现代性可能导致其民族文化根基和集体身份认同发生异化或消弭存有忧患意识。研究结果的实践启示在于,现代国家的贫困治理除了秉持普遍主义的以"技术—现代化"为表征的结构性外部逻辑,还必须立足于多元主义的以"地方性知识"为核心的文化性内部因素;文化—结构关系的平衡兼顾,不仅决定了贫困治理的实践效应,更深刻影响着族群文化的变迁未来。

第四章　发展话语的生产

　　发展首先是作为一种话语开始运行的，它创造了一个空间，在这个空间里，只有特定的事物可以被言说，甚至是想象。

　　　　　　　　　　　　——阿图罗·埃斯科瓦尔，2011:43

　　诺曼·龙将话语（discourse）和话语分析（discourse analysis）视为"行动者导向"发展社会学的核心概念之一。他认为，要研究发展场域多元行动者在各种情境中如何发生关系和相互渗透，"话语分析"是一个有效的方法。"话语"是有关意义、修辞、表征、图像、叙述和陈述的一系列设置，它是展现特定对象的"真实性"、个人和事件的一种特殊形式。话语产生出的"文本"（包括书面和口语），甚至体现在建筑风格和着装时尚的"非文字的文本"当中（N.Long, 2001:242）。吉登斯亦指出，行动者在进行决策或者在同其他社会行动者进行社会地位博弈时通常会或明或暗地运用"话语方法"以追逐利益和实现需求，并为行动提出合理化建议。"只有通过'他者话语'（discourse of the Other），即只有通过语言的获得，'主我'方得以构成"（吉登斯，1998:112）。社会行动者能够使用话语的特征，既对理性是个体行动者的本质属性这一论断提出了质疑，同时也驳斥了认为行动者在社会系统中的位置已经被结构化的观点。个体并没有现成的模式思考行动的策略与建构主体的文化,而是在同别的个体、朋辈群体或者前辈群体相互建构的话语形态中总结提炼出策略与文化。

发展既是一系列客观的事件与活动,也是一种独特的话语建构和历史产物。凭借"表述者"的特权,发展话语将"贫困"和"欠发展"等概念建构成"事先存在"的主题。如今,在整个社会的想象力中,发展已经成为一件确凿的事情且具有异常稳固的地位。发展话语使被发展者贴上标签并以特定的方式"结构化",通过这种方法,发展实际上"掌控"了被发展者,使他们只能在发展所设定的特定框架之内思考和行动(加德纳、刘易斯,2008:67)。本章的目的在于考察田村苗族作为被发展者或发展干预的对象是如何被社会建构起来的。研究发现,国家的发展主义逻辑、基层干部的治理策略以及主族的话语权力实践共同生产和传播了附着在田村苗族身上的发展话语形态,这些发展话语反过来又建构了被发展者,使苗族的身份认同产生危机,从而接受和习惯自己作为被发展者的"客体"身份。这印证了鲍曼的观点,即穷人意味着什么取决于与他们"同在"的"我们"的生活方式,以及我们如何赞许或者反对这种生活方式,而这些"如何"投射了关于我们自身的现实(鲍曼,2010:29)。需要指出的是,本研究不是如强调"后发展"的人类学家埃斯科瓦尔那样,对发展话语进行彻底解构,而是以乡村发展场域里的社会行动者为分析中心,考察不同行动者如何生产了"作为话语的发展"。因为,发展话语实质上是作为整体的发展实践的不可或缺的有机组成部分,是发展场域里不同行动者互构的产物。

一、国家的民族政策话语落实

作为乡村发展干预的宏观背景,国家的发展主义逻辑是一个前提性要素,是发展话语形成的重要推动力,是国家成为乡村发展干预实践主体的理念基础。总体上看,发展主义是一种以经济增长为核心的社会进步思潮。具体而言,发展主义是二战之后产生的一种特定的意识形态,是包括现代化理论、依附理论等一系列理论思想以及高科技、工业化、现代化、市场机制或国家干预等诸种版本的发展学说的总称。发展主义是现代性话语在当代社会的一个极为重要的有机组成部分。在现代性话语的语境框架中,"发展"的涵义不是通常意义上所说的社会变迁,而是特指十七世纪以来西方社会启蒙思潮中有关"进步的观念"(伯瑞,2005)。这种源自西方的进步观念在二战之后随着"马歇尔计划"对战后欧洲复兴的助推和发达国家对"第三世界"的大量援助,逐渐形成了一套完整的操作方案和实践战略。20世纪50年代,现代化和工业化被视为解决贫困问题的灵丹妙药,被广大发展中国家看作操作范本和基本模式,迅速成为具有广泛合法地位的政策性和社会性概念。20世纪60年代中期以后,发展主义的理念更是成为联合国制定两个"十年发展规划"的基本理论,在亚非拉"欠发达"地区甚至整个世界范围内作为操作实践的指导原则予以大力推行。可以认为,只是在"发展主义"的话语框架之中,才不仅在理论层面出现了现代意义上的"贫困问题",而且同时在政策层面出现了"减贫计划"和"扶贫项目"(黄平,2000),在实践层面出现了"发展机构"和"发展干预行动"。

温铁军在1999年末发表了一篇被当时许多读者称之为"读了之后彻夜难眠"的文章《"三农问题":世纪末的反思》。在这篇文章中,温铁军对于20世纪初期以来的中国问题提出了一个基本假设,他认为,中国的问题基本上是"一个人口膨胀而资源短缺的农民国家追求工业化的发展问题",这一百年的经济发展可以概括为"一个农民国家的四次工业化"(温铁军,1999)。朱晓阳进一步分析指出,可以将我国的"发展现象"划分为两种,第一种现象是"国家发展运动",指以国家为宏观背景的经济发展活动及其相应的政策制定与实施过程,这种意义层面的发展现象在 1979 年以前主要包括农业合作化、公社化、大跃进等"运动"形式,改革开放以来则主要包括联产承包责任制、市场化、国有企业改制等"改革"形式;第二种现象是"发展干预",是近 30 年以来在国际援助产业的刺激和带动下开展的旨在针对社会弱势群体或社会问题如贫困、少数民族、妇女、生态环境等的国家干预活动(朱晓阳、谭颖,2010)。

在现实的发展过程中,"国家发展运动"和"发展干预"两种发展现象往往难以区分,二者时常彼此交织在一起。不过,从学术讨论的角度,可以进行一定程度的区分,本研究的主要任务将着眼于同"发展干预"相关的方面。中国改革开放以来的 40 年,实际上是发展主义展现得最为成熟的时期,国家主导的发展大计成为它的主要背景。陆德泉认为,当今中国的发展形态是一种特定的发展主义模式,可以称之为"动员式发展主义",是发展主义同中国动员式官僚体系相结合的产物(陆德泉,2003:31—51)。不过,虽然采取了动员式的推进方式,其实国家早已经将发展看作是一种脱离政治性的、纯粹技术性的活动,其基本特征就是"现代化"。对于以国家现代化的发展大计为宏观背景的发展干预行动而言,少数民族地区的发展一直是其重要领域。十一届三中全会以来,政府的工作重心逐渐向现代化建设上转移,民族贫困地区的发展干预政策及其实施工作也伴随着全国经济体制改革的浪潮步入一个全新的"国家发展主义"阶段。换句话说,国家的发展主义话语主要通过一系列的发展干预政策及其实践过程呈现出来,并对发展场域的多元行动者产生形塑作用。

1979 年至 1983 年间,国家民族工作的紧迫任务是尽快拨乱反正,尽早恢复和落实制定出的各项民族政策。1979 年 4 至 5 月,党中央召开了一次规模颇大的民族工作会议,系统重申和恢复了之前的各项民族政策。之后,我国逐步开始对民族地区进行各项经济体制改革,并明确指出民族地区的相关政策应该"要比其他地区更宽"。例如,国家在民族牧区尝试实施"牲畜作价,户有户养"为基本准则的生产责任制。与此同时,在广大的民族贫困地区推行减轻负担、休养生息的倾斜优惠政策。1980 年,国家开始推行"划分收支、分级包干"的差异性和区分性财政政策,将"三项照顾"的民族地区财政条款纳入基数之中,从而使得民族地区每年的定额补贴递增 10％。同年,国家设立了"支援不发达地区发展资金";三年之后,又专门设立了"支援三西农业建设资金"。1981年,国家提出要努力加强民族地区农牧土特产品的收购工作,提高民族地区生产、生活用品的产量,落实民族贸易"三项照顾"等八项具体的政策条款。1983 年,国务院组织召开了民族地区"生产生活会议",决定在现有基础上进一步放宽民族政策。

　　1984 年至 1992 年初,是我国经济体制改革的重要转型时期,也是民族政策的逐步成熟时期,明确提出民族地区推进改革的首要任务是发展社会主义商品经济,要因地制宜,实行既向国内发达地区开放也向海外开放的双向开放政策,"使各个少数民族真正成为开放的民族"(国家民委办公厅等编,1997:54)。国家通过分析民族地区经济发展的特殊性,进一步强调民族政策要具体化和操作化。这一时期,国家实施了诸多新的举措以增进民族地区经济的有效发展。1987 年,国务院批示并向相关部门转发了《全国牧区工作会议纪要》,指出民族牧区应该大力推行"畜牧业为主、草业先行、多种经营全面发展"的特殊性政策。1984 年,国家颁布了《民族区域自治法》,强调应妥善处理好国有企业与所在地各民族同胞之间的关系。从 1984 年开始的连续三年,国家相继颁布了《森林法》、《草原法》和《矿产资源法》等法律,其中诸多内容涉及少数民族地区。1989 年,国家召开少数民族地区扶贫工作会议,从国家层面正式拉开了民族地区减贫事业的大幕。同年 8 月,国务院批示并转发《关于少数民族地区扶贫工作有关政策问题的请示》，对许多问题进行了解释与澄清，并特别指出应建立"少数民族贫困地区温饱基金"。

1992年至1999年，我国经济体制改革和对外开放进入迅速发展的新阶段，新的市场经济体制框架基本构建成型，伴随着这些新的条件和机遇，民族工作也有许多新的进展与突破（金炳镐，2009）。1992年，国家全面实行"沿边开放战略"，将云南的瑞丽、河口等10个民族地区的城市设置成沿边开放城市。随后，贵阳、南宁、昆明等城市又被国家列为内陆开放城市，并配套给予多条优惠政策。1994年，国家遴选出七个地州设立民族地区改革开放的试验区。同年，国家制定并开始实施《八七扶贫攻坚计划（1994—2000年）》，试图缩小西部地区、民族地区同东部地区在经济社会发展方面的差距，加大力度开展农村减贫事业。1995年，党的十四届五中全会明确指出应当切实加强民族地区的经济建设。早在1990年代初期，邓小平同志就旗帜鲜明地提出"两个大局"的构想，一个大局是中西部地区应当顾全东部地区优先发展的大局；另一个是当发展到一定时期之后，东部地区也要顾全帮助中西部地区加快发展的大局。因为，如果没有中西部和民族地区的现代化，就不可能有全国范围的现代化。随着国民经济的高速增长和综合国力的显著增强，"西部大开发"的战略构想顺利启动，江泽民同志在1999年的中央民族工作会议上强调指出，实施西部大开发战略的条件已经基本具备，它是我国一项重大的战略举措和政治任务，也是民族地区加快发展步伐的重要机遇，应当有目标、分步骤推进民族地区的协调发展，在国家未来的发展规划中，促进民族地区的快速发展将处于更为重要的地位。

2000年以来的新世纪，国家开始加快推进民族地区的经济社会发展。2005年，胡锦涛同志将我国新阶段民族工作的主题概括为"共同团结奋斗、共同繁荣发展"的"两个共同"思想(胡锦涛，2005)。这一时期，国家坚持以科学发展观统领民族地区的经济社会发展全局，鼓励和倡导民族地区发展特色经济和优势产业，对传统产业结构进行大规模改造，着力进行矿产、能源等特色和优势产业发展。同时，国家继续关注民族地区的扶贫开发工作，继《八七扶贫攻坚计划》之后，又相继制定《中国农村扶贫开发纲要(2001—2010年)》和《中国农村扶贫开发纲要(2011—2020年)》，指出扶贫开发是长期的历史任务，把少数民族作为扶贫开发的"重点群体"，同等条件下优先安排，加大支持力度，采取异地搬迁、整村推进、以工代赈、产业扶贫、就业促进等举措，开展兴边富民行动。在此期间，国家继续全面推进西部大开发战略，将加速推进民族地区经济社会发展作为西部大开发的核心任务。党的十八大以来，以精准扶贫为核心举措的脱贫攻坚工程持续发力，西部地区特别是民族地区、边疆地区、革命老区、连片特困地区贫困程度深、扶贫成本高、脱贫难度大，是脱贫攻坚的短板(习近平，2018：18)，为此，国家组织实施少数民族发展规划，开展大规模专项扶贫行动。

在国家发展主义逻辑和发展话语的引导之下，各级地方政府也相应建构和传播了依据本地区特点的地方性的发展话语。田村所在的云南省是一个拥有25个少数民族的民族大省，是全国少数民族最多的省份，已经建构了一整套相对完善的民族发展的话语体系。第一，在"国家发展运动"的大政方针指导下，云南省建构了自身的"云南发展运动"话语体系。十一届三中全会之后，云南民族地区的经济体制改革从推行家庭联产承包责任制开始有所突破。1983年，云南省对集体所有的荒山、林山、草山和轮歇地(通称三山一地)固定承包到户，同时，加快民族地区商品经济发展。当时，政府层面普遍认同这样的观点，"民族地区社会发展的历史差距和落后状态长期得不到改变，当前社会经济发展很不平衡，而且差距越拉越大,其重要原因之一,就是商品经济不发达","商品的充分发展,是社会经济发展不可逾越的阶段,对于民族地区更具有特殊意义"(《云南民族工作四十年编写组》,1994:243)。一些省委领导也明确提出"边疆资本主义不是多了,而是少了。如果少数民族群众会做点小买卖,应该看做是一种进步"(《云南民族工作四十年编写组》,1994:244)的观点。1984年,云南省委颁布的《关于放手发展专业户、重点户,促进商品发展的若干政策问题》的规定中,对民族地区提出了较为宽松的政策措施。接着,又颁布了《云南省贫困地区有关税收问题的若干规定》等放宽政策,从信贷、资金扶持上照顾民族地区,鼓励发展商品经济。

第二,在"国家发展干预"话语的带动下,"云南发展干预行动"建构了自身的话语体系。云南省对自身经济社会发展水平的基本判断是,由于受到复杂的自然生态环境和特殊的社会历史条件的制约,社会经济发展水平远远低于内地先进地区,贫困和落后程度十分突出,贫困面积广,而且分散,贫困的主要表现是经济基础薄弱、生产成本不足、技术人才缺乏、教育不发达、劳动者科技文化素质差、商品经济不发达等。这样的贫困带有普遍性和整体性,是经济和文化教育落后以及自然地理环境等因素形成的地区性和整体性的民族贫困。解决贫困地区各族民众的温饱问题,改变贫困地区的落后面貌,不仅是全省一项重要的经济任务,也是重要的政治任务(《云南民族工作四十年编写组》,1994:247)。在这套话语的基础上,云南省将扶贫工作作为民族地区工作的重要抓手,坚持民族工作与扶贫相结合,扶贫与经济开发相结合,对贫困民族地区实行倾斜政策,提出到1995年彻底解决各族群众的温饱问题,到2000年初步改变贫困面貌的目标。1986年,云南省成立了"贫困地区领导小组",由省长任组长,各州、县也相应成立领导机构,至此,云南省正式大规模开启了30多年持续不断的扶贫开发工作。

在上述中央政府和地方政府有关贫困和发展的话语形态中，一条逻辑线索贯穿始终：首先，描述少数民族和民族地区"贫困落后"的"现实"；其次，"挖掘"民族地区贫困落后的原因，一般是自然条件的限制以及社会文化的局限；第三，提出扶贫发展的具体策略与干预措施。就国家层面而言，少数民族发展政策首先经由党内倡议，再转国务院，然后下达给相关部委，最后通过各种渠道将政策传达给民众。这些渠道包括单位的政策学习会、各级学校教育、公共场所张贴政策以及广播、报纸、电视等传媒手段。怀特认为，这些制度话语的建构与传播实质上反映了国家对现代性和发达的关注：第一，对社会主义现代化的构想，相当于经济发达，需要通过科学技术的力量获得；第二，直线发展的社会进化的意识形态，少数民族的比较落后不可避免地要跟汉族的"发展"形成对照（怀特，2001:190）。张和清的研究也提出了类似的观点，他认为，将少数民族的"贫困落后"归根于自然条件的限制和文化形态的陈旧，能够合理化民族间的发展差距，再通过扶贫策略使少数民族实现跨越式发展，这是典型的发展主义逻辑（张和清，2010:225）。总之，国家的发展主义逻辑一方面合理化了少数民族与汉族的贫富差距，为国家的扶贫干预提供了充分依据；同时，还强有力地指导着民族地区的"发展实践"和日常生活，也建构着少数民族民众的身份认同。

二、基层干部的治理话语表达

改革开放以来，政府体制改革伴随着经济体制改革稳步推进，总体上看，国家逐步从各个领域中撤退，市场和社会力量愈来愈发挥更多作用。其实，试图转变国家和政府职能行使方式的改革并不一定会依照我们想象的那样减少政府对各个领域的介入和干预。说不定正好相反，国家正在以另一种方式重构自身的主导地位,从而使国家的力量不断增强。无论如何,不言而喻的是,国家的控制已经由无所不在的微观控制转变为相对宏观的掌控,国家一般不会直接参加到干预的实际过程中,而是通常采取提供战略性指导的方式。中央政府已将许多职能下放给下级部门或者委托给代替其行使行政职能的社会服务机构,从而减轻中央的负担,使其能够专注于主要职责,将国家从日常管理中解放出来,对战略重点进行更为有效的控制。因此,有时被误解为是国家在撤退的做法可能仅仅是监管和控制方式上的转变,在某个层次上监管减少,但在另外的层次上却重新实施了监管。基层干部责任制就既体现了国家在某个层次上从干部管理中的撤出,同时又体现了国家在另一层次上控制的加强(埃丁,2006)。基层干部在我国当前的乡村治理体系中依然扮演者重要的"代理人"和"当家人"的角色,是国家和乡村社会的中介者,当然,他们也会经常变通国家的权力和政策。

中国农村从明末清初到中国共产党在大陆取得政权,其政治格局已经从乡绅主导的乡村自治转变为国家政权支撑的"干部统制"(张鸣,2001:1)。当然,这里所说的"统制"不仅包括政治统治之意,还包含管理、协调、领导、整合、组织以及仲裁等题中之义,是一个相对广义的概念。同时需要说明的是,在本研究的主题框架之内,基层干部除了指乡(镇)、村干部之外,还包括直接参与乡村发展干预的县级政府官员,他们共同构成了乡村发展场域的基层干部架构。作为国家与社会或曰官系统与民系统的接触面(interface)的基层干部,一方面"上联国家",作为国家的代理人,代表国家行使基层的统制权力,同时,官僚化的国家制度结构对基层干部还发挥着塑造作用;另一方面"下接乡土社会",绝大多数基层干部来自乡村或者本身就是农民的身份,他们深处乡土,谙熟乡土社会,在乡土"从政",又受到自下而上的乡土社会的深刻影响。因此,基层干部的话语形态可能既不同于国家的宏观话语体系,也与普通民众的话语形态有着一定的距离。总之,在乡村发展场域里,基层干部作为国家发展政策的具体实施者和操作者,其话语形态必定呈现出特定的表征形式。

20世纪80年代初期,国家的现代化建设起步迅速,改革开放进程不断推进,农村的经济体制改革进展顺利,实行了家庭联产承包责任制,打破了平均主义的"大锅饭",农民的生产积极性明显增强,收入水平大幅度提高。同时,产业结构得到了初步调整,打破了"以粮为纲"的传统,各地在稳定粮食增产的前提下,开始扩种经济作物和经济林木,使粮食以外的林、牧、副、渔都有了长足的发展,自然经济开始向商品经济转化,国家指导下的农业商品化和市场化快速推进。另外,乡镇企业异军突起,扩大了农村的就业渠道,形成了一批重要的社会生产能力。这些历时性的变化大力促进了农村地区的经济发展,人们开始追求物质的丰裕,"万元户"成为许多农民追逐的梦想,现代物质文明成为衡量社会是否进步的标准。改革开放以来,为了重建干部统制在农村地区的权威基础,中央层面大力强化论述国家发展大计的发展主义话语,力促市场化、商品化和大包干的权力运作的新形式,鼓励和提倡一部分地区和一部分人先富起来。在这种情况之下,当少数民族传统的生产方式和生活方式遭遇到"发展致富"的现代化逻辑时,就容易生产出二元化基础上的"原始贫困"、"愚昧落后"的话语形态。

1981年,北县开始实行土地联产承包到户,加速商品性生产,调整少数民族地区产业结构,确定山区以畜牧业、林果业为主,严禁毁林开荒。政府放手让回族养菜牛、搞运销,同时,县金融部门给予贷款,每年从外地购进菜牛在万头以上。将少数民族聚居的47个村列为重点扶贫村,派驻山区工作队,指导经济发展。1984年开始,县里每年安排少数民族困难补助款,用于扶持少数民族困难群体。截至 1988 年的五年里,总计支付 33 万元,帮助 21 个村解决了人畜饮水困难,12 个村架设了输电线路,7 个村修建了公路桥。在少数民族中普及农业技术,先后举办畜牧、果树培训班。1987 年,91 个困难的村公所、办事处中,有 22 个达到人均收入 200 元左右,人均口粮 400 余斤(《北县县志》编委会,1999:145)。

此时,田村苗族已经成为地方政府的重点帮扶对象。一方面,地方政府注重改变苗族传统的生产方式。长久以来,苗族延续着先祖游耕时期简单粗放的耕种模式。每年开春之时,用砍刀稍微整理一下杂草,之后埋上老品种的苞谷种子,播种就算完成。不用施肥,不用打农药,不用除草,只是期待"老天爷"能够及时下雨。待到秋天作物成熟时,才到地里收割。这种播种模式收成很低,祖辈留下的耕种方式基本能够维持一种清贫的生活。其他时间,苗族村民会选择到山林里打猎、采野生菌、挖中草药、摘野菜,完全没有现代生活的速度感和紧迫感。正如萨林斯对原始采集生活的描述,"他们的生计与其他社会的生产同样明确,我们面对的是一种具有特定而有限目标的经济"(萨林斯,2009:21)。从地方政府的角度而言,田村苗族的生产模式显然阻碍了其生产力发展,是其贫困的根源所在。于是,当地政府顺理成章地在苗族地区推广高科技农业,具体来说,主要是派驻山区工作队,进行农业技术培训,推广现代化耕作技术。首先,进行土肥改良,1981 年,在田村苗寨推广种植"舌豌豆"和"小冠花"等绿肥,推广使用硼酸、硫酸锌、钼酸铵、磷酸二氢钾等化学肥料。第二,进行品种改良,1980 年,引进"京杂六号"、"罗丹一号"、"靖单八号"等苞谷的杂交品种。第三,进行栽培改进,逐步推行品种、子种、肥料配套的规格化苞谷种植,试用苞谷营养袋育苗定向移栽技术,推广塑料薄膜覆盖种苞谷和烤烟。第四,推广化学除草,安排兼职农科员指导村民使用农药除草。

　　需要特别说明的是关于烤烟的推广种植。20 世纪 80 年代中期以前,田村苗族很少种植烤烟,即使少部分村民栽种,技术上也很不"规范",产量和质量都算不上优良。为了规范田村苗族的烤烟种植技术,当地政府统一规划,要求所有村民必须种植一定规模的烤烟,并指导其进行技术和品种改良。1982 年以后,烟叶公司、烟叶收购站技术干部配合生产大队的烤烟辅导员负责检查辅导村民种植烤烟。1985 年,北县政府下发《关于 1985 年烤烟生产意见》,要"从北县实际出发,下决心调整农业内部结构,发展以烤烟为主的经济作物,把烤烟生产作为发展商品经济的突破口",并提出"计划种植、择优布局、主攻质量、优质适产、提高效益"的 20 字方针。1987 年开始实施"三化"措施:良种化,以红花大金元、云烟二号品种为主;区域化,集中连片种植;规范化,冷凉地区必须盖地膜,不用上年度洋芋地种烟,科学施肥,合理稀植,限制叶片大小。

　　虽然地方政府采取了大量举措试图提升田村苗族的烤烟种植技术,不过同周边的回族和汉族相比,成效难说显著。由于在现代农业技术使用方面始终"不尽如人意",整个 20 世纪 80 年代至 90 年代,县乡派驻的工作队便成为田村苗寨的"常客"。据田村曾经的老支书李建华回忆:

　　　　那些年真是难熬啊,上面派来的工作队一到村里,就问我苗族是怎么搞的,汉族和回族都推广得这么顺利,苗族就是搞不好,太落后了。工作队都手把手告诉他们了,还是回到老路上,真是没救了。男的只晓得喝酒打猎,女的只晓得绣花跳舞,连这么简单的技术都搞不明白。工作队认为他们是太懒了,不愿意施肥,不用营养袋,肯定提高不了呢。在的时候说"好好好",会改的,工作队走后又变了。后来实在没办法,工作队都不管了,懒得挨他们讲了,说又不是该他们的,让他们自生自灭算了。

在上级工作队和各级领导的监督下,老支书李建华带领村干部经常在苗寨"蹲点",配合工作队和农科员的技术推广工作。时间一长,他们的话语逻辑跟工作队也基本类似,自觉不自觉地骂上几句,嘴里念叨最多的是"苗族太落后了"。

> 那段时间是我任村支书最累的日子,苗族嘴上倒是很听话,就是不见行动,上面领导又催得紧呢。苞谷还好说,种出来他们可以自己吃,也没有剩余的。烤烟就不行了,如果不按照烟站的要求规范种植和烘烤,烟站是不会收购的,苗族就是不明白这个道理,第一年还好,第二年又变了。你说叫我们怎么办?

"跨越式"和"集中式"的技术推广过程显然令习惯了传统农业生产方式的苗族村民难以在短时期内适应。在田村苗族高科技农业推广过程中,话语权力被基层干部多样化地运用。一方面,基层干部直接采用行政命令式的方式,要求村民必须放弃原先的耕作方式;另一方面,在农业科技人员的配合下,通过向村民灌输高科技农业知识,使村民自身逐渐意识到过去采用的生产方式是"原始的"、"低级的"、"落后的",从而自愿主动的选择改变。阿柏杜雷(Arjun Appadurai)认为,农业技术推广和农业商业化的现代化过程,其实无法处理农民复杂多样的文化社群生活,现代化与发展主义的最大问题,就是试图抽离特定的社会文化背景,成为普遍性的真理性话语,这种话语形态毫无疑问会改变农民的身份认同(阿柏杜雷,2001)。面对烟站收购员挑剔的眼光,苗族村民显得无可奈何,"到底要怎样嘛! 五个指头还有长短呢,烟叶哪里没有大小的。"以前,他们可以花半年以上的时间到山林里采集,而现在总是担心地里的苞谷和烤烟,生怕出了问题卖不掉。农业知识的推广逐渐改变了田村苗寨村民的传统知识体系和日常闲暇生活,现代性的生产方式逐渐占据他们的知识结构,与此同时,维持其自信力和身份认同的文化价值观念也被逐渐消解。

除了改变苗族传统的生产方式,基层干部还通过转变生活方式发挥话语建构的作用。在传统居住方式上,苗族的居住地多分布在山区,一般选择山腰、山沟边,有利于取水和砍柴。苗族居民起初只盖简单的窝棚,等到觉得具备了长久居住的价值后才建盖草屋或者垛木房。解放以前,苗族主要居住的是一种被称为"垛木房"的房屋,用圆木搭成井字形,再盖上茅草就可以居住。也有少部分苗族住草房,用土筑成四平的土墙,然后用两根树杆作为柱子撑住房梁搭成人字形,最后盖上茅草。两间以上草屋的民居,其中一间为畜厩,形成一种"人畜混居"的居住格局。1980 年代之后,苗族搬迁减少,盖上瓦木结构的二层楼房渐多,但"人畜混居"的风俗依然没有变化。峰寨、栗寨和石寨都位于山区,保留着传统的居住风俗。扶贫过程中,当地政府经常救济一些生活品,希望改变苗族传统的生活方式。在地方干部看来,苗族村民似乎天生跟"现代化"的东西无缘,给了也不会用,而且经常闹出笑话。2004 年,当我们初入田村时,一位帮扶栗寨的县政协副主席就用讽刺的口吻讲了一个"故事":

> 前两年,我们(县里)在栗寨扶贫时,给寨子里每户都送去了一张床。床是铁制的,拉过去的时候是铁杆和螺丝,需要组装。当时我们亲自给他们示范了一次,装了一张床,其他的让他们自己装。你们猜后来怎么样了?哈哈……当我们第二次到寨子的时候一看,发现好几家的床都装反了。我们告诉他

们装反了,他们还反应不过来。只说:我们说怎么睡着别扭呢,还以为铁床不好睡呢。你们说这些苗族憨不憨!

20世纪80年代开始的政府大规模扶贫之路,将扶贫视为一种经济发展的策略,基层干部便是这种策略的具体实施者,他们作为国家的代理人,行使国家赋予的发展干预权力。扶贫过程中,基层干部一方面会运用国家的宏观政策话语形态开展工作,同时,也会结合他们在实际工作中遇到的"具体问题",灵活、变通地使用自我建构的话语形态。但不管采用何种方式,"原始"、"落后"、"贫困"、"愚昧"永远是发展话语的核心词汇。基层干部以这些话语为基础,在农业技术推广、农业商品化、扶贫救济等过程中不断建构着苗族民众的身份认同。

三、主体族群的优势话语排斥

国家和基层干部作为发展干预实施的主体,与发展干预对象构成一种发展者与被发展者的主客关系,二者的话语形态对被发展者的自我身份认同发挥着重要的形塑作用。与此同时,作为一个多民族行政村,田村居住着汉族、回族和苗族三个主要民族,而这种多民族杂居的结构一定程度上也发挥着话语建构的作用。

民族是汉语对nation一词的通行译法,如果对这个词作系谱追溯,会发现这是一个充满争议的概念(林耀华,2003:229—260)。沃勒斯坦指出,民族/国族(nation)是历史政治概念,而族群(ethnic group)是文化概念,"民族/国族"的概念与历史系统的政治上层建筑及由此系统衍生的主权国有关,而"族群"强调按照建构自身文化的独特性,从而与其置身的更大的文化环境区别开来,具有抗衡文化排斥的意蕴(沃勒斯坦,2004:112)。克里斯·巴克(Chris Barker)等人也持相似观点,"传统上,族群的概念强调规范、价值观念、信仰、文化符号和实践活动的共享。族群的形成依赖于共同的文化,这种文化是在特定的历史、社会和政治背景下发展起来的。族群鼓励一种至少部分基于共同的神话和祖先的归属感"(Chris Barker & Dariusz Galasiński,2001:122)。不过,以上观点亦有争议,因为政治与文化这两个概念本身也有许多相似性(莫迪默、法恩,2009:81)。但这种争论不是本研究讨论的重点,我们认同这样的基本共识,即"民族"是伴随着"民族/国家"的建立而不断被政治化和国家化的概念;而"族群"则不包含政治上的意图,主要侧重于文化意义。基于此,本研究主要从文化的角度考察汉、回、苗之间的话语权力实践,将田村的汉、回、苗作为三个不同的族群进行分析。

据《北县县志》记载,蒙古宪宗三年(1253),忽必烈带领"探马赤军"平定云南。第二年,即在云南大兴屯田,北县屯区就有蒙古军中的回族人留居。元世祖二十六年(1289),北县设立军屯,军屯中有不少回族人定居北县,这部分人主要分布在今田村等地,这是最早有回族在田村定居。元顺帝十二年(1352),驿道开通,设立田村驿站,又有不少回族商人和工匠在田村定居。北县有汉族定居的记载则更早。蜀汉诸葛亮平定南中之后,实行屯田,便开始有汉族大姓产生,北县就属于南中地域的范围。元朝设立行省后,又有许多从军、为官、经商的汉人入居北县。明朝时期,北县是戍兵屯田的要地之一,曾强迫江南、湖广、四川一带的汉人进入北县实行军民屯田。如今,在北县部分汉族的家谱中还记载"祖籍湖广"或"祖籍江西",许多汉族人家流传着"祖先来自南京应天府高石坎柳树湾"的先祖故事(《北县县志》编委会,1999:111、131—132)。相比之下,北县苗族的迁入时间并不久远,清咸丰元年(1851)才有苗族迁入的记载,田村的 5 个苗族村落,包括峰寨、栗寨和石寨在内,全部是 1975 年之后陆续从邻县和其他地方搬迁过来形成的定居村落。

云南民间流传着"苗族住山头、瑶族住箐头、汉族回族住街头、壮族傣族住水头"（王连芳，1993：14）的谚语，生动反映了不同族群在共同地域上的立体空间分布格局。田村三个主要族群的地理分布也遵循这一规律。田村辖 17 个自然村寨，其中 11 个自然村为汉族村寨，基本散布在田村不同的小坝子里，水源充足，地势平坦；1 个自然村为汉、回杂居村寨，位于田村村委会所在地的街道上，附近坐拥一个中型的水库，也可谓依山傍水；而 5 个苗族自然村寨全部分散在各个大小山头或山腰地带，水源点都位于高山脚下，取水十分不便。从时间范畴看，苗族属于近晚期的"外来"族群，汉族和回族则是定居久远的"世居"族群。从族属起源、语言文字、社会历史、价值观念以及宗教信仰等文化意义层面分析，田村的汉、回、苗都表现出不同的族群属性，文化独特性显著。从族际关系的角度考察，田村三个族群有着各自不尽相同的利益归属以及对本族群稳定的文化身份认同，相互之间虽偶有冲突，但能维持一种和而不同、相对稳定的关系格局。1976 年，当峰寨苗族从马龙县迁入田村时，曾因为土地问题与周边的回族、汉族村寨闹过"不愉快"。田村汉族老人李贵新对当时的情形依然记忆犹新：

> 峰寨的老苗子①搬到对面山头时，都没有地的，他们就烧了山上的树林，开垦出几块斜坡山地。种地的时候也不耕，挖个坑随便撒点种子就算种上了，不浇水，山上也没水啊。你说能收多少呢？各是（是不是）？真是日龙包一个、憨不鲁处的（很笨的样子）。种的时候倒是安逸了，可要饿肚子啊。后来听说办事处要将我们的农地划几十亩给他们，肯定不给啊。

---

① 当地汉族、回族对苗族的一种习惯称谓，蕴含某种对苗族的歧视意味。

我们还到办事处闹过呢,办事处只说他们才迁来,又穷,你们
要民族团结什么的,也没有其他理由呢。你说他们饿肚子挨
我们么子事?我们不给,办事处也没有办法,后来好像从上面
搞到了钱,再从我们村买了50亩地。那可是很好的地,我们
汉族种产量高得很,板扎得很。拿给苗子种就整不成了,一年
都收不了多少,还是不够吃。

自搬迁到田村后,苗族就成为当地政府长期扶助的对象。20
世纪80年代中期开始,伴随着国家加大贫困农村和少数民族地区
的扶贫力度,北县于1986年专门成立了贫困山区领导小组,曾派
出山区民族工作队到田村苗寨开展扶贫工作。从那时起,就常年
有县乡干部挂靠在田村苗寨,开展定点帮扶工作,同时,每年都会
下拨大量的扶贫款项和救济物质。相对而言,田村的汉族和回族
则很难获得如此"优厚的待遇",在有些汉族和回族群众看来,苗族
因为"贫困"而获得政府和社会的帮扶并不是什么光彩的事情,他
们的贫困不是因为客观原因,而是自身主观的因素,比如安逸懒
惰、依赖性强、愚昧无知等。政府长期的"区别对待"使汉族和回族
群众颇有意见,更加深了他们在话语形态上对苗族的主观排斥感。

他们(苗族)每年都要靠县里、乡里救济,给米、给钱。都
给了多少年了,如今还不是这样。他们依赖性太强,也懒。苗
族以前都是游猎,一块地不行了,再换个地方,就是一辆车子
拉着,其他什么都不带,到哪里都破坏环境。以前峰寨后面的
山上有很粗的冬瓜树,都被他们砍了,当柴烧,拿来建房子。
他们还到处打猎,汉族和回族是很少打猎的,以前山上还有麂
子、野猪,现在很少了。我看苗子怕是拖衣漏食勒多噢!(指
没有发展前途)(访谈资料:田村回族村民MXF)

　　苗族搬迁到田村以来,同当地汉族、回族之间的交往互动并不深入,有时反而会因为利益纷争产生一些摩擦。1988 年 3 月,田村 7 名回族民众在山上砍柴,与苗族群众发生械斗,县里委派一名副县长带领 5 名干部到现场进行调解,并分别召开了两个族群的群众会,才平息了这场风波。虽然之后不同族群之间的类似冲突逐渐减少,但总体上看,田村回族和苗族的互动有待加强。不过,随着商品经济的发展,族群间的交流明显增多。比如,苗族一直保持着采集传统,尽管定居多年,但每年都会有 4 到 5 个月的时间在山林里采集野生菌。过去,采集的野生菌一般都是家庭食用,后来逐渐有附近的汉族和回族村民到苗族家里收购,苗族群众才慢慢意识到采集的经济价值,开始将采集的野生菌、野菜、中药材等拿到当地临时的野生菌集市①上售卖。野生菌集市也因此成为观察田村各族群日常互动的一个绝佳场所。作者曾多次深入观察过集市的野生菌交易活动。以下是其中一次观察记录:

　　　　上午十一点左右,几名峰寨的苗族妇女从附近的山林里采集完野生菌,正赶往加油站前的路口。看得出,她们应该很早就进山了。每个人手里都拎着两个小竹篮,拿着一把镰刀。从她们满意的表情看来,今天收获不错。凑近一看,几乎每个篮子里都装满了青头菌、牛肝菌。其中两名妇女的篮子里还有半篮干巴菌,这是当地市场上最贵的菌种。

　　　　这时,两名回族妇女(一看便知是菌贩子)快速跑着迎上

---

　　① 野生菌集市其实只是一个专门用于野生菌交易的临时场所,位于田村加油站前面的公路两旁,公路连通着拓东市和北县县城,车流量和人流量较大。每年五月至九月,当地山林里生长出干巴菌、鸡枞、青头菌、牛肝菌等各种天然野生菌。以苗族为主力军的采集队伍自发将山林里采集的野生菌类放在公路两旁售卖,既可以卖给路过的车主,也可以卖给当地汉族和回族的收购贩子,贩子再转手卖给车主或者拿到附近开发区的高速公路服务区售卖。

前去,几乎是抢过了苗族妇女手里装满了野生菌的竹篮。回族妇女一边用手翻动着篮子里的菌子,一边主动跟苗族妇女讨论价格。这几名苗族妇女似乎早已商量好了似的,只肯出一个她们自己认定的价格,并用小的几乎听不到的声音对贩子说,同意这个价格就卖,不同意就算了。任凭两名回族妇女如何滔滔不绝,苗族妇女们也不多说话,甚至几次想走掉,但又被回族妇女拉住。

由于觉得青头菌和牛肝菌的出价太低,苗族妇女们只说不卖了,语气也开始变得强硬。一阵喧闹之后,青头菌和牛肝菌还是没能交易成功,回族妇女贩子最终出钱买了干巴菌。走出两名回族妇女的缠斗之后,苗族妇女们又陷入了其他贩子的包围······

从开始接触到讨价还价再到出钱成交的整个过程中,回族妇女明显居于主动和强势地位,她们运用各种交流手段试图说服苗族妇女将野生菌低价卖给她们;苗族妇女的弹性和灵活性不大,不太会用普通话交流,更不会讨论价钱,在被逼得实在没办法时,要么试图走开,要么说不卖。

这一幕也同时被旁边的一名汉族妇女看在眼里,她也正在路边售卖自己采集的野生菌。我过去跟她交流,问她怎么不将野生菌卖给贩子,而要在路边等着卖给车主。她说:"卖给开车的价格高啊!哈哈。苗族太憨了,她们怕羞呢,不会说话,也不会跟车主讲价,当然只能卖给贩子了。有时一篮一、二十元就卖掉了,实际可以卖上四、五十元呢。我捡的菌都自己卖,中等筐的今早卖了四十元,大筐的我打算卖五十五元。"说话间,一辆白色轿车从远处开过来,她便主动迎上前去。车主开价四十元,她嫌价钱太低没卖。

野生菌交易市场的卖菌人可以分为三类。第一类是职业卖菌人，也可以称之为菌贩子。他们平时不种地，主要以做小生意、小买卖为生。野生菌成熟的季节便专门在集市或农户家里收购村民从山林里捡回的菌类，然后转手卖给路过的车主或者运到更远的集市上售卖，从中赚取差价，一天一般能挣100多元。第二类可称为职业采菌人，以苗族为主力军，是菌贩子收购野生菌的主要对象。职业采菌人一般早晨四、五点钟起床，赶往附近的山林里或者骑摩托车到更远的地方采集野生菌，然后返回到集市将野生菌卖给菌贩子。他们交易时从不用称重工具，都是按筐按篮估价。苗族卖给菌贩子一篮菌的价钱一般会比贩子转手卖出的价钱低10至30元左右。第三类是自采自销者，不通过中间贩子，而是直接将野生菌售卖给路过的车主或行人。自采自销者以汉族和回族为主，他们一般自己采集自己售卖，不愿将野生菌卖给菌贩子，认为那样划不来。

野生菌交易的过程清晰展现了苗族与汉族和回族经济活动的差异，也呈现出不同族群之间话语形态的不同。总体上看，回族和汉族村民显然更加适应商品经济的游戏规则，他们会主动寻求经济发展的机会；苗族村民虽然同样进入到商品经济的潮流中，但似乎并不掌握发展的主动权。从三类不同卖菌人的特点中可以深深感受到苗族与主流族群之间市场属性的差异，同时，差异里蕴涵了各自不同的话语权力实践，主流族群使用"太憨了"、"害羞"等字眼形容苗族村民在进行野生菌交易时的诸多不适应。正是在不同族群的交往、比较和彼此关照中，苗族民众的独特价值、特殊趋向才得以显现出来并被不断强化，自身存在的意义除了受到其他族群的挑战，还要面临自我的质疑和讯问。

四、干预对象的身份认同危机

身份认同无时无刻不体现在人们的日常生活当中，但同时又倾向于只在"危机"出现时的特定情况之下才能被更强烈地唤起。在身份认同的理论研究中,存在着本质论和建构论之争。本质论视身份认同为一种深锁于个体内部的"黑匣子",它以某种方式存在于所有社会因素之外,不为外力所改变,人们也不能从外部探索个体的内心,因此,身份对于社会科学而言就具有不可考性。与本质论相反,建构论认为身份认同绝非一成不变,而是通过社会环境形塑,体现为一种变迁的过程,个体的身份认同在本质上由社会环境主导。本研究倾向于采用身份认同的建构论视角,正如约翰·多恩(John Donne)很早就警告的,"没有人是一座仅仅只有自己的孤岛"(转引自阿玛蒂亚·森,2009:18)。

对于田村苗族而言,国家的发展主义逻辑、基层干部的治理策略以及主族的话语权力实践共同生产了附着在其身上的发展话语形态,这些话语同时建构着苗族的身份认同。国家的发展主义逻辑不仅合理化了少数民族与汉族的贫富差距,为国家的扶贫干预提供了充分依据;同时,还强有力地指导着民族地区的"发展实践"和日常生活,也建构着少数民族民众的身份认同。贫困治理过程中,基层干部运用国家的宏观政策话语指导实践活动,同时,也时常结合实际工作中遇到的"问题",灵活、变通性地将自我建构的话语形态附加在苗族民众身上。而无论采用什么方式,"原始"、"落后"、"贫困"永远是话语中的核心词汇。在主流民族的群众看来,苗族因为贫困而获得政府和社会的帮扶并不是什么光彩的事情,他们的贫困不是客观条件的欠缺,而是主观上的安逸懒惰、依赖性强、愚昧无知的结果。这些发展话语反过来又建构了被发展者,苗族的身份认同产生危机,逐渐接受和习惯自己作为被发展者的"客体"身份。

建构主义视角强调身份认同是一个动态调整的过程,这体现在苗族身份认同危机形成的过程之中。苗族早期的不积累、无计划的生计方式适应于迁徙过程中游耕、狩猎和采集的生存模式,苗族民众对此早已形成高度认同,更不会因此产生"原始落后"的心理。伴随着全球化的侵入和国家发展主义逻辑的不断展现,苗族民众逐渐感受到了外界各种现代性的冲击、基层干部的贫困治理实践以及主体族群话语权力的影响,压力和困惑不断萌生。在现代性的标准之下,"不积累"意味着"挥霍"与"消耗",原初情境中的"丰裕社会"变成了现代社会中的"贫困"。苗族顺理成章地成为了国家贫困治理的对象和主体族群眼中的"福利依赖者"。峰寨苗族老人杨建春的困惑或许一定程度上印证了身份认同建构与转变的"过程观":

> 以前我们的老祖打到猎物都是平均分配,一人打猎,见者有份。开个玩笑,就是如果只打到一只麻雀,都要平分给一起打猎的所有人。那时,有多少吃多少,也没觉得不光彩呢,日子还不是照样过得很安逸。现在不同了呢,自家的钱越多越好,要是没有砖瓦房,家里没有电器,别人就说你穷。现在的年轻人都赶时髦,很多老祖宗的东西都丢了,也不知道他们怎么了?

可以说,自田村苗寨建村以来,发展话语就不断发挥着建构作用。在苗族民众的心目中,几位基层干部是他们的"大恩人"。其中一位是原县政协副主席马纪文。马纪文扶贫挂靠田村多年,每年都会给苗寨带来不少扶贫物资,但同时也会带来对苗族的"指导"和"训示",这些都被苗族民众记在心里。几年前栗寨的"铁床事件"就令村民们非常尴尬:

> 以前都是用木头搭的床,我们也没见过铁床啊,不会装

啊,几家人在一起凑了好久才弄好的,都睡了好长时间了。后来马主席来了,到家里看了看,说我们有几家人的铁床装反了,我们害羞的呢!哈哈。马主席说我们要多动脑子,这点事都做不好,以后都不好意思来我们村了。现在我们一见到马主席就想到这件事呢。都怪我们太落后了呢……(访谈资料:栗寨村民 ZHH)

苗族的身份认同危机一定程度上是社会互动的结果,不过,互动的过程并非纯技术性的言语交流、意义传达与姿势态度,同时还夹杂着权力运作的成分。国家的宏观政策话语和基层干部的贫困治理实践自不待言,其间肯定蕴含着权力的运作。其实,主体族群与少数族群之间也存在着权力的对抗。发展主义逻辑下,苗族的传统文化显然难以挑战主流族群的现代性优势,主流族群的话语形态对苗族民众的经验世界和心理世界进行着双重建构;但苗族民众却缺乏通过改变自我以重塑主流族群转变"刻板印象"的能力,他们的身份认同受制于主流族群的单向建构。

现代主义的发展话语通过国家政策宣传、基层干部实践、主流族群话语等渠道不断回响在苗族的日常生活中,依靠苗族的"他者"形象把关于进步和文明的叙事合法化,将苗族视为发展的"对象"。在发展主义的话语模式下,苗寨、苗族民众成为发达地区、主流族群的"他者",或者说前者被后者进行"他者化"建构,"他者"往往只是"被讲述者"而不太可能成为"发声者"和"表述者"。当然,斯科特也提出了作为农民日常反抗形式的"弱者的武器"(斯科特,2011),弱者可以在背后"窃窃私语"从而发出声音并进行反抗。但是,斯科特的模式显然并不十分吻合苗族作为"被发展者"的特殊身份,经过层层发展话语的围攻,苗族民众的声音即使"发出来",也难以改变在国家发展大计的背景下被改造的现实,所以他们最为合理的选择是"迎合"而不是"反抗",实际上他们也是这么做的。

经过"他者化"的过程,发达地区和主流族群的主体位置能够建立、呈现并维持下去。与此同时,"具体的苗族民众"被简单化为"抽象的苗族民众",成为需要被改造的"问题化他者"。由此,"原始的"、"落后的"、"素质低下的"、"肮脏的"、"懒惰的"等污名化的形容词顺理成章地与苗族的公众形象紧密联系在一起,这种形象需要在外部干预的过程中向"进步"、"发达"等方向转化。在与外部行动者及其话语的比较互动中,苗族民众也逐渐学会了"解读"和"内化"有关发展和他者的话语,久而久之,作为发展对象的苗族民众开始对自己秉持的价值观、文化传统和行为方式产生疑惑,并尝试着认同有关"发展"和"他者"的论述,进而在"他者话语"中实现对自我身份认同的重构,以迎合国家发展主义的现代化逻辑。正如斯蒂文·郝瑞所言,当我们考察族群时总是感觉到界定族群身份认同的因素除了那个族群对自我认同的界定外,与这个族群正在发生或已经发生关系的其他族群和管理族群的国家其实也都共同参与了族群范畴的构建,现实中的族群,其界定更多的是依据其与其他族群的关系以及同国家及其代理人的关系(郝瑞,2000:21—22)。

五、发展话语的现代性意蕴

总体上看,发展话语一般会建构出原始、懒惰、落后、贫困等词汇,这些词汇的反义词通常是先进、勤奋、进步、发达,它们包含着与现代性密切相关的特征。在两类词汇之间,话语的逻辑框架是二元化的,甚至是完全对立的关系,这种二元对立的话语框架是一种现实主义的表达。在国家的主流话语中,现代化、工业化、市场化是现实的追求和目标,城市和主流民族在追求的道路上已经阔步向前,乡村和少数民族也应该实现跨越式发展和赶超。发展话语是发展干预实践的前奏或曰呼喊,是建构发展干预合法性的必要步骤。如果说传统社会的话语框架是社会文化演化的产物,那么,改革开放之后针对干预实践而生产的发展话语则更多地体现了权力和知识的运作。在发展话语的建构过程中,民族地区和少数民族被有效地"他者化"和"贫困化"。不管他们代表着民族地区这个必须被改造的传统社会的落后形象,抑或是被怀旧的人们想象成生活在未被现代化和都市化所侵扰的桃花源,民族地区的民众事实上都已经被发展话语建构为"过去"的一部分。这就为"未来"和现代性扫清了前进的障碍,规划和掌控现代性道路的不是"他者",而是受过良好教育、掌握现代技能、握有规划权力的"精英"。

发展话语将他者"对象化"和贫困"问题化",从而凸显现代性的"进步观念"。关于"进步的观念",约翰・伯瑞有精彩的论述,他认为,人们早已进行了足够的论述来阐明人类的进步与天意或者个人的不朽属于同样类型的概念,它或许为真,也或许为伪,而且无法被证实或者证伪,对进步的信念显然是一种关于信仰的行为,人类进步的观念是一种对于"过去"的假设和对"未来"的预言(伯瑞,2005:3)。现代社会对"进步"深信不疑且充满渴望,在进步的旗帜之下,不文明、未受教育、边缘地域被命名为"欠发展"或"不发达",古老的传统被标签为非理性和非科学,国家发展运动和发展干预行动声势浩大,"进步"成为现代人的重要使命。在迈向进步的历史压力下,普通人特别是"落后"的人们逐渐意识到自身与进步之间的鸿沟与距离,他们会主动迎合现代性和进步所要求的快节奏步伐,在传统与现代的碰撞与博弈中努力尝试摆脱"落后"和"过去",迎接羡慕已久的"现代"生活。

20 世纪中期以来,西方现代性阔步前进,并被广大第三世界国家接纳为本国未来现代性的不二模板。伴随着全球化进程的加快,世界上每一个角落都难以脱离现代性的渗透与碾压,从而必须去面对实现现代性工程的艰巨任务。对于转型期的中国社会而言,"允许一部分地区和一部分人先富起来"的部分结果是带来了"先富者"和"落后者"的二元结构,吊诡的是,这种二元结构又可以反过来建构现代性的话语框架。当先富地区追赶现代化的脚步之时,落后地区仍旧徜徉于传统性的田野里,这样先富者意味着与现代性同步,而落后者则成为现代性的旁观者或他者。此时,国家的主流话语权力必定对这种二元结构加以运用,通过各种形式的话语建构和媒介传播,将现代性和发展的必要性传达给"落后者"。对于"落后者"而言,他们的身份认同也不是本质化和固定化的,而是肯定受到外部建构的深刻影响,因此,当"落后者"逐渐怀疑并否定自我的价值观、思维模式、文化传统和行为方式时,他们会尝试接纳现代性的"进步观念",并试图迎合发展干预的滚滚洪流。

当苗族民众被系统性的发展话语包围时,他们经历了传统性与现代性遭遇时的苦痛与挣扎,而且这种状态会伴随发展干预的整个过程。对于他们来说,生活环境已经发生重大改变,他们再也返回不到传统游耕、游猎时代的"无计划"、"不积累"的"安逸"生活情境之中,尽管这种生活对于他们来说可能并不意味着"贫困"和需要"被改变"。现在,他们面对的是全球化、工业化、现代化和现代消费主义等各种不可避免的外部因素的无尽渗透,这时,人类学意义上的绝对的文化相对主义的单向度思维方式显然不再适用,选择回到"从前"已无可能,他们所能做的只有"主动迎合"与"自我改变"。

如同费孝通所深刻指出的,"在一个已经工业化了的西洋的旁边,绝没有保持匮乏经济在东方的可能。适应于匮乏经济的一套生活方式,维持这套生活方式的价值体系是不能再帮助我们生存在这个新的处境里了。'悠然见南山'的情景尽管高,尽管可以娱人性灵,但是逼人而来的新处境里已经找不到无邪的东篱了"(费孝通,1999:307—308)。与费孝通的思路相类似,郑杭生倡导用"二维视野"和"双侧分析"(现代性全球化的长波推进与本土社会转型的特殊脉动)看待中国的本土经验,脱离现代性全球化过程的本土经验已经不可能存在,那种将现代性全球化同本土社会事实割裂开来甚至对立起来的观念有悖于社会实践的生动事实(郑杭生、杨敏,2008)。分析苗族的发展议题时,一方面应特别注意传统性和地方性因素的实践效应,同时也应关注现代性全球化背景之下苗族地方性知识与外部知识遭遇后的现实转变。因此,对于有关苗族发展话语的分析的目的并不是"福柯式"的后结构主义的解构与否定,而是将发展话语的生产与传播过程作为一种社会现实加以描述,希望能够客观反映出乡村发展场域不同行动主体在"话语"层面的互动关系。这是作为行动者视角的发展研究不可或缺的重要组成部分。

第五章 行政动员式发展干预的地方实践与行动策略

> 被设计或规划出来的社会秩序一定是简单的图解,他们经常会忽略真实的和活生生的社会秩序的基本特征……任何生产过程都依赖于许多非正式的和随机的活动,而这些活动不可能被正式设计在规划中。仅仅严格地服从制度而没有非正式和随机的活动,生产可能在事实上已经被迫停止。
>
> ——詹姆斯·C.斯科特,2011:导言

二战以来,一场持续性的声势浩大的社会规划工程在广大的第三世界地区迅速展开,特别针对所谓的"欠发达"地区开展的发展干预行动,基本都是采取规划性社会变迁的策略。规划性社会变迁主要包含三方面内容:第一,遵循现代化逻辑,在二元论话语框架之下,认为存在从传统到现代、从落后到先进的单向进化历史观;第二,遵循简单化逻辑,对被选定的事实得出总体性和概括性的结论,形成高度简化的知识话语,使操控这些事实成为可能;第三,体现规划者理想,简单化必然缩减社会实践的复杂性,试图制造出标准化的干预模式,这可能忽略真实而具体的社会图景从而陷入规划者的主观图景。

一、作为典型发展规划的扶贫开发

当前,规划已经成为中国推动经济社会发展和治理社会问题的核心机制。中国发展规划的基本特征是在相对松散的制度环境下,灵活运用各种弹性可塑的和不断调整适应的政策过程,形成的一种混合性的治理方式(韩博天、奥利佛·麦尔敦,2013)。规划不同于以往由政府直接决定资源配置的"指令性计划"(Heilmann,2010),而是将行政体制与市场体制有效结合起来推动社会变迁。计划是作为资源配置的一种机制,本质上与市场体系不相容,规划是旨在实现政府运作结果的一揽子协调政策,可以通过多种方式实现发展目标,与市场经济完全兼容(吴敬琏,2004)。中国发展规划是"一双看得见的手",是有利于市场、服务于市场的,规划与市场已经成为中国国家治理体系中相辅相成的核心政策工具(胡鞍钢,2013)。作为一种有效的国家治理形式,规划是一个可预见的政策过程,不仅关注静态的政策文本,重视动态的操作过程以及相关技术的应用,而且强调对社会变迁的整体性思考,通过规划机制引导和干预社会主体的行动,塑造和规制相关领域的活动。在规划层级上,中国政府除了在国家层面持续推出"五年总体规划"之外,国务院各部委和各级地方政府会制定具体的实施子规划,形成一整套彼此嵌套的规划网络(杨伟民,2010);同时,中国的发展规划还在特定领域实现了专项领域应用化,延伸出各种专项规划(胡鞍钢、唐啸、鄢一龙,2017)。

在中国发展规划的编制与实施过程中,扶贫开发一直是非常重要的实践领域。扶贫开发作为国家公共产品供应的政策领域,是在现代化战略指引下由政府主导的,强调国家自上而下对减贫发展与社会变迁的影响,通过政府直接投资和行政监督予以实施,以达到社会向现代化方向转变的发展干预过程。中国近40年的农村扶贫开发历程,就是一部生动的贫困治理规划编制史和实践史。我国先后制定和实施了《国家八七扶贫攻坚计划(1994—2000)》、《中国农村扶贫开发纲要(2001—2010)》以及《中国农村扶贫开发纲要(2011—2020)》,走出了一条中国特色的减贫道路。当前,贫困问题依然是我国经济社会发展中最突出的"短板","十三五"时期扶贫开发位列"十三五"规划的十大目标任务之一,扶贫开发工作进入全面攻坚阶段。为此,国务院依据《中国农村扶贫开发纲要(2011—2020)》、《中共中央国务院关于打赢脱贫攻坚战的决定》和《中华人民共和国国民经济和社会发展第十三个五年规划纲要》,于2016年专门编制印发了《"十三五"脱贫攻坚规划》,规划范围包括14个集中连片特困地区的片区县、片区外国家扶贫开发工作重点县,以及建档立卡贫困村和建档立卡贫困户,成为指导各地脱贫攻坚的行动指南和重要依据。

目前学术界对规划过程的研究大多集中在起草阶段,其他阶段的讨论还较少涉及(Naughton,2006)。发展规划的制定与实施过程中,"作为理念的规划"和"作为实践的规划"始终是一对无法分割却又颇具张力的命题。"作为理念的规划"是理性化和专业化的产物,是一种面向未来的设想与谋划,希望在将来的某个时间节点达到理想的目标,认为通过对社会变迁的系统研究进而掌握其发展规律,然后理性规划并付诸实施,能够有效推动社会进步。"作为实践的规划"虽然在规划理念的指导下展开,但同时也受到执行过程和行动主体互构的影响,是一种面向现实的工程,此时的规划已经不再是书面的政策文本,而是在发展场域中接受检验和调整的操作实践。在精准扶贫的大背景下,我国扶贫规划的制定与实施面临更加艰巨的任务,中央政府和地方政府的扶贫规划文本密集出台,但规划的原初理想在多大程度上能够实现,关键还取决于规划的地方实践过程。

二、"整村推进"：扶贫规划的地方实践过程

作为地方政府的重点扶持对象，田村经历了近 40 年的政府规划性扶贫之路。政府的干预理念从最初的救济式扶贫转变为当前的开发式扶贫，从强调资金的单一输入模式转变为强调资金、技术、培训等相结合的综合输入模式。政府在田村开展的扶贫项目包括产业结构调整、农业科技推广、电网改造、饮水工程、茅草房改造、"村村通"工程、新农村建设重点村项目以及在精准扶贫助推下的整村推进工程和易地搬迁扶贫示范项目等。不管扶贫形式和扶贫项目发生怎样的变化，自上而下的发展干预策略始终未发生改变，而规划性发展是其中的核心逻辑。下面以地方政府在田村栗寨开展的以"整村推进工程"为基本方式的扶贫行动为讨论重点，首先对规划性社会变迁的地方实践进行过程分析。

（一）层级性规划与指标的约束性分配

农村扶贫开发是由一整套规划过程构成的层层叠叠、彼此联系的政策网络，体现出"纵向层级间的互倚格局"（史普原，2016）。上级政府和部门制定宏观规划之后，下级政府和部门会相应出台具体实施的子规划，通过制定子规划，扶贫开发工程被一步步细化。作为当前扶贫开发的统领性规划文件，《中国农村扶贫开发纲要（2011—2020 年）》明确提出结合社会主义新农村建设制定和实施整村推进规划。此后，国务院多部委联合下发了《关于共同做好整村推进扶贫开发构建和谐文明新村工作的意见》，将整村推进工程专项化，田村所在的省级政府扶贫部门根据国家规划制定了《省扶贫开发整村推进项目管理暂行办法》。拓东市则具体制定了《拓东市扶贫开发整村推进项目管理办法》，把整村推进作为新时期扶贫开发工作的重中之重，原初目标是把扶贫开发工作的政策措施

落实到贫困村和贫困户。在 5 年时间内,实施以自然村为单位的整村推进 1 815 个,其中省级整村推进 637 个,市级整村推进 1 178 个。北县作为国家级贫困县,每年整村推进的村庄数几乎都排在拓东市前列(详见表 5-1),而这些都是必须要完成的约束性指标。市级对整村推进的规划进行指导,在县级评审的基础上,由市扶贫办和市财政局牵头,邀请市发改委、市农业局、市水利局等有关单位,对照规划文本,市级进行抽查评审,对文本的规范性进行统一要求。为了进一步落实整村推进规划,拓东市印发了《关于进一步做好农村定点挂钩帮带扶贫工作的方案》,"部门挂村"也作为规划性扶贫的重要机制发挥作用。

表 5-1　拓东市扶贫办年度扶贫开发工作指标分解表

| 县区 | 解决贫困人口温饱(人) | 整村推进(个) | 劳动力转移培训(人) | | 完成产业扶贫项目建设(个) | 易地搬迁(人) | 到户贷款(万元) |
		市级	培训	转移			市级
利川	7 900	23	8 500	7 100	2	300	1 500
北县	8 500	49	8 500	7 100	3	978	1 800
陆县	8 200	44	8 500	7 100	2	222	1 400
倘甸	5 140	47	4 500	3 700			900
富县	1 700	4					800
嵩县	1 000	4					900
石县	2 800	5			1		600
宜县	2 000	3					600
晋县	1 600	19					900
富宁	160	—					600
潘海	1 000	2					—
合计	40 000	200	30 000	25 000	8	1 500	10 000

为了加强规范化管理,拓东市专门建立了整村推进工程的操

作化程序,注重对实施过程的控制,非常强调程序合理性(渠敬东, 2012)。具体程序包括确定重点贫困村、召开村民代表大会(民主推荐贫困户、开发项目、推选项目实施村民代表)、项目论证、制定规划、项目申报、项目审批备案、项目实施准备、启动项目实施、进行过程管理、项目竣工验收等流程。同时,拓东市还制定了整村推进的约束性指标,最终实现"六有、三建、两通、一输出、一达标"的"63211"总体目标。具体包括:"六有"指全村人人有饭吃,有水喝,有衣穿,有房住,有学上,有病能就医;"三建"指人均建成 1 亩稳产的基本农田,户均建成 1 项稳定可靠的产业增收项目,户均建设 1口沼气池或节能灶;"两通"指村村通电,村村通简易公路或村间道路基本硬化;"一输出"指符合条件的户均向外输出 1 名劳动力;"一达标"指全村农民年人均纯收入达到解决温饱的标准,年人均占有粮食达到 400 千克以上。以上目标也成为整村推进工程项目申报和最终验收的约束性指标。可以看出,规划制定过程基本未到达村组一级。田村栗寨整村推进项目的规划工作主要由唐镇政府一级完成并直接上报北县扶贫办,再由县扶贫办依据省市规划进行审批。规划制定过程中,田村村委会起协助作用,主要提供村庄相关原始数据,而作为扶贫对象的村民则完全失语。调查中,几乎没有栗寨村民能够说清楚施工队是因为政府的什么项目在村里施工,只知道是政府的又一次扶贫行动。这与拓东市规定的项目程序化操作的具体步骤中必须"召开村民代表大会"等条款有较大出入。

(二)项目化申报与指标的地方性再造

自 20 世纪 90 年代中期以来,项目制随着分税制向上聚集财政资源的趋势逐渐成为自上而下资源配置的一个重要渠道和机制,正在重新塑造中央和地方的关系(周雪光,2015)。当前,项目制早已溢出财政领域,成为其他许多领域中自上而下推动任务部署的重要形式。项目制是一种"分级治理"的组织形式,形成"发包"、"打包"和"抓包"三种机制,分别对应于国家部门、地方政府以及村庄或企业的项目行为(折晓叶、陈婴婴,2011),即项目需要经过自上而下的招标和自下而上的竞争才能获得。整村推进工程的最终落实也是以项目制为载体展开的。就顶层设计的规划理念而言,整村推进以改善贫困村基础设施和生产生活条件、增加群众收入、基本消除贫困为目标,重点实施产业发展、基础设施建设、能力提升、社会事业和村庄环境整治等项目。

在拓东市下发整村推进工程规划和项目申报工作后,唐镇扶贫开发领导小组将田村栗寨作为申报对象上报。结合拓东市整村推进的约束性指标,唐镇提出了实施栗寨整村推进的具体目标:第一,实现全村人人有饭吃、有衣穿、有水喝、有房住、适龄儿童能上学、有病能就医;第二,增强村民的自我发展能力,基本解决贫困户的温饱问题,加强和推进全民科普知识培训,特别是种养殖业培训,提高种养殖业科技含量,为群众增收致富打下基础;第三,加强科学、文化知识教育,倡导青年人走出去,闯市场,学一技之长,做致富能人;第四,做到户均一座猪圈建设,户均一亩烤烟种植,实现节能和保护生态双丰收,为农民增收寻找新的经济增长点。以上目标既有拓东市"63211"目标的统一规定,也呈现出唐镇经济社会发展的地方性特点,这种变化,实质上体现出"决策一致性"与"需求在地性"之间存在张力(吕方、梅琳,2017)。栗寨作为市级重点扶持的自然村整村推进项目立项后,获批资金 20 万元。北县扶贫办将田村栗寨整村推进工程进一步指标化,具体包括:村间道路硬化 2 732.5 m²;猪圈建设 20 个;农户住房粉刷 1 922.4 m²;科技培训 4 期 400 人/次。值得注意的是,栗寨整村推进项目的申报过程其实并没有严格依照拓东市制定的操作化程序(如召开村民代表大会、民主推荐贫困户、开发项目、推选项目实施村民代表），许多村民直到项目进村后才意识到"政府又要在村里搞建设了"。

表 5-2　拓东市第一批市级整村推进重点村立项统计

名　称	自然村数量（个）	资金（万元）
北　县	28	560
陆　县	34	680
利川区	16	320
石　县	4	80
富　县	3	60
嵩　县	3	60
晋　县	12	240
合　计	100	2 000

（三）集中化实施与指标的选择性执行

整村推进项目都有明确的执行周期和验收规定，这促使基层实施主体必须确保在项目周期内完成项目规定指标，于是，基层政府通常会遵从事本主义逻辑，以尽量减少成本的方式，完成项目工程建设等系列工作（李祖佩，2015）。在具体的操作方式上，唐镇政府对田村栗寨整村推进项目进行统一招标和集中实施，确定 H 建设公司中标田村建设项目，合同规定建设周期 3 个月。在唐镇政府向北县扶贫开发领导小组提交的《栗寨整村推进项目建设竣工报告》中，关于工作完成量是这样表述的：共完成村间道路硬化 1 842 m²；猪圈建设 15 户；村容村貌整治外墙粉刷 2 573.35 m²；科技培训 4 期 400 人/次。从数据本身来看，基本达到了县级政府的指标。可以发现，整村推进目标从中央到地方发生了某种程度的"转译"，中央和省市一级的目标比较宏观，但基本体现了"软硬兼顾"的综合性支持逻辑,希望通过整村推进工程促进经济社会文化的全面发展,建立贫困村可持续发展的长效机制,并增强贫困村自我发展的能力;但到了县、镇、村一级,原先的"软硬兼顾"变成了单一的"硬件建设",扶贫过程趋向于数字化(王雨磊,2016),很难看到作为扶贫对象的村民的主体性和参与性。

表 5-3 田村栗寨整村推进项目完成量与投资额

分项目	完成量	投资(元)
村间道路硬化	1 842 m²	96 836
猪圈建设	15 户	45 000
农房外墙粉刷	2 573.35 m²	49 947
科技培训	4 期 * 400 人/期	10 000
合　计	201 783	
其　中	国家财政投资	200 000
	群众筹资	1 783

(资料来源:根据唐镇政府提交的项目竣工报告绘制)

栗寨整村推进项目的实施过程具有以下特点。第一,项目的集中化实施。整个规划的实施周期总计为短暂的三个月,项目以工程招标的形式"打包"给了 H 建设公司。H 建设公司在村里完成基础设施建设工程之后,唐镇政府很快便向县扶贫办提交了项目建设的竣工报告,宣告栗寨整村推进项目结束。第二,指标的选择性完成。规划实施中比较侧重村间道路、墙面粉刷、牲口圈建设等"一眼就能看得见"的基础设施工程。唐镇在申报时拟定的栗寨整村推进目标中,除了基础设施等硬件建设目标,也强调"软件"的提升,比如增强村民自我发展能力、实现节能与保护生态双丰收等,但在实际操作中,这些目标被简化为举办几期农业技能培训和为村里提供一头种猪。大部分村民只是在培训表格上签上了名字、盖上了私章,村民能力提升的目标难以真正实现。这与王思斌的观察是一致的,现在进行的新农村建设基本上以有形的特别是道路、房屋等设施类建设为主,是政府发动甚至是强力推动的(王思斌,2012)。下级政府并不总是切实执行上级政策,而是在利益权衡中有选择地执行(O'Brien、Li,1999)。第三,项目未获得村民的主动性回应。在调查中,许多村民认为,这是政府的工程,跟他们的关系不大,因为之前这种工程也有许多,都是政府全权负责的。这反映出当前一些扶贫规划效益低的主要原因在于政策将重点聚焦于物质层面和外在的自然因素,不重视政策的长期效果(景天魁,2014)。由于未能得到村民的回应与参与,此后唐镇政府制定的"整村推进工程项目建后管理规定"事实上也只存在于项目规划的文本里,相关管理规定未能得到有效落实。

唐镇整村推进工程项目建后管理规定

工程项目建成投入使用后,各项目村设专职管理人员,管理人员从受益片区群众择优录用,负责道路建设工程、人饮工程及公共设施的日常管理工作,确保工程可持续发挥社会效益和经济效益。

第一,工程建成后由唐镇政府交由村委会负责对相应工程的设施进行系统管理,并签订管护合同。

第二,工程建成交付使用后,工程所建相关设施均属国家和集体所有,任何单位和个人不得以任何形式进行转让、抵押,任何单位和个人不得以任何形式对相关工程设施进行破坏。

第三,工程建成后,管理人员的工资由受益村委会和自然村负责解决。

第四,管理人员必须认真负责,定期或不定期地对涉及范围内的工程设施进行检查,消除安全隐患,制止对相关设施进行破坏的行为,及时反映工程的运行情况。

第五,工程项目建成后建立纪念碑,各项目村安排专人进行管护,并制定村规民约,共同爱护公共财产、设施。

第六,如无意损坏设施,由责任人出资进行修补。

第七,各受益村要形成每周打扫卫生的习惯,确保村容村貌整洁卫生。

三、扶贫规划的地方运作策略

田村栗寨的扶贫实践过程反映出规划性扶贫的一些运作策略,这些策略的运用,一方面保证扶贫规划得以顺利实施,另一方面也使规划目标能够部分实现。具体而言,主要包括以下几种策略。

(一)条线化控制策略

发展规划的核心在于,既要保证中央的集权,以便在宏观经济领域和收入再分配领域提高中央政府的宏观调控能力,同时又要允许一定限度的地方分权,以激发地方政府的活力(王绍光,1997)。扶贫规划嫁接于既有的官僚科层体制,但遵循一种更加权责清晰化的科层治理逻辑。科层制治理策略试图通过使用代理人控制的约束力带来目标的变迁(瓦戈,2007)。在政府的规划性扶贫过程中,自上而下的条线控制权明显强化,权责更加明晰化,各方的互动以规划制定和规划落实为中心展开。规划制定层面,当上级政府制定了一个发展规划时,会要求下级政府执行规划,各级政府都会在上一级政府规划的基础上制定更加细化的规划方案,直到进入基层政府的实施层级为止。在扶贫开发的整村推进规划中,从中央以下基本都建立了相应的具体规划,国家多部委联合下发了《关于共同做好整村推进扶贫开发构建和谐文明新村工作的意见》，省扶贫办结合《意见》和省情实际，提出了具体要求；拓东市则在《拓东市农村扶贫开发工作的意见》中对整村推进工程实施进行了更为操作性的规划。

规划落实层面，采用任务分解机制和责任分解机制对规划任务和责任进行分解，从而保证政府内部层级间的相互配合。省扶贫开发领导小组与各县签订目标管理责任书，明确具体的年度建设任务和年度工作目标；拓东市政府与 8 个有扶贫任务的县区分别签订了《扶贫开发目标管理责任状》，各县区又分别与各乡镇签订扶贫开发目标管理责任状，县扶贫开发领导小组与县直各挂钩单位签订扶贫挂钩目标管理责任书。在栗寨的整村推进项目中，唐镇政府作为最末一级政府负责规划实施过程，栗寨所在村委会只发挥协助作用，项目完成后唐镇政府向县扶贫办提交竣工报告作为扶贫工作考核的主要依据。栗寨的整村推进实践一定程度上化约为地方政府的一项自上而下的行政任务，是扶贫开发背景下地方政府必须完成的中心工作。随着财政资源逐渐向上级政府集中，基层政府的运作资金越来越依赖于上级政府，很多时候只能承担"协调型政权"（付伟、焦长权，2015）的角色，规划性扶贫所带来的资源配置无疑是此种关系的生动体现。总体而言，规划的落实过程实际上增强了上级政府和条线部门对于下级政府和条线部门的控制力，尽管下级政府可以设法进行"反控制"（折晓叶、陈婴婴，2011）。

（二）组织化动员策略

尽管条线化控制策略一定程度上保证了规划被各级政府快速落实，但依然离不开组织动员过程。我国政府的官僚体系既不是那种绝对传统意义层面的科层体制，那意味着下级政府一定是机械式的执行上级政府的决策命令；同时，更不是那种中央与地方相分立的二元体制，科层体系的正常运转是需要推动力的。中国的官僚体制是自上而下的动员式体制，上级政府或官员一般会提出相对笼统的大政方针，下级的政府和官员一定要予以配合，同时还要认真领会上级的精神和指示，并做出积极的行动响应（Lieberthal and Oksenberg，1988）。如今，发展主义意识形态指导下的经济发展指标是中央政府明确的任务，不仅是经济任务，更是一种政治任务，以此作为各级政府官员奖惩考核的重要指标。地方政府官员为了能够建立令上级满意的政绩表现，就必须向上级政府表现出非生搬硬套的、灵活积极的行动方式，这种行动方式在实际工作中往往能够将官僚体系的整体利益同各级官员的个体利益有机结合。

目前普遍实行的"干部责任制"既体现了国家在某个层次上从干部管理中撤出，同时又体现了国家在另一层次上控制的加强，而夹杂着干部责任制的组织化动员方式显然在实践中还非常奏效。在扶贫开发等国家工程中，几乎毫无例外上级政府会对下级政府实行干部责任制的动员策略。干部责任制实质上是科层制权力的体现，上级政府往往将科层制权力策略和组织化动员策略结合运用，从而产生较大的"合力效应"。作为基层政府中广泛运用的"目标管理责任制"，通过将上级党政组织确立的总目标逐次分解与细化，形成一套目标和指标体系，再按照指标体系对下级政府的执行效果予以考核奖惩，以此调动基层政府官员的工作积极性（王汉生、王一鸽，2009）。田村栗寨的扶贫案例中，唐镇政府将整村推进工程纳入"村两委"人员的目标考核责任中。唐镇政府对基层干部的考核除了计划生育工作、林业工作、卫生工作、社会治安工作、土地建房工作等日常性的工作之外，镇政府的"中心工作"比如扶贫开发、新农村建设等也是"村两委"成员必须完成的工作量。这样一来,村委干部就必须采取措施动员村民参与。村委干部通常采取的方式是先对自然村村长进行动员,再由自然村村长动员村民。实际上,村委会动员自然村村长是较为容易的,因为,自然村村长早已被村委会纳入到村组干部目标责任考核之中。这一点从田村村组干部目标考核责任书的相关内容可以得到验证:

田村村组干部目标考核责任书

第一,20 户以下的村组长全年补助 120 元;20—40 户的村组长全年补助 240 元;40—80 户的村组长全年补助 360 元;80 户以上的村组长全年补助 480 元。设有副组长的村组补助自行分配。

第二,以上人员工资除财政补助外,年终连同奖金,视工作情况,依照责任书奖惩制度的规定核算后发给,该惩的惩完为止。

第三,村组干部年终责任奖的多少视全年工作完成情况和镇上年终考核奖兑现的多少,召开村"两委"会议研究决定。

(三) 简单化操作策略

斯科特认为,20 世纪的国家具有不同于以往的各种能力,其中之一是国家能够通过运作庞大的项目对社会进行改造和重塑,试图改善人们"不良"的日常生活状况,但国家在改造中往往忽略了社会的多样性特征,为了某个改造的单一性目标,通常会将充满复杂性的社会简单化(斯科特,2009)。狭窄的管道式视野的最大好处就是可以在复杂和难于处理的事实面前只集中关注有限的特征,这种过分简单化又会反过来使处于视野中心位置的现象更清晰,更容易被度量和计算,简单化加上重复的观察可以对一些被选定的事实得出总体和概括的结论,从而形成高度简化的知识,并使操纵和控制这些事实成为可能。现代国家在城市规划、农村定居、土地管理和农业发展等方面均使用了相似的简单化和清晰化操控策略。在这些过程中，政府官员往往将极其复杂的、不清晰的和地方性的社会实践进行处理，然后运用他们制定出的标准模式进行集中式的自上而下的管理和操控。国家的简单化就好比一张简略的地图，这张地图虽然并未真实地描述社会生活，但却表达了政府观察员所感兴趣的片段，当这张地图与国家权力相结合时，就可以重新塑造他们所描述的社会事实，社会和环境正逐渐被国家清晰化的地图所形塑和改变（斯科特，2011）。

整村推进工程中，简单化操作策略体现得十分显著。第一，标准化的规划目标和官员考核指标。为了方便规划推行，上级政府会制定一整套标准化的约束性指标，下级政府依照指标完成具体操作工作，官员的考核奖惩与规划指标的完成程度挂钩。比如拓东市整村推进工程制定了"63211"总体目标，各种目标都进行了指标量化处理。

拓东市扶贫办整村推进工作年度目标任务

责任领导：副主任

责任单位：市扶贫办项目处，各相关县（市）区扶贫办

责任人：项目处处长，各相关县（市）区扶贫办主任

具体要求：

第一，3月底前完成项目的规划和评审并下达市级项目资金计划。

第二，项目资金计划下达后，一个月内必须启动项目建设，12月底前完成项目建设及县级检查验收。

第三，项目建设必须签订目标责任书、廉政承诺书，实行公示公告制、群众评议制、项目绩效评价制。

第四,县(市)区扶贫办对整村推进项目实行全程安全生产和工程质量检查、督查,市扶贫办适时进行项目跟踪抽查,督查工程实施进展情况。

第二,基层政府偏好易于操作且效果明显的"硬件"项目。在规划制定中,一般也会强调"硬件"项目(如基础设施建设)与"软件"项目(如人力资源建设)兼备,但在基层部门那里往往会异化为操作起来更为方便的纯"硬件"项目。田村栗寨的整村推进项目从招标到竣工的周期仅设定为 3 个月期限,绝大部分资金都投入在基础设施建设上。一方面在短时间内起到"短平快"的立竿见影的效果,能够在上级部门规定的时间期限内完成任务,另一方面在应对上级部门指标化考核时有充分的量化依据,降低考核风险。

第三,避免复杂社会现实的"项目扎堆"现象。在选择项目投放点上,基层操作部门也有自身的运作逻辑。实际上,栗寨所在行政村的 5 个苗族自然村都是比较贫困的,但并不是每个村寨都能得到政府部门均等的扶贫机会,为了顺利推进项目,基层政府往往倾向于选择更为"听话"的村庄。当被问及为什么"整村推进"和"新农村重点村"项目同时选择栗寨,而不考虑其他苗族贫困村寨时,唐镇新农办主任朱光文如是说:

这些年我们政府做了很多扶贫项目,也跟农民打了不少交道,都知根知底的,哪个村的人听话点,哪个村的人跳点(有爱闹事之意),我们都很清楚的呢。平时发点救济什么的,有的村都分不好,还有人闹事,做了事还不讨好。像整村推进、新农村重点村这么大的项目,当然要找个老实听话的村子啦,要不怎么操作啊,现在的农民啊,都实惠得很,弄不好还得倒抓我们一耙呢。你看峰寨啊,以前他们就闹过,不老实呢,有一年广州有个药厂送一些药到村里,就有村民嫌分得不公,还闹事,村委会都不好做呢。栗寨的人老实啊,从来不说什么,还肯干,这次两个大项目都给了他们,最后都顺利通过验收啊。

"听话"、"老实"意味着项目操作时简单方便,免去了可能存在的诸多"麻烦"。在基层政府看来,田村有两个非常典型的贫困村寨,一个是"听话"的栗寨,村民老实、本分,地方干部安排的任务能够认真完成;另一个则是"爱闹事"的峰寨,村庄派系复杂、村民"好斗",时常不理会基层干部的工作布置。这样一来,很多扶贫项目就被"扎堆投放"到栗寨,而与峰寨无缘了。"项目扎堆"也利于基层政府集中大量资源打造亮点,从而快速创造政绩,起到良好的宣传效果(陈家建,2013)。正如富勒(Fowler)所言,"政府官员通常将发展置于次要的地位,使其从属于更为迫切的职权与控制的需要"(Fowler,1990)。

四、理想与现实的张力:扶贫规划的实践困境

规划话语实践中作为"政策理想"的规划和规划落实过程中作为"操作行动"的规划二者很难完全匹配,并由此带来扶贫实践中相应的现实难题。

(一)规划制定的理想化陷阱

在现代社会规划理论发展中,存在理想主义和理性主义两种基本理念。前者是规划者对规划的价值定位,即回答"应该是什么";后者是对规划的行动定位,即解决"实然是什么"(陈锋,2007),二者具有内在关联性。作为一种社会关怀,规划在行动上表现为对理想社会状态或蓝图的追求,不过,在实现方式上,则离

不开人类理性的有效发挥。社会规划本质上以人的理性为基本前提，相信通过专家的知识和技术，能够认识和把握事物表象背后的普遍规律、秩序、法则，凭借这种理性可设计和创造一个理想的世界，进而推动社会变迁。这种前提预设带有强烈的理性化色彩，又是一种对社会变迁的理想化追求。通常情况下，只有当理想主义和理性主义二者紧密结合，才能实现社会规划的原初目标。然而，发展规划的对象是具有鲜明的不确定性特征的社会系统，而不是稳定不变的自然系统，这样一来，当运用一套稳定的逻辑去回应可能随时变化的社会议题时，规划通常就会显得力不从心。于是，规划的理想与现实之间又构成了一对矛盾，规划的实践过程就是在不断协调理想与实践的平衡。

扶贫开发首先表现为一种规划者理想，是国家对于贫困地区和贫困人口摆脱困境的理想化追求。例如，整村推进的目标被表述为："以贫困行政村、贫困自然村为单元，以贫困户为首扶对象，以完善公共基础设施、改善群众生产生活条件、增加贫困群众收入、提高自我发展能力、发展社会公益事业为主要内容，整村实现稳定脱贫目标"。这样的规划理想要想顺利实现，取决于多方面的条件和机制。其中很重要的一点，离不开地方民众的积极参与，这在规划文本中也得到了体现，即要"坚持参与式扶贫的方针，项目的选择、规划、实施、监督、验收、建后管理等全过程均要群众和村民理事会全程参与，充分调动群众的主动性和能动性，提高整村推进扶贫开发的实效性"。然而，整村推进工程在地方实践中通常被简化为基层政府的项目招投标和项目验收技术，"多快好省"地完成项目的直接任务，最终表现为项目竣工报告上的"建筑面积"和"培训人次"，至于村民是否因此增收、村庄的自我发展能力是否增强等难以短期内量化的指标，就基本上被遮蔽了。很多时候，当基础设施建设竣工，也就宣告项目正式结束，此时，原初的规划理想究竟还有多远，则不是基层实施者最为关心的议题。地方政府想方设法提高自己政绩的做法，难免跟政策初衷相背离（Genia and William，2012）。当规划目标与市场力量、科层体系、地方社会、外部环境等因素产生互动后，自上而下的政策代理系统可能面临严峻考验，从而影响规划目标的实现。

（二）规划实施的形式化风险

在中国的压力型体制下，各级政府的目标往往层层加码，导致层级越低的政府所承担的任务就越重，但又缺乏相应的资源完成目标，容易造成各种治理危机（周飞舟，2012）。社会规划的长远性特性决定了规划文本先于规划实践，在科层制结构中，上级政府制定规划后，自身并不负责具体实施，而是"发包"给下级政府，最终由基层政府负责实施。扶贫开发是典型的"复杂政策"领域，基层政府在行政实践中可能会充分利用信息优势和自由裁量空间，从而增加了发生"道德风险"的可能（吕方、梅琳，2017），其中一个显著的后果是扶贫开发过程容易流于"精致的形式化"（刘少杰，2017），影响实质内容的完成。从理论上讲，一个好的规划应该能够为扶贫开发提供可选择的或可变通的程序规定与实践方向，也能应对复杂多变的政府行为；规划应该能为各级政府和各种社会主体提供更良好的协商与互动空间，从而使这些主体的行为始终在规划的框架与范围内展开，唯有如此，扶贫规划才能真正落地生根，而不是仅仅停留于文本和数据层面。

应当说，为了规避基层政府的各种"变通"、"共谋"行为，促进"地方主动性"能够在顶层设计的框架下更好发挥效用，规划部门通常会制定相应的监督与考核机制。在整村推进工程中，上级政府的制度约束机制从文本上来看应该还是很严格的。拓东市整村推进对于监督检查的规定是，"市级实行实地抽查，每年度市级实地抽查率要达到项目村总数的 30％以上；县（区）要开展经常性的督促检查，将整村推进项目落实情况纳入当地政府重点督查事项，县级实地检查率要达到 100％。进度检测工作实行月报制，县（区）要在每月 20 日前，按时审核上报进度检测报表；每个季度末上报一次项目进展分析材料"。但是实践表明，这些监督与考核机制在具体的运作过程中本身也可能沦为某种形式化工具，从而失去原本的实际作用。田村栗寨的整村推进项目总共实施周期仅有三个月，为了达到申报书中的指标，唐镇首先选择了在当地并不是最贫困的栗寨，因为栗寨已经有了长期的扶贫基础，其基础设施建设相对比较完善，这样就容易达到规划里的"硬件"目标，至于"软件"建设，则因难以衡量，在验收检查过程中也不会成为核心指标。于是，整村推进的原初目标虽没被完全"转译"，但也被形式化的指标所替代了。

（三）规划落地的负激励效应

发展规划往往伴随着高强度的政府动员才能实现，对动员对象而言则是一种由国家主导的逆转性外部推动的社会变迁过程（沈红，2000）。在政府的规划性发展过程中，"政府不跟我们商量，我们也不过问"成为政府和村民关系的生动写照，这反映出乡村规划性发展实践过程中国家"分离"于社会的关系形态。正如加德纳和刘易斯所指出的，"事实上，官僚式的规划与管理在本质上是反参与式的，因为它根本无法容忍用不同于自己的方式理解与安排活动、时间及信息。因此，尽管在表面上政策以参与式为目标和方法，但制度化的程序已经将预期受益人排除在了项目之外"（加德纳、刘易斯，2008）。政府主导的规划性发展强调自上而下对社会变迁和发展的影响，是一种政府统筹规划和主动实施的实践过程，遵循着现代化和简单化的逻辑，也体现了政府作为规划者的理想。

这种理想本身并不必然造成发展干预中的"久扶不脱贫"的后果。不过,在实践过程中基层政府的运作策略与具体的发展场域相结合之后,确实在一定程度上生产了干预对象的"依赖策略"。依赖策略使干预对象具有较强的依靠政府扶助的思想意识,自我积累和自我发展能力的培育因此受到一定程度的阻碍,从而也成为"久扶不脱贫"现象的因素之一。

在整村推进工程的规划实践中,政府秉持着条线化控制、组织化动员和简单化操作等运作策略,干预活动具有严格的自上而下特征,地方民众仅仅作为发展干预的客体和对象,难以在发展实践中充分展现其作为行动者本应具有的主体性和主动性。条线化策略主要是规划制定和规划实施过程中不同层级政府之间的运作方式,这种策略实际上并未对地方民众发挥具体的制约作用;组织化动员策略除了上级政府对下级政府的动员,还强调下级政府对上级政府的回应行动,形式上也需要动员村民"积极配合"工作,村民所要做的主要是根据政府事先拟定的规划"配合行事",不需要提出自己的设想;简单化操作策略不仅体现在发展规划的制定过程中,也深刻体现在发展规划的实施过程中,其目的在于使复杂的扶贫干预行动清晰化和简洁化,以便政府更好地操控整个发展干预过程,这种策略容易忽略发展场域的复杂特性和干预对象的多元特点。对于村民而言,整村推进工程可能"只是政府的又一个扶贫项目"而已,村民对于项目的规划和实施过程并未真正参与。很多时候,村组干部对扶贫项目的来源和目的都知之甚少,栗寨小村长张文武就不清楚本村"整村推进工程"的具体细节。

> 听说项目总共35万元,其他的我们就不清楚了。上面也不跟我们商量,我们也不问。据说承包给了原来唐镇书记的一个亲戚,我们是承包不到的。这个工程据我估计最多也就

20万。你看啊，就30间猪圈、一个垃圾房、一个洗澡房、一套太阳能、几条小的水泥道、房屋外墙壁的粉刷、文化室的翻修。剩下的钱至少还可以盖一栋房子呢。

田村苗族民众一方面被发展话语所形塑，同时又被规划性干预行动所改变，加之自身从"原初丰裕社会"向"丰裕中的贫困"转变过程中的认同危机，特别是政府在规划性发展实施过程中采取的权力式制约、组织化动员和简单化操控等策略，共同促成了他们在发展实践中对于"依赖策略"的运用。新农村重点村建设过程中的"种猪事件"或许可从一个侧面反映出村民对于依赖策略的操控与运用。村民张文木回忆：

> 去年"新农村"项目将村里的猪圈盖好后，政府又给村里送来了两头猪，一头公猪一头母猪。那时我在外面打工还没回来，猪被小村长张文武和他的哥哥张文青每家一头分了。我回来后，一次村里开会，我就在会上当面问小村长猪是怎么分的，为什么不分给其他人，他说你们有本事也找上面要去，不要找他。

为此，张文木在会上与张文武进行了激烈争吵，其他村民也认为自己应该分到一头猪，村民之间的关系因"种猪事件"变得非常紧张。村民普遍认为，政府既然为每户都盖了猪圈，就应该给每户都"送"一头猪，这样就不会产生矛盾。如今，许多猪圈依然处于闲置状态，有村民甚至认为，"政府迟早会送猪来的，没必要自己买"。事实上，"种猪事件"只是村民依赖策略的一个缩影。久而久之，村民也就习惯了此种扶贫方式，并形成了依赖心理，扶贫开发所倡导的自主发展能力难以培育，扶贫工程演变为一个无法突破的"死循环",难以实现从"救济式"向"开发式"转变进而达到可持续发展的减贫目标,反而陷入难有实质性发展的"内卷化"刚性结构的总体性困局之中(方劲,2014)。

五、发展规划的社会建构属性

发展规划地方实践过程中的条线化控制、组织化动员以及简单化操作等策略,虽然一定程度上推动了规划的快速落实,但随之而来产生的规划制定的理想化陷阱、规划实施的形式化风险以及规划落地的负激励效应则使规划执行效果大打折扣。为了从根本上破解这一实践难题,只有重新回到规划作为一种社会变迁机制的本质属性层面思考问题,"要还规划的本来面貌"(杨伟民,2004)。当规划不仅限于狭义的建筑物等物质层面时,便早已烙上了深刻的社会属性,所有现代规划都在竞争性、依赖性和持续变迁的世界体系中发生。于是,当利用规划机制推动社会发展时,就要视其为社会建构的产物,并遵循社会规律而不是自然属性进行实施与运作。

首先,规划是一项系统复杂性的社会工程。虽然规划是政府主导的发展模式,其操作过程涉及政府内部的上下级权力关系及其相应的考核评价与动员激励体系,但仅仅处理政府内部治理结构问题仍然不能完全解决规划性发展的现实难题。从规划理念的构想到规划文本的出台再到规划实践的运作,不仅涉及从中央到地方各级政府部门及其代理人的"纵向控制"与"横向竞争"的交错关系,还不能忽略市场和社会两大因素的影响,因此还要正确处理"政府—市场—社会"的三方互动关系,而这也是规划区别于"计划"的关键所在,毕竟规划不同于以往由政府直接决定资源配置的"指令性计划",而是一种将行政体制与市场体制有效结合起来的"混合性治理模式"。

其次,规划是一项长远渐进性的社会工程。规划所要达至的社会变迁一般都是经济社会发展的重大议题,这些议题往往都经历了长时期的演变发展进而形成了相当稳固的内部结构特征。规划作为一种外部干预机制,要想取得预期干预目标,必须要与内部因素形成良好互动才能有所突破。不过,由于规划往往与体制内资源分配和绩效考核相挂钩,因此规划都会设定较短的任务完成周期并配以相应的指标考核制度,在这种压力型体制和事本主义逻辑下,规划执行过程显然很难同时兼顾指标考核和长远效果,而长远效果才是最终推动社会变迁的可持续性保障。因此,规划的制定与实施过程应统筹考虑事本策略与长远目标,采取更为稳妥渐进的实施策略,以免欲速则不达。

最后,规划是一项动态调整性的社会工程。规划遵循理性化和专业化原则,通常采取自上而下的运作逻辑,这容易使人相信发展规划是由政策制定者和规划者事先设计和决定的,其过程表现为"规划制定—实施步骤—干预结果"这样的线性过程。其实,规划不等同于简单的"指标分配"过程,虽然强调国家的规划作用和干预力量,但应该更加注重社会的需求和地方民众的主动性,为市场主体和社会主体留下创造空间。规划性发展是一个不断调整介入策略的"非线性"的动态干预过程,除了受到社会、政治和文化等综合因素的广泛影响外,还受到规划实施过程中不同利益相关群体就干预目标和手段进行谈判的动态博弈过程的深刻影响,尤其不能忽视干预对象的自主应对策略对外部干预的反向作用。

六、国家"悬控"社会的发展干预

学术界一般将我国税费改革之前的农村治理形态概括为"汲取型"模式,国家和农民的关系主要表现为"汲取型关系"。这种模式假设农村地方政府的正常运转需要依靠自上而下的税费收取,

"要钱"、"要粮"成为基层政权的主要运行方式,与此对应,"交钱"、"交粮"就成为农民要履行的基本义务。在"汲取型"治理模式下,地方政府的农业税收以及非税收入的主要部分基本用于供养人员和维持政权运转,只有少部分分配于农村公共事业层面。尤其对于中西部地区而言,县乡基层政权的"经营能力"有限,财政预算基本依赖于"吃饭财政"。税费改革之后,汲取控制型国家向公共服务型国家转型(黄宗智,2008),中央和上级政府的转移支付成为支持基层政府运转的财政来源,与此同时,农村公共事业的支出主体和责任也逐渐向上级政府直至中央政府转移,新农村建设、精准扶贫、乡村振兴等国家工程就是税费改革后公共服务型国家运作的具体实践。

表面来看,农村税费制度改革只是减轻了农民负担,其实不然。税费改革通过取消农业税费以及加强各级政府之间的转移支付,规范国家、集体和农民之间的分配体系,试图强化基层政府的社会治理能力和公共服务职能,力图将国家与农民之间传统的"汲取型关系"转变为现代的"服务型关系"。随着税费改革的深入进行,该政策也取得了相当良好的实践效果,农民繁重而复杂的负担大幅度减轻,地区之间均等化的转移支付体系逐渐建立,自上自下、由东向西的财政转移支付资金代替此前源自农民的税费成为中西部地区基层政府财政收入和公共事业的主要来源。不过,周飞舟的研究发现,这种试图扭转国家与农民关系由"汲取型"向"服务型"转变的深层次改革目标似乎并没有按照预定的设计路径如期完成,反而产生了诸多意外后果,乡村社会治理实践中,国家政权"悬浮"于乡村社会之上的"悬浮型"政权的特征较为明显地显现出来,国家与农民的关系变得更为松散(周飞舟,2006),尤其基层政权与农民的互动关系出现了较为明显的脱节现象。

周飞舟依据国家政策文本和地方实践案例的研究发现,中国的税费制度改革实际上对基层政权特别是乡镇政权形成了强烈冲击，特别对于以农业为主的县乡而言，乡镇政府和乡镇财政同时出现"空壳化"趋势，而为了应对"空壳化"困境，乡镇政府不得不使出"借、欠、跑、卖"的策略和招数，四处借贷、向"上"跑钱，乡镇政府的运作处于"半瘫痪"状态。其导致的进一步意外后果是，乡镇政府的服务功能无法顺利施展或者大打折扣，税费改革前依赖于农业税费的"汲取型"治理模式并未如政策预期的那样转变为"服务型"治理格局，反而由于乡镇政权的"空壳化"趋势和"半瘫痪"运作，国家与农民之间形成了一种"真空"状态，以乡镇政府为中心的基层政府行为"迷失"了方向（周飞舟，2006）。

周飞舟讨论的基点是普遍意义上的税改之后的"四万个乡镇政府"，在这种逻辑假设下，国家与农民的"悬浮关系"无疑具有较强的解释力和分析力。周飞舟一再强调其分析的基点是以农业为主要财政收入来源的县乡政权，并不一定适用于工业或依靠其他产业为主要财政收入来源的县乡政权。不过，这种对于"农业财政型地区"的普遍性假设还是具有一定的理论风险，因为，国家对于不同类型农业地区的财政转移支付力度事实上存在较大差异，从而造成乡镇政权向上"跑"项目的需求和精力也是不一样的，其"空壳化"的程度也就存在差异。更为关键的是，随着国家资源越来越多地向农村输送，如何保证资源有效利用，以及如何避免资源输入和使用过程中产生矛盾与冲突，国家对基层治理规范化和精细化的要求逐渐提高（贺雪峰，2018），国家与农民的关系早已不是税费改革初期的"真空"状态，而是确实呈现出一定的"服务型"特征，只不过这种服务型治理模式还是显示出较强的"简单化治理"格局，基层治理能力尚有较大提升空间。

本研究讨论的"乡村发展干预"的主题，其间所蕴含的国家与农民关系就很难不加区分地概括为"悬浮"关系。对于贫困地区而言,农业税费改革之前,国家一方面向其收取农业税费,呈现为典型的"汲取型"治理模式;同时,国家又通过财政转移支付为基础实施扶贫开发工程,这又具有一定程度的"给予型"治理特征。因此,税改之前的贫困地区基层政权实质上是一种"汲取"与"给予"并存的"混合型"政权类型。税费改革之后,贫困地区基层政权的"汲取"功能弱化,以扶贫开发为主体的资源输入机制成为联结贫困地区基层政权与乡村社会的重要实践中介和工具。理想构建层面,自上而下的转移支付可能为重塑基层政权与乡村社会之间的关系提供了契机,即由以往的国家"悬浮"于社会向国家"扎根"社会的方向转变,基层政权转变为"服务型"政权。但是,从扶贫开发乃至当前的精准扶贫工程的实施过程来看,虽然第一书记工作制、干部结对帮扶等制度安排对中国基层社会的治理结构和治理过程带来了深刻影响,倒逼着基层政权由"给予型"向"服务型"政权转变,但从实践效果来看,基层政权依然普遍出现"有治理、无参与"的尴尬局面。政府主导式减贫中的"服务关系"本质上是被动的,并不是源自基层政权对乡村社会治理需求的自觉回应,而是对中央政府规划性发展及科层体系内部权力制约机制的被动回应。因此,如果从贫困乡村地区社会秩序和公共事业需求的角度考察,国家与乡村社会实际上呈现出某种"悬浮操控"的特征。

"悬浮操控"型政权或曰"悬控"型政权同周飞舟提出的"悬浮"型政权的概念并不完全一致。一方面,"悬控"包含有"悬浮"之意,承认税改之后基层政权出现了行为和性质上的转变,不再依靠收取税费维持自身的正常运转,主要依靠中央和上级政府的转移支付,相较于税改前的"汲取"行为,基层政权确实表现出"悬浮"于乡村社会的特征。但是,另一方面,基层政权行为的转变并不意味着国家与农民之间必然会出现"真空"状态,或者说,在经历了农村税费改革初期短暂的"真空悬浮"状态之后,随着国家治理体系建设和治理能力现代化对国家政权建设的重新定位,基层政权呈现出试图重新"下沉"到乡村社会的趋势。虽然基层政权不再依靠从农村收取税费的"由下而上"的"汲取型"治理模式维持与乡村社会的关系,不过,在转移支付型的扶贫开发工程中,基层政府依然作为重要代理人联结着国家和乡村社会,扶贫开发作为贫困地区基层政府的"中心工作"依然发挥着"自上而下"的联结纽带作用,加之第一书记制度、干部帮扶制度等辅助机制的建立,国家与农民之间并未出现真正的"真空"状态。

云南省 2005 年启动了免征农业税试点工作,对全省范围内73 个国家级扶贫开发工作重点县、7 个省级扶贫开发工作重点县以及不在扶贫开发工作重点县范围的 8 个边境县全面实行免征农业税政策。与此同时,为了保证各地做好政策落实工作,省级财政对试点地区形成的农业税减收情况,以 2003 年实际入库数为基数给予全额转移支付补助。同时要求各州、市财政也要根据各地税费改革的实际和财力水平,加大转移支付的力度。2006 年,云南省其他县(市、区)也全部取消了农业税。税费改革前,本研究的案例点田村栗寨一方面处于政府主导的规划性发展过程中,各级政府的财政转移支付成为支撑发展干预实践的主要资金支持;同时,村提留和农业税费也成为村民每年必须完成的硬性任务。税费改革之后,以扶贫开发、新农村建设、精准扶贫为代表的财政转移支付成为基层政府的中心工作。但是,由于治理能力不足,基层政府难以提供完善、高效的公共服务。虽然不至于在国家与农民之间造成"真空"状态,但国家层面大量的财政转移支付事实上并未密切基层政权与农民的关系,"服务型"政权建设依旧任重道远,反而出现了国家政权"悬控"乡村社会的现实。

社会学对于国家与农民关系的研究基本上从属于国家与社会关系的分析范畴,这个研究视角比较注重国家之中社会力量的生成与成长过程,而就国家和农民的关系来看,则比较注重农村社会中基层干部这一"中间层"的作用。在当代中国,许多学者将分析基层干部尤其是村干部作为理解国家与农民关系的关键。基层干部作为国家权力的代理人,经常是以一副比较可憎的面目出现在学者们的分析过程之中,他们的行为方式往往被当作学术研究的前提而不是研究的对象存在。于是,国家和农民关系的研究通常都会滑向一种基于"压迫—反抗"或者权力博弈的简单模式之中(周飞舟,2006)。其实,基层治理的形态和过程是复杂多样的,基层政府的行为和治理模式不是固定不变的,基层干部也不永远呈现出固定化的"脸谱"和"肖像"。从而,不能将各级政府特别是基层政府假设为乡村社会的对立面。本研究表明,在政府主导的减贫实践这一特定的财政转移支付过程中,国家与农民关系并不是理想式的"服务型"关系,但也不完全是"真空悬浮"的状态。尽管减贫实践中同时伴随着国家治理能力建设,但资源输送过程中基层政权与农民的有效互动依然不足,导致其与农民的关系出现某种"悬浮操控"的状态。如果进一步从国家与社会的分析框架予以考量,可以认为政府主导的发展干预实践显现出国家"悬控"社会的特征。

第六章 社会参与式发展干预的地方实践与行动策略

就像一些政府机构现在通过支持地方非政府组织提供服务来树立其本质上"自上而下"的项目的可信性一样,发展机构希望通过社区参与来确立其意识形态上的合法性。但参与的目标很容易被吸收到现有"自上而下"的发展模式中,并被主流话语所抵消。

——凯蒂·加德纳、大卫·刘易斯,2008:105

本章主要通过考察 H 机构在田村栗寨"危房改造项目"的实施过程和 Y 大学"乡村社区能力建设"项目组在田村的峰寨、栗寨和石寨三个苗族村寨①进行的以社区发展基金为主体的综合发展干预项目的实施过程,分析基层政府、社会力量以及苗族村民的行动策略,同时挖掘其间蕴含的国家与社会的关系形态。本研究将 H 机构在田村的"危房改造项目"的实施过程概括为"社会主体的被动参与型减贫实践",特指作为第三部门的社会组织试图通过自主规划与组织进行发展干预实践,但在项目实施过程中,原初的项

---

① "乡村社区能力建设"项目在田村的峰寨、栗寨和石寨三个苗族自然村同时展开,为了论述的方便,下文统一用田村指代三个苗寨。如果需要单独涉及某个具体的苗寨,文中会特别注明。

目目标和组织目标被吸纳到政府主导的自上而下的规划性发展的体系和架构之中,并被主流的发展话语所抵消的发展干预的实践过程。在此发展干预模式中,社会主体从最初对于发展干预的自主规划与实施转变为被政府吸纳之后的被动性介入,从而逐渐丧失对项目的控制权及其所追求的社会价值和理想。本研究将 Y 大学在田村的"乡村社区能力建设"项目的实施过程概括为"社会主体的自主参与型减贫实践",特指作为第三部门的社会主体通过自主规划和组织进行的发展干预实践,在项目开展过程中,社会组织具有较强的独立性和自主性,能够按照自身的理念规划和实施发展项目,对发展项目发挥着主动引导的作用。在此发展干预模式中,社会主体的原初目标与理想并不像"社会主体被动参与型减贫实践"那样被政府所吸纳,而是能够在相对独立的情境中实施干预项目,当然,社会组织在发展实践中也要处理同政府和干预对象等行动主体的互动关系。

一、"危房改造":社会主体的被动参与型减贫实践

当前,在国家发展干预活动之外,非政府组织(NGO)已经成为另一股重要的发展干预力量。我国非政府组织的发展干预活动是伴随着国际性援助产业的兴起而产生的。20 世纪 80 年代以来,随着政府发起并主导的自上而下的发展干预活动逐渐显现出其难以克服的局限性,非政府组织参与发展被普遍视为可能蕴含着替代传统政府主导的发展干预与扶贫方法的可行模式。以国际性援助产业为背景的发展干预模式和行动自上世纪 80 年代进入中国之后,便强调和注重以反贫困为核心的发展干预活动,大量国际性的非政府组织和随后兴起并逐渐壮大的本土非政府组织逐渐成为发展干预行动的重要力量。在田村栗寨以"危房改造"为切入点开展发展干预行动的 H 机构便是非政府组织介入减贫实践的典型代表。

（一）H机构"危房改造计划"的原初理想

　　H机构是一个规模颇大的国际性非政府组织，致力于消除贫困者的住房问题，旨在通过志愿者或义工的协助，为有需要的家庭修建简单实用的住房。时至今日，H机构已经在世界各地，包括北美洲、拉丁美洲、非洲、亚洲等地区，兴建了超过50万间房屋，为超过250万人提供了安全的居所。H机构于2000年正式进入中国，在云南、广东、广西、四川及上海设有办事处。

　　H机构的理念是：让世界上每个人都拥有安全、合适及能负担的居所。H机构建造非盈利兼免息的房屋，建房资金来源于一种被称为"循环基金"的运作模式，新受惠户主的还款、外界捐款、支持者提供的免息借款以及不同的筹款活动资金等共同构成"循环基金池"，"循环基金池"中的资金款项能够循环滚动，用作建造更多的房屋。具体而言，H机构通过免息贷款的方式提供资金给贫困户新建房屋，房屋建好之后，贫困户需要定期偿还免息贷款。换言之，H机构的建房资金并不是赠送给贫困者，而是为其提供免息贷款（需付10％的管理费），受惠家庭需要缴付首期建房款，并且房屋建好之后需在规定期限内按时分期还款。H机构为受助家庭新建的房屋一般取材于红砖、石头、压塑泥块和木材，并且会为贫困户推荐"平顶"样式的房屋结构，其原初假设是认为平顶的房屋结构使农户拥有更多的空间晾晒谷物庄稼和收集天然雨水，但也正是这种设计理念为田村栗寨的危房改造计划埋下了"水土不服"的"隐患"。

　　H机构的建房融资模式主要分为两种。**第一种为"特别项目"模式**。特别项目模式专门为身患残疾和极度贫困的家庭而设计，H机构将获得的捐赠款项直接补贴给无偿还能力的家庭，如受麻风病影响的家庭通常会采取此种建房融资模式。特别项目的资金主要来自企业、学校、基金会和个人的捐赠，通常情况下，捐赠者会明确指出其捐款应当用于特殊房屋的补贴项目。在具体的建房操作层面，特别项目建房模式主要采取同当地政府合作的形式开展。

第二种为"储蓄建房"模式。"储蓄建房"是一种小额房屋信贷项目，通过将一个村庄的低收入户组织起来形成储蓄小组以达到修建房屋的目的。储蓄小组通常由同一个村庄的 10 至 12 户家庭组成，共同储备资金和建筑材料用于房屋改善计划。当小组的储蓄资金足够新建一户房屋时，H 机构就会划拨相对应的另外两户房屋新建所需的资金贷款给储蓄小组，这样三户房屋就能同时修建。储蓄和修建工作一直持续到小组里所有成员家庭都建好自己的房屋为止，通常一个储蓄小组的建房过程需要 5 年时间。在具体操作层面，H 机构希望小组成员集体推选领队监督和管理成员的储蓄过程、决定成员之间房屋修建的顺序和组织成员参与建房工作。建筑工程中所有的技术工作都由受援助家庭雇请熟练的建筑工人完成，H 机构的建筑监督员和当地政府官员履行共同监督的责任。H 机构在栗寨采取的即是此种"储蓄建房"模式。

建房过程中，H 机构同时实施相应的志愿者项目，每年大约有超过 75 万名志愿者参与机构的义建活动，志愿者团队的成员可能来自本国也可能来自国外，志愿者的"体力活"一定程度上减少了房屋修建的成本。在 H 机构看来，志愿者义建活动更为重要的意义在于这种经历改变了受援助家庭和义建志愿者的生活，特别是受助家庭能够深刻感受到一群"局外人"为帮助他们摆脱贫困所做的努力。通常情况下，一个志愿者团队由 10 至 20 名成员组成，其行程会持续 2 天至 2 个星期不等，主要参与建房过程中的非技术性工作。

2002 年下半年，H 机构初步选定了田村苗族作为援助建房的目标群体，不过，最初的目标自然村寨并不是栗寨，而是寨子规模

更大的峰寨。在唐镇政府官员和田村村干部的极力推荐之下，
H 机构最初将峰寨作为建房项目的初选目标村寨。项目开展之
前，依据惯例程序，机构工作人员在峰寨调查走访了部分村民，一
方面使村民了解机构进村工作的目的和意图，同时也收集寨子里
与建房项目相关的基本情况。走访过程中，工作人员发现峰寨的
社区关系相当复杂，几个大的姓氏和派系主导了社区权力结构，并
且彼此之间存在许多隔阂和矛盾。而 H 机构的建房模式对社区本
身十分倚重，主要依靠村寨邻里之间在资金和建房过程中相互合
作，共同建设自己和邻里的房屋。H 机构认为，峰寨复杂的社区权
力关系不利于项目的顺利开展，因此，最终放弃了峰寨的建房项目。

这次"有始无终"的干预行动还留下了不小的"后遗症"。当我
们于 2004 年在峰寨准备开展"社区能力建设"项目时，不少村民还会
拿这件事来试探我们的"诚意"。2004 年 1 月，我们一行 2 人在峰寨
入户走访村民，当走访到张明富家时，他对我们的到访非常"戒备"，
勉强同意我们进到家里之后，他回忆起 H 机构曾经在寨里的情形：

> 我以为你们是 H 机构的人呢。他们一年前到过我们村，
> 也来找过我。就像你们这样，也是到家里来的。说他们是来
> 盖房子的，我们当然欢迎啦。你看我们很穷啊，房子很破呢。
> 当时他们讲得好好的，说会帮助我们重新盖房。后来不知为
> 什么，又不帮助我们了，到栗寨盖房去了。你们如果像他们一
> 样，就不要来了，我们不欢迎的。

据 H 机构工作员陈申①回忆，在当地政府的建议下，机构最初

---

①　陈申是 H 机构的资深员工，大学毕业后一直在 H 机构的云南项目办从事一线
建房工作，对机构的理念使命和运作模式均十分熟悉。

确实打算在峰寨建房,不过走访调查后发现,峰寨村民的意见难以统一,不同家族之间的矛盾与冲突错综复杂;同时,峰寨规模较大,而几乎所有村民都希望为自己盖房,但机构的预算资金相对有限,无法为将近60户村民全部建房,建房户的选择成为难题;另外,即使确定了建房户,按照机构的原初计划,建房户应当组成储蓄小组,小组成员还要存入一部分建房资金,加上H机构提供的无息贷款,共同组成建房的"循环基金",建房时还要求小组成员出义务工相互协助,而这种操作模式对于矛盾丛生的峰寨而言,显然难以达到预期的效果。

从峰寨"撤离"之后,H机构将建房目标的自然村最终选定为栗寨。在陈申看来,栗寨的条件比较符合H机构的原初设想。首先,栗寨村民户数较少,总共10余户,即使所有村民都有建房需求,机构的资金也能够予以满足;第二,社区关系较为单纯,整个寨子由张氏兄弟二人"开枝散叶",村庄由血缘关系紧密联结,村民之间没有深层次矛盾,这对于储蓄建房小组的运作无疑是有利的前提条件;第三,相较于峰寨,栗寨村民参与的积极性明显高出很多,村民理解并愿意加入H机构的储蓄建房计划。

H机构对村民参加项目意愿的调查提纲

第一,你们家愿意与其他建房户组建一个储蓄小组吗?

第二,你们家谁代表家庭参加小组?

第三,你愿意为建房先存款而后获得借款吗?

第四,你认为H机构借给你家用于建房的借款为什么要偿还?

第五,你认为组建小组后,小组成员应该相互帮助建房和相互督促还款吗?

第六,H机构帮助建造经济、简洁、适用房,什么样的房子是符合这个条件的呢？

　　H 机构规定,建房户确定之后,同一社区或村庄的建房户将自愿组成建房小组。机构工作员对建房小组进行业务培训,小组需要签订一份《储蓄建房意向书》或曰《小组内部协议》,希望以此构成对小组成员较强的约束力。H 机构的建房操作手册规定:由于《储蓄建房意向书》属于小组内部协议,H 机构原则上不提供固定的协议样本,但在业务指导上,机构工作人员会在小组培训时指导小组签订内部协议,提醒小组协议应该包含的必需内容。

H 机构规定的《储蓄建房意向书》必需的内容

　　第一,小组成员都接受并遵守 H 机构项目的模式和操作方式。

　　第二,小组定期开会,或在有必要的时候主动召集小组成员开会,小组会中达成的重要决定应该通知 H 机构。

　　第三,规定小组成员要求退出小组所必需的程序,以及小组同意的措施。

　　第四,有管理和使用小组存款的方式、原则和公开机制。

　　第五,有投工投劳的规定和管理方式。

　　第六,规定小组成员间有联保的责任,即小组成员有相互督促、协助还款的义务。当小组中的成员在还款期出现还款困难时,首先把问题提交到小组,由小组协商讨论解决办法。小组中其他成员有义务协助困难户还款。

　　第七,合理编制房屋预算,建房户超过预算过多,H 机构将停止小组的借款活动,所以小组成员有义务相互监督建造体面、经济、简洁的房屋。

　　第八,其他规定。

2002 年 12 月 20 日，H 机构与栗寨 10 户家庭的户主分别签订了"储蓄建房意向书"。事实上，栗寨的建房意向书由机构工作员负责起草，户主本人和保证人签字，同时储蓄建房小组其他成员联保签字。H 机构在栗寨的"储蓄建房意向书"主要包括以下内容：

第一，同意在本人（指 10 户家庭的户主，下同）身为储蓄小组成员及 H 机构的合作伙伴期间，遵守 H 机构的规定、原则及小组制定的规章制度；并同意按照储蓄建房计划（见下文"栗寨 10 户家庭储蓄建房模式与计划"）规定的时间，每次攒下人民币 800 元（其中 500 元是建房资金，262 元为建房调节基金，38 元为储蓄小组互助基金），在每年 8 月 30 日时将每月应存的人民币 800 元交到储蓄小组，由小组存入镇信用社作为参加 H 机构储蓄建房项目建房和还款的资金；

第二，本人同意并愿意遵守 H 机构建房的选户程序和建房的时间安排。本人同意并承诺在建自家房屋时自己要承担所有非技能的劳动，并为储蓄小组的其他成员或另外的 H 机构家庭合作伙伴的建房投入至少 300 小时的义务劳动；本人也同意在建自家房屋时，如果小组的决定除了我自己的存款外还需让我收集必要的建材毛料时，我将服从小组的决定。

第三，本人愿意并承诺用储蓄的方式偿还所有 H 机构为我家房子的修建给我的借款（还款额为借款总数加上通货膨胀调整额），本人同意接受在七年的还款期限内在还款中另附借款额的 10％给 H 机构，作为 H 机构投资修建我家房屋的管理费。本人知道并同意，一旦我开始为储蓄建房存钱，我为此所存的建房资金和小组互助基金就不能退出，即使在小组中我是排在最后一个按储蓄模式及 H 机构借款建房的人，存的款也不能退。

第四，本人同意如果我的存款被用于任何小组增收发展的用途,本人不要求利润回报,也不要求收取此建房存款的银行利息。本人同意,如果我要退出建房存款,除非我能为小组找到另一个符合条件的新成员(与我有同样的经济能力和对住房的需要)来替换我才行,否则不能退款。本人同意,一旦我被证实我的真实情况不符合 H 机构建房借款的条件,即使我已经开始存款我也必须退出储蓄小组,我已经存的款也要退出(并让小组成员知道此原因)。

第五,本人知道并同意我的存款数额由要建的房子的大小、房子的成本和自己所能准备的建材毛料的数量决定。本人同意用我的财产和 H 机构储蓄项目中所建的本人的房屋作抵押作为我的定期还款的保证,并保证我有在建房子的土地的合法使用权进行建房;如对此有怀疑,本人负责采取必要的步骤予以证实。

第六,本人也同意保证每一个组员按时定期储蓄和还款是我们每个人共同的重任,因为按 H 机构的规定,任何一个组员不按时存款和还款,整个小组的建房就必须停止。本人同意如果小组发生有组员不能还款的情况时,小组的其他成员有义务通过互助基金和其他方式来承担连带还款的法律责任以保证 H 机构建房基金的还款安全。因为我知道,在储蓄小组中,我的建房存款或还款与在我们的村子或我们地区建更多的房子息息相关。我愿意承担此意向书陈述的一切责任,并在本储蓄小组全体组员面前签字为证。

栗寨 10 户家庭储蓄建房模式与计划

第一,储蓄小组存款到足够建一户家庭房屋的金额(几个月时间:2002 年 12 月 20 日收第一批建房存款,2003 年 1 月 24 日前全部收完)

第二,用 10 户家庭的存款来建第 1 户家庭的首期房屋(2003 年 2 月 10 日开始)

　　第三,同时 H 机构配给 1∶2 金额的资金建第 2 和第 3 户家庭的首期房屋(2003 年 2 月 10 日)

　　第四,储蓄小组继续存款到足够再建第 4 户家庭的房屋(2003 年 8—9 月)

　　第五,用 10 户家庭的存款建第 4 户家庭的房屋(2003 年 9 月)

　　第六,同时 H 机构配给 1∶2 金额的资金建第 5 和第 6 户家庭的房屋(2003 年 9 月)

　　第七,储蓄小组继续存款到足够建第 7 户家庭的房屋(2004 年 8—9 月份)

　　第八,同时 H 机构配给 1∶3 金额的资金建第 8、第 9 和第 10 户家庭的房屋(2004 年 9 月)

　　第九,储蓄小组继续存款,每年还清一户家庭的建房借款(按还款合同)

　　第十,至 2011 年还清所有 H 机构的借款(共计 7 年时间)

　　"储蓄建房意向书"详细约定了建房户在享有建房权利时必须履行的诸多义务,"10 户家庭储蓄建房模式与计划"则对建房户存款与还款计划进行了详细的时间安排。可以看出,H 机构对于建房实施过程的规划十分具体,细致入微,环环相扣,整个运作体系异常复杂,且专业性极强,这构成了 H 机构在栗寨建房的"原初理想"。不过,"规划"需要在实践中检验效果,H 机构的原初规划在栗寨的实践场域中遭遇到了诸多现实而尴尬的困境。

(二) H 机构"危房改造计划"的现实遭遇

　　依照 H 机构的原初规划,栗寨第一批共 3 户村民的建房工程于 2003 年顺利开工建设。机构工作员与储蓄小组成员共同讨论确定了房屋结构、建房预算、材料购买和施工安排等事宜。小组其他成员在建房时都投工投劳,包括建房活动中的必要劳动、搬运建房材料、照看工地等非技术性层面。H 机构还为村民提供了相关的技术指导、财务培训以及建房用的小工具,同时还为栗寨建房提供了相应的志愿者资源。参与栗寨义务建房的志愿者来自海内外,主要由学生和企业员工组成,有些还是 H 机构的直接捐赠者。志愿者自己支付差旅费用,在 H 机构工作员的组织下自愿到栗寨参与建房义务劳动,一定程度上节省了建房支出,同时也起到了带动村民投工投劳、相互支援的积极作用。第一批房屋建好之后,本应该按照相同的规则继续建设第二批共 3 户村民的房屋。不过,一系列的"突发"状况改变了原有的计划。

第一,建房规则和操作程序过于复杂。从上文可以看出,H 机构的储蓄建房过程十分繁琐,为了规范建房程序,一线工作人员人手一份近 2 万字的"项目操作手册"(详见附录三),项目操作手册将建房过程分为四个大的阶段和 23 个分项任务:(1)建立合作关系阶段,包括寻找合适的项目区、建立当地的行动委员会及开展培训等;(2)项目准备阶段,包括宣传发动、建房户报名、实地调查申请户、选户并通知合格建房户、提交项目建议书、组建建房小组并签订内部协议、建房设计和预算、提交建房申请表、培训(财务培训、技术培训、购买材料培训等)等;(3)建房与借款阶段,包括签署建房与贷款合同、小组存款、建房及购买材料、机构放贷、义务劳动、志愿者活动、房屋费用结算、结算应还款总额、房屋竣工与贴牌、下一轮建房、确定还款计划、签订补充合同等;(4)还款跟踪阶段,包括小组定期会、还款活动、建房户非正式信息反馈、执行委员会及乡和村政府的信息反馈会、关注户监控等。以上每个阶段和分项任务都制定了相应的操作细则,共同构成 H 机构建房的"项目框架"。加德纳和刘易斯指出,项目框架是规划过程中排他性的一个表现,是一个组织图表,规划者在图表中详细说明了项目目标和日程安排,它能够清楚地阐明规划内容,但是,只有习惯于一定思维与计划方式的管理者才能够较为容易做出这样的框架,而且做出项目框架需要经过很长时间的培训(加德纳、刘易斯,2008:105)。因此,对于没有机会参与规则制定的地方民众和干预对象而言,这些复杂的操作流程和规范制度显然过于繁琐。

表 6-1　H 机构建房过程的阶段与分项任务

阶　段	总体目标	分目标
第一阶段	建立合作关系阶段	1. 寻找合适的项目区 2. 建立当地的行动委员会,并培训
第二阶段	项目准备阶段	3. 宣传发动 4. 建房户报名 5. 实地调查申请户 6. 选户,通知合格建房户名单 7. 提交项目建议书 8. 组建小组,小组培训,签订小组内部协议 9. 建房设计和预算 10. 提交建房申请表 11. 培训(财务培训、技术培训、购买材料培训等)
第三阶段	建房与借款阶段	12. 签署建房、贷款合同 13. 小组存款 14. 建房及购买材料,放贷,义务劳动,志愿者活动 15. 房屋费用结算,结算应还款总额 16. 房屋竣工、贴牌 17. 下一轮建房 18. 确定还款计划,签补充合同
第四阶段	还款跟踪阶段	19. 小组定期会 20. 还款活动 21. 建房户非正式信息反馈 22. 执行委员会及乡、村政府信息反馈会 23. 关注户监控

(资料来源:根据 H 机构项目操作手册整理绘制)

H 机构工作员陈申直言，"项目操作手册确实太繁琐了，我们经过了专门的业务培训，但建房户都是非常贫困的，一般也没有接受多少教育，有的农户字都不识一个，发给他们的表格和流程图根本看不懂。与他们讨论时，村民也说不出什么实质内容，因为他们根本无法弄明白建房规则的具体程序。所以很多时候他们仅仅是表示同意或者签上自己的名字"。自始至终，"参与式发展"都是 H 机构秉持的核心理念，不过，实际建房过程中，村民的"参与"方式基本只体现在建房的义务劳动过程中，项目资金管理、建房意向书拟定、储蓄建房计划制定等工作都由机构工作人员单独完成。

栗寨村民的普遍感受则是，"建房过程太复杂了，直接被 H 机构搞糊涂了，要求我们做什么就做什么，跟着做就是了，因为问了也白问，根本搞不明白的。"H 机构倡导储蓄建房小组承担一定的管理责任并发挥互助作用，但现实情况是，储蓄小组的负责人也说不清楚储蓄建房的操作细节。张文银是小组推选的出纳，负责管理村民存储的资金，当问及建房资金的管理模式时，他直接拿出了 H 机构制作的各种表格清单，上面签满了村民的名字并按着手印。他表示，这是 H 机构工作员让他这样填的，自己也说不清楚资金运作的细节，房屋建好之后的还款事宜也是机构的工作员负责，他们通常在固定的时间点到村里收取，采取分批还款的方式，每次还款的数额也不一样。

第二，首批新建房屋"不好住"。第一批建房户的房屋设计遵循了 H 机构一贯的设计风格，面积 70 平方米，共分为 4 间，层高2.9 米，红砖水泥墙，平顶设计。设计房屋结构时，H 机构工作员曾与村民和村干部进行过讨论。村民认为，以前住的都是土木结构的房屋，屋顶盖瓦，虽然简陋，但冬暖夏凉，现在新盖的房屋换成红砖水泥墙，以前也没住过，难以提出意见。有些村干部倒是表示了担忧和不同意见，一方面认为 2.9 米的层高过低，另一方面平顶设计可能有利有弊,好处当然是屋顶可以晾晒庄稼谷物,但夏天可能比较闷热,雨季时有渗漏的风险。H 机构的工作员则认为,2.9 米层高主要为了控制建房成本,在村民不能投入更多资金的情况下,只能对房屋层高进行限制。不过,H 机构并未正面回应村干部对于房屋平顶设计的疑虑,只是表示 H 机构之前在世界许多地方都有类似的平顶设计,效果都还不错。于是,H 机构最终还是坚持采取了原初的房屋设计方案,村民和基层干部的"参与讨论"更像是一种"仪式性过程",并未对建房过程的关键环节发挥实质影响。

第一批房屋建好之后,正值盛夏时节,村民明显感觉新房不如以前的老房凉快,房屋通风效果差,异常闷热,加之层高低,住起来非常压抑。更为糟糕的是,屋顶不但没有发挥雨水收集的功能,由于屋顶预制板钢筋过细,承重量不足,导致晾晒苞谷等农作物时屋顶出现裂纹。住进新房的村民的喜悦心情并未持续多长时间,就被各种困扰所苦。第一批建房的村民会时不时地抱怨房屋"难住",认为新房与他们想象的住房条件相差甚远,结构和功能设计不合理,特别与后一批的新建房屋(下文详述)相比,他们觉得自己吃了亏。

第三,储蓄建房模式的周期漫长。按照 H 机构制定的"10 户家庭储蓄建房模式与计划",储蓄小组于 2002 年 12 月开始存款,存款到足够建一户家庭房屋的金额,同时 H 机构配给一定的资金建第 2 户和第 3 户家庭的房屋,这 3 户家庭组成第一批建房户,于 2003 年 2 月开建;此后储蓄小组继续存款到足够建第 4 户家庭的房屋,同时 H 机构配给一定的资金建第 5 户和第 6 户家庭的房屋,这 3 户家庭组成第二批建房户,计划于 2003 年 9 月开建;期间,储蓄小组继续存款到足够建第 7 户家庭的房屋,同时 H 机构配给一定的资金建第 8 户、第 9 户和第 10 户家庭的房屋,这 4 户家庭组成第三批建房户,预计 2004 年 9 月开建。从第一批建房户开始存款算起,到储蓄小组所有 10 户家庭建好房屋,大约需要 2 年时间。事实上,房屋新建过程中受各种现实条件的制约,实际周期可能更长。所有房屋建好后,储蓄小组还要继续存款,以便每年能够向 H 机构还清一户家庭的建房借款,还款会一直持续到 2011 年,共计 7 年时间。

以上只是 H 机构初步预计的建房和还款周期,由于实际操作过程中部分村民不能按时存款,以及储蓄小组负责人(组长 1 人、秘书 1 人、出纳 1 人)不能正常履行职责,加之第一批房屋质量并不被村民认可,导致第二批建房户迟迟不能开建。为此,H 机构工作员多次到栗寨进行项目协调,并更换了小组负责人,但效果并不理想。村民明显不如存款建第一批房屋时积极,本来预计 2003 年 9 月动工的第二批房屋建设直到 2004 年 2 月尚处于停滞状态。这使第二批建房户意见颇大,他们认为自己为第一批建房户投入了资金和人力,轮到自己建房时却得不到支持,原本想早点住上新房,没想到其他村民失去了参与积极性,这令他们大为失望。唐镇和田村的许多基层干部也对 H 机构的储蓄建房计划提出批评意见,认为这种模式效率不高,质量也不理想,不符合老百姓尽快改善住房条件的愿望。

2004 年 1 月,随着当地政府"茅草房改造工程"的启动,栗寨的储蓄建房进程出现了重大转折。地方政府依托"茅草房改造工程",正式介入栗寨的建房计划,由此前储蓄建房模式的"局外人"转变为"局内人",发展场域里的行动主体关系也由"H 机构与村民"的二元关系转变为"地方政府—H 机构—村民"的三方互动关系。

(三) 基层政府的行动策略:行政吸纳

2004 年 1 月,唐镇启动"茅草房改造工程"扶贫项目,并成立了"消除茅草房工作领导小组",由镇党委副书记江单良担任组长,扶贫办、财政所等负责人为成员。"茅草房改造工程"主要帮助长期居住在茅草房、危房且无自建能力的贫困户兴建或改造房屋。唐镇是北县的重点扶贫镇,房屋急需改造的贫困户非常多,"茅草房改造工程"资金十分有限。根据工程规划,政府补助参与改造工程建房的农户每户5 000元,按照当时的成本核算,5 000元资金只能勉强新建一套简易的住房,即使这样,整个工程资金也仅能满足几十户贫困户的建房需求。为此,唐镇政府首要考虑的问题是"整村改造"还是"分散改造"。"分散改造"的优点是能够瞄准众多贫困户中最为贫困、最急需房屋改造的农户,而对政府的规划而言,其缺陷也非常明显,即难以体现整体性的外观效果;"整村推进"的优势在于能集中性地解决某个贫困村所有农户的住房问题,外观效果比较直观。相对而言,"整村改造"更加符合唐镇政府的实践逻辑。

在"整村改造"思路的指导下,栗寨很快进入"消除茅草房工作领导小组"的视野。首先,栗寨仅10余户村民,即使全部房屋拆除新建,资金的需求也不是很大,完全符合唐镇政府对于"资金统筹安排"的要求;其次,H机构此时已经在栗寨运用"储蓄建房模式"新建了3户房屋,这无疑进一步减少了房屋改造的资金需求;第三,也是唐镇政府最为关键的考虑,即试图将H机构的建房计划纳入到政府的整体规划之中,简单地讲,就是将H机构的建房资金吸纳进"茅草房改造工程",归政府统一调配和使用,这样增加了工程的资金总量,能够建造更加"理想"的房屋,从而在上级政府的验收中获得更好的考核绩效。于是,唐镇政府主动找到H机构的负责人,希望双方在栗寨建房项目上进行"合作"。

(四) 社会组织的行动策略:被动适应

对于H机构而言,唐镇政府的主动"邀请"显然令其处境非常尴尬。一方面,H机构的储蓄建房模式已经形成了一整套完善的干预理念和操作程序,强调自下而上的参与过程,注重建房户义务劳动、邻里之间相互帮助和志愿者主动协助相结合的建房理念,建房不仅是一项技术性工程,更是对参与者思想观念的重塑,如果项目被唐镇政府"收编",意味着H机构将失去建房的主动权,被地方政府自上而下的行政主导模式所控制,这是H机构最不愿看到的结果。另一方面,H机构在栗寨建造的第一批3户房屋遭遇到了来自村民和基层干部的诸多质疑,建房规则过于复杂、房屋"不好住"以及储蓄建房模式的周期过长等问题降低了村民继续参与储蓄建房计划的积极性,使得第二批建房工程迟迟不能顺利进行,此时唐镇政府的"合作"要求无疑使H机构骑虎难下。工作员陈申回忆:

> 当时H机构项目办内部进行了激烈的争论,最初大部分人都不赞同与当地政府"合作"建房,因为那完全不符合机构的发展理念,建房其实只是H机构扶贫工作的一种手段或者说工具,我们更希望培育贫困户的拥有感和自信心。如果被政府控制,我们就成了仅提供资金的捐赠者,变成了建房过程的旁观者,这是我们不愿意看到的结果。不过话又说回来,其实在第一批房屋建好后,项目也遇到了不小的麻烦,村民似乎不太满意房屋的设计,后续工作一时也难以展开。最后,我们不得不向当地政府妥协,接受了他们的提议,这也是没有办法的办法啊!

经过多次前期沟通,唐镇政府和H机构双方决定于2004年2月2日举行正式会谈,商讨具体的"合作"事宜。唐镇党委副书记江单良及镇相关部门负责人、田村村两委出席了会议,H机构则派出了云南项目办负责人刘明亚等 3 人组成的"谈判小组"。由于当时 Y 大学在栗寨的"社区能力建设"项目已经展开,与双方的关系都比较密切,"社区能力建设"项目组也被邀请参加此次会议。会议过程中,H 机构云南项目办的负责人刘明亚试图挽回"不利局面":第一,强调资金的有偿使用,资金不是捐赠给贫困户,要求在一定期限之内偿还;第二,强调志愿者参与、贫困户义务劳动、储蓄小组成员相互协助的建房模式;第三,强调对当地资源的开发和有效利用,培养贫困户的自我发展能力。总之,刘明亚希望双方的"合作"尽可能考虑到 H 机构对于"发展"的理解,并维持"储蓄建房"的项目运作模式。

唐镇副书记江单良对刘明亚的诉求不以为然,他认为 H 机构的建房模式并不适合栗寨,这从前期的建房过程可以反映出来,政府希望能够尽快帮助贫困户住上新房,这才符合村民的现实意愿。随后,江单良对双方"合作"的建房计划进行了"安排"和"布置":第一,双方整合的资金要纳入政府的统一管理;第二,不拆旧房,重新选址新建,房屋盖成街道式,这样美观大方;第三,建房工程由政府安排统一承包,而不是由各户村民雇用技术工人的单干模式;第四,可以考虑志愿者参与建房的土建工作,不过主要的工作应由承包方完成,这样可以保证房屋质量和工程进度。

此次唐镇政府和 H 机构围绕栗寨建房的博弈,最终胜出的显然是唐镇政府。会谈的结果是,H 机构基本放弃了原初的规划理想和机构理念,同意与唐镇政府展开合作,很明显,这种"合作"是被动而无奈的选择。唐镇政府强行将 H 机构的项目资金纳入到"茅草房改造工程"之中,实现了自我利益的最大化。不过,这次会议栗寨村民是"缺席"的,为了挽回"败局",刘明亚坚持认为应该到栗寨听取村民的看法,再确定最终的合作方案,江单良表示了赞同。

（五）干预对象的行动策略：随机应变

"谈判"会议之后，与会各方随即转场到栗寨，听取村民的意见。其实，栗寨现场讨论的焦点仅仅集中在房屋样式的考量和建房地点的选择两方面，建房模式、合作方式等更为核心的方面已经被唐镇政府"统一规划"，此时 H 机构实际上已经失去了对建房过程的操控权，完全沦为了建房资金的提供方。政府工作员拿出早已准备好的邻镇"移民房"的照片供村民参考，极力向村民说明移民房的优点。移民房的结构同此前栗寨第一批储蓄建房的结构差异非常明显，砖木结构，木梁吊顶，梁上盖瓦，层间距离大，并且用木板隔出一层，形成内部的两层结构，木板上层既可以放置谷物，也可以睡觉休息。相较而言，H 机构设计的房屋为混砖结构，平坦屋顶，层间距离更小。当然，移民房的造价更高，预算近 11 000 元，高出 H 机构储蓄建房模式的预算近 1 倍。

其实对于村民而言，也没有更多选择，除了对建房地点提出建议之外，他们更多地是在迎合政府。最终，村民完全抛弃了 H 机构的房屋设计方案，转而同意唐镇政府的移民房设计方案。可以认为，村民呈现出一种"随机应变"的行动策略。一方面，唐镇政府可以为每个建房户提供 5 000 元的"茅草房改造工程"项目的资金补助，而这 5 000 元无偿使用不用偿还，相较于 H 机构资金的有偿使用来说，无疑更为"实惠"；另一方面，唐镇政府借鉴邻镇移民房的结构设计，更符合村民对新房的心理预期，通风效果优良，防渗漏效果更好。当然，这一切都是建立在唐镇政府将 H 机构的项目资金整合进"茅草房改造工程"的基础上才最终实现的。这次"谈判"之后不久，唐镇与 H 机构签署了"合作"协议，栗寨"茅草房改造工程"迅速启动，工程进行了统一承包，两个月之后，栗寨村民便住进了新房。

（六）国家"吸纳"社会的发展干预

康晓光等学者提出了"行政吸纳社会"这一理解当前中国大陆国家与社会关系的解释框架，认为"行政吸纳社会"是区别于"公民社会"模式和"合作主义"模式或曰"法团主义"模式的一种新型的国家与社会关系模式。在这种解释框架中，"行政"既指涉"政府"或"国家"，也指涉"政府"的行为或"国家"的行为；"社会"不是一般抽象意义上的"社会"，而是与"市民社会"和"合作主义"所指涉一致的那种"社会"；"吸纳"则意味着政府通过自身一系列的措施使得市民社会、合作主义以及市民社会反抗国家之类的社会结构和行动无法获得呈现（康晓光、卢宪英、韩恒，2008：332）。改革的初始阶段，政府处于国家与社会权力分配格局的绝对主导地位，行政力量异常强大，依然处于总体性社会的状态，随着改革进程的不断深入，权力分配格局和权力运作方式虽然发生了局部转变，但并未出现根本性变化，"强国家—弱社会"的治理格局依然稳固。虽然当前"非政府模式"已经成为国家治理的大趋势，但政府仍然具备根据自身意愿和方式推动改革的能力和机制，"行政吸纳社会"就是其中重要的体制特征。

康晓光等学者的研究进一步指出，"行政吸纳社会"的核心机制包括三个方面：第一是"限制"，即统治者试图限制被统治者采取"非政府的方式"挑战政府的权威，是统治者为了继续拥有垄断政治权力的表现；第二是"功能替代"，即统治者通过拓展行政机制满足被统治者的相关利益诉求，具体而言是指通过采取"延续"、"发展"、"收编"、"放任"等操作策略，培育出"可控性"更强的社会组织系统，从功能上替代"自治性"和"独立性"较强的社会组织，从而控制社会领域发育出独立于政府的社会组织，最终实现消除挑战力量和满足社会需求的双重目的；第三是"优先满足强者利益"，这是一种试图巩固统治联盟的方式,也是一种高效率的限制方式,通过最小化程度的让步和妥协最大程度地消解发端于政府之外的挑战力量。一般而言,政府往往会同时运用以上三种策略,其现实结果是不但实现了权威政体的进一步稳固,也实现了经济社会的向前发展。"行政吸纳社会"体制中,国家与社会不是分离的格局,更不是对立的形态,而是处于相互融合的状态(Kang Xiaoguang and Han Heng,2007)。在康晓光等学者的"行政吸纳社会"模式下,"支持"明显是让位于"限制"与"控制"的,"支持"的目标是为了"限制",进而更好地"控制",即便双方是以"合作"的方式提供公共服务,实质上只不过是"限制"与"控制"的副产品。基于这种考量,可将康晓光等学者提出的"行政吸纳社会"模式进一步理解为"控制式吸纳"。

理解中国的国家与社会关系,"行政主导"或"政府主导"是一个基本前提和宏大背景。当然,改革之后的"行政主导"明显不同于改革之前,总体性社会的治理格局正在发生转变。当社会场域中的"非政府模式"或"社会组织模式"成为一种必然趋势之后,政府也会意识到"简单压制"的处理方式已经难以奏效,就需要摸索出一种能使"非政府模式"在"行政主导"的前提之下运作的实践方式。这时,康晓光等学者提出的"行政吸纳社会"模式依然具有较强的解释力。不过,仔细分析康晓光等学者对"行政吸纳社会"概念的阐述之后发现,其"行政"、"政府"、"政府行为"是在一般意义层面的抽象论述,即并未对政府进行中央政府、地方政府(省、市)、基层政府(县、区、乡镇、街道)及其延伸机构(居委会和村委会)等不同层级的划分,这样容易造成一种印象:即所有层级的政府在"行政吸纳社会"模式下都会采取对社会组织的"限制"与"控制"策略,目的是消解和去除政府之外的挑战力量。

在乡村发展干预的实践场域中,包含着不同层级政府的"身影",不过中央政府和省市级地方政府主要是作为规划制定者和考核执行者的身份发挥作用,县、乡等基层政府及其延伸机构才是规划实施的具体操作者。这意味着,如果社会力量介入乡村发展干预,与其直接打交道的往往只是基层政府(县、乡镇)及其延伸机构(村委会)。实践表明,基层政府很多时候其实不会考虑是否要"限制"或"控制"社会力量的发育与成长,这可能更多是中央政府或更高层级地方政府的行动策略,高层级政府需要从整体上和宏观上考虑政府与社会力量的关系结构,更好维护自身的统治权威。一般情况下,基层政府首要考虑的是如何使自身作为官僚体制末梢位置的利益最大化,以迎合上级政府的目标责任考核和行政监督。此时,基层政府采取的方式可能是吸纳社会力量在"服务功能"上的优势为己所用,增强自身推进行政管理和公共服务的能力。如果认为康晓光等学者的"行政吸纳社会"框架更加强调"控制性吸纳"这一特征,那么基层政府结合自身的利益需求对社会力量"服务功能"的吸纳可称为"功能性吸纳"。

H 机构危房改造的故事无疑是基层政府运用"功能性吸纳"的具体展现。在唐镇政府、H 机构以及栗寨村民的三方博弈过程中,唐镇政府最终将 H 机构的储蓄建房模式成功"转型",纳入到符合自身利益的"茅草房改造工程"之中。H 机构作为一个国际性的非政府组织,其功能主要在于为贫困者提供解决住房问题的机会,这种服务功能与唐镇政府开展的"茅草房改造工程"的目标具有一致性。换言之,H 机构在栗寨的建房行为高度符合唐镇政府的利益需求,如果将 H 机构的服务功能纳入到政府的发展规划之中,必然使"茅草房改造工程"的"效果"更好,从而在工程结束之后的上级政府考核中获得更多肯定。可见,唐镇政府"吸纳"H 机构的目的并不是如康晓光等学者所强调的"限制"与"控制",不是为了化解政府之外力量的挑战,从而巩固政府的权威,而是呈现出显著的现实性和功利性目标,是为了实现作为官僚体系末端位置的利益最大化,二者的原初出发点和立足点并不一致。

二、"能力建设":社会主体的自主参与型减贫实践

(一) Y大学"能力建设项目"的实践缘起

Y大学"乡村社区能力建设"项目组以社会主体的角色进入到田村(重点是田村的峰寨、栗寨和石寨三个苗族自然村落),开展了长时期的社区能力建设实践。在田村的发展干预实践中,虽然 Y 大学项目组不属于学术界严格界定范畴上的社会组织,但项目组所秉持的助人的价值理念和追求社会公平正义的服务目标与宗旨,及其实践过程中的非营利属性,使其具备了第三部门或曰社会主体所必需的核心特征。正如戴维·刘易斯所言,"第三部门"这一概念在学术界、实践者以及决策者中间广泛运用,它是对一些机构或组织的较为松散的划分与归类,这些机构或组织在不同的社会文化情境之下,通常都会被加上自愿性的、非营利性的或非政府性的等不同的限制性定语(刘易斯,2000:384)。事实上,要给"第三部门"下一个确切的定义十分困难,在不同的社会文化背景下,"第三部门"的内涵和外延均有所不同。不过从第三部门的社会作用来理解,在中国社会的特定语境下,凡是以非营利和自愿的形式提供社会服务和公共服务的民间组织和社会团体都属于第三部门组织的范畴。高校作为学术和研究机构,其专业人员以行动者和研究者的身份介入乡村发展,提供具有专业研究特色的服务,所扮演的正是第三部门和社会主体的角色。

Y大学"乡村社区能力建设"项目组在田村三个苗寨开展的是以社区发展基金(community development fund)为主体的综合性发展干预项目。社区发展基金是一种不同于正规金融(如农村信

用社小额信用贷款)的非市场化贷款机制。社区发展基金以解决农民生计问题为出发点,以培育社区自组织能力为根本宗旨,是一种以社区组织为载体,通过小额贷款活动及其产生的积累,将社区减贫扶弱、农业科技推广、社区公共产品供给等方面有机结合起来共同促进地方社会朝向可持续道路发展的模式与机制(滕昊、何广文,2009)。社区发展基金是对传统小额信贷模式的创新和发展,具有小额信贷和正规金融所不具备的运作成本低、操作方便灵活、还款率高等优点,基金归村民集体所有,实行村民自我决策和自我管理制度。

社区发展基金在我国的发展历史可追溯至上世纪九十年代中期,1994 年贵州草海自然保护区为解决环境与发展问题发起成立了"村寨发展基金",此后类似的乡村发展模式获得推广。1998 年中荷霍山项目受国内小额信贷扶贫和草海"村寨发展基金"项目的启发设计实施了"社区基金"。1999 年,香港乐施会在西南、西北农村贫困地区开展社区综合发展项目时,在传统扶贫小额信贷基础上创造性地推行了社区发展基金小额贷款模式。不过,这些社区发展基金项目基本以满足社区居民的融资需求为主要目标,是为了解决中国农村经济发展中正规金融市场失灵和政府失灵双重限制的金融创新,本质上还是属于农村小微金融的范畴。尽管当时一些项目在原初设计时考虑和确定了许多非金融性目标,但在实际运行过程中,往往只剩下金融性质的内容,其他非金融性质的追求一般难以获得真正发展。对于如何以社区发展基金为载体实现乡村社区能力建设进而达到乡村全面发展,尚缺乏系统的实践行动与理论提炼。本研究认为,社区发展基金不仅是一种单纯缓解贫困农村金融需求困境的有效手段,通过一定的理论和实践创新,也可能成为贫困农村脱贫发展的重要载体。

(二) Y 大学"能力建设项目"的曲折历程

1. 前期培育

2004 年 1 月 17 日,"乡村社区能力建设"项目组一行四人正式进驻田村实施项目。项目组在前期社区调查的基础上又进行了为期两个月的入户调查走访,主要目的为:其一,厘清社区环境、亲属关系、人口结构、经济状况、基础设施、资源条件等社区状况;其二,深入社区,广泛接触地方民众和基层干部,与苗族村民建立初步信任关系,与当地政府建立合作伙伴关系;其三,进行基层动员,争取最广大的村民和地方精英参与到项目中,发掘社区积极分子,为项目实施奠定群众基础;第四,在深入走访调查的基础上,评估社区和村民的现实需求,制定和调整项目计划。

刚进驻田村时,许多村民将项目工作员视为上级政府派来帮助他们的政府官员,表示非常愿意配合工作,他们最常说的一句话是"我们苗族落后,太穷了,你们来帮助我们就好了,我们就靠你们了!"这无疑体现出村民对于政府和外界的依赖心理,不得不承认,依赖心理的形成与田村长期作为扶贫工作重点村关系密切,久扶不脱贫的意外后果一定程度上导致了当前村民的依赖发展观和社会心理。同时令项目组感到有些惊讶的是,也有一些村民对项目组在村里开展工作十分排斥。原来,如前文所述,2003 年 H 机构曾在田村峰寨开展过一段时间的建房项目,进行了社区调查与评估,不过最终还是将项目实施村落转移到了栗寨。

这次事件对峰寨苗族村民的打击很大,此后他们对类似外来机构或人员变得更加敏感,认为他们不是真正愿意提供帮助,不可信任。这无疑增加了"社区能力建设"项目组开展工作的难度,不过也正好可以借此澄清项目组的身份和工作内容。项目组真诚地同每一位村民交流,村民也逐渐接纳了项目组,尝试着同项目组一起考虑他们面临的发展问题。同时,一些社区积极分子也被发掘出来,同项目组一起开展工作,在此基础上成立了村民议事会,讨论社区公共事务,为此后社区发展基金的启动奠定了良好的组织基础。不过,H机构在峰寨的"选址事件"也值得反思,发展干预项目如果处理不妥,不仅不能产生积极效果,反而可能给当地民众带来意想不到的负面效应。

入户调查过程中,三个苗族自然村的村民普遍反映希望村里有一个公共活动的场所。从社区能力建设的角度考虑,项目实施也需要一个组织村民的场地。项目组与村民充分讨论酝酿,提出了两个备选方案:一是组织村民翻修峰寨原有的废弃小学校舍,项目组提供建材资金;二是由项目组提供资金,村民投工投劳新建一所村落活动室。考虑到三个苗族自然村居住分散,为了便于村民活动和项目的组织,两个方案都予以采纳,即峰寨废弃小学校舍进行翻修,栗寨新建一所村落活动室。2004年3月,废弃小学翻修和活动室新建工作同时启动。

在栗寨活动室新建过程中,村民参与的观念与态度经历了不小的转变。起初,村民认为新建活动室是项目组的事情,参与的积极性并不高,许多村民持观望态度。借此机会,项目组与村民进一步讨论项目组和他们彼此之间的角色差异及其在村庄发展中的不同作用,分析新建活动室对于他们自身以及社区发展的意义。村民逐渐体会到新建活动室"应该是我们自己的事情",每家都积极投工投劳,大人小孩齐上阵,从地基挖掘、主体建筑建设到活动室装修,村民参与到整个建设过程之中。正是依靠村民积极的参与,活动室竣工时间提前,避开了农忙时节。通过社区参与,村民的自我组织能力增强,同时也建立起对村落活动室建设等公共事务的认同感和责任感。工程竣工后,村民通过民主选举的方式推选了一位富有责任心的村民作为村落活动室的义务管理人员。

　　2004 年 5 月,活动室建设工程刚结束,项目组便组织村民聚在一起讨论活动室的利用问题,举办基础文化知识学习的夜校、建立村落图书阅览资料室以及进行农业实用技能培训成为了大多数村民的首要考虑。在项目组的协助下,这些项目此后都顺利实施。文化夜校最初由村里的小学教师和项目组工作员共同授课,讲授最基本的识字和计算。文化夜校不同于一般的学校教育,注重上课形式和内容的生活化,选用合适的乡土教材,让村民学到平时生活和生产中随时可以利用的知识。几个月之后,一些受过初等教育的村民骨干经过夜校的训练逐渐成长起来,由项目工作员协助他们为村民授课。村民普遍反映"村民自主授课"的形式更易理解,更贴近他们的日常生活,效果更好。

　　根据项目组与村民共同讨论的活动室规划,峰寨翻新的校舍和栗寨新建的活动室分别留出一间作为村落图书室,供村民日常阅读和学习。项目组动员 Y 大学社会工作系学生在校园和拓东市新知图书城开展捐书倡议活动,为村落图书室募集了包括识字算术、种植养殖、儿童读物以及妇幼卫生保健等不同类型的书籍近500 册。在项目工作员和志愿者的协助下,村民将图书分类整理,登记在册,并推选出社区积极分子担任图书室管理员,负责图书借阅及日常管理工作。在文化夜校和此后农业技术培训的直接推动下,平时连识字都十分困难的村民有了一定的阅读需求,村里的孩子放学后也时常到图书室借阅和阅读。

　　项目组结合田村的地方实际和村民的自身能力适时开展农业技术培训。事实上,农业技术培训的开展并不是一帆风顺,其间走过不少弯路。最初项目组聘请了某农业大学教授进村授课,尽管授课前进行了大量需求调研,但很快发现讲授的内容与村民的实际需求依然难以完全契合,村民很难在实际生产过程中加以运用,培训效果并不理想。项目组意识到培训思路可能出现了偏差,于是决定调整培训策略和方向。经过重新调研,项目组转而聘请当地县乡农业部门的技术人员授课,授课方式也从原先的"教室模式"变成了"田间模式"。农技员直接扛着农具到田间地头进行现场示范教学,村民在这种"手把手"互动的过程之中掌握农业种植和畜禽养殖技术。与此同时,项目组定期或不定期组织村民到邻近的种植和养殖大户实地参观交流。一段时间的培训后,许多村民行动起来,结合自身实际对种植和养殖品种进行"改良",对传统的耕种方式和养殖模式进行"更新"。更为可喜的是,在参与农业技术培训的过程中,每个寨子都有数十位村民经常聚在一起交流生产经验与学习心得,讨论自身的发展问题,逐渐形成了"农业技术互助小组",而这也成为此后社区发展基金项目重要的组织基础。

另一个有意义的变化发生在妇女中。以往田村苗族妇女主要以娱乐的方式组织起来,节日或喜庆活动时在一起跳舞唱歌,很少参与社区公共事务的讨论。村落活动室建成后,妇女们组成了妇女小组,聚在一起进行文化知识的学习和家庭事务的讨论,她们逐渐建立起一些自信心,也敢于参与到社区的公共事务之中。田村妇女小组组建的初始阶段,小组成员除一人之外,其他妇女基本上都不识字,不懂计算,多名妇女甚至连自己的姓名都写不出来,她们最渴望的是学会一些常见的汉字和简单的计算。因而,她们和男人们同时参加了文化夜校。一段时间之后,由于生产劳动的辛苦,家务的繁重,以及学习上的困难,一部分人退出了,原来热闹的活动室逐渐沉寂下来。不过,仍然有几位妇女积极分子利用晚饭后的一段时间坚持每周在活动室集体学习两次到三次。在项目组的协助下,妇女小组聘请村里上过初中的村民担任老师,教识字和算术;小组坚持定期开展交流互动活动,主要讨论妇女自身遇到的困难和社区遭遇的问题。几个月后,有些妇女能认识几百个常用汉字,掌握了较为复杂的计算知识,可以通顺朗读乡土课本里的文字。有些妇女已经会主动要求参加项目组组织的农业技术培训,对社区公共事务提出她们的看法和设想。这同她们过去不愿意参加公共活动,不敢在公开场合说话,总是躲在角落里的情景相比,对比之鲜明令人赞叹。最有意义的是她们的"知识"不是外来教师"教"出来的,而是靠社区自己的力量,靠她们的自学而达到的。妇女成了社区能力建设的重要力量,也成为之后社区发展基金项目的积极参与者。

文化夜校、图书室管理与借阅、农业技术培训、妇女小组等项目的开展基本都由村民自我组织完成,这样的方法使他们获得了更多锻炼自己的机会,并且引起了社区和村民许多方面的改变。一方面,村民的行动能力有了相应提高,在参与活动的过程中,一些基本的技能得以掌握,也提升了组织性和合作能力,他们开始学会用集体议事的方式讨论社区事务,敢在公共场合发表自己的意见;另一方面,村民改变了以往凡事都依赖政府或外界援助的态度,开始自主思考自身发展方面的问题。当社区遇到困境或问题时,村民们不再说"我们不行,要靠你们","你们要我们做什么,我就做什么",而是会说"这是我们自己的事,我们来做"。这种从"要我做"到"我要做"的转变,体现的是村民思想观念的改变,更反映出自主行动能力的增长。于是,当项目组尝试着提出将提供一笔经费作为村里的"发展基金"时,村民们的做法令我们感到惊喜,他们聚在一起讨论这笔钱应该如何利用。许多村民都回忆说,以前村里曾经售出过一个山砂场,获得了一笔不小的村集体资金,那时大家由于担心集体的钱被某些人私吞,都一致同意将这笔钱分掉,但钱分到个人手里之后很快就花完了,没起到任何成效。村民们认为,这次项目组提供的资金不能再拿来"瓜分打水漂"了,应该好好规划利用,大家倾向于将这笔钱以集体基金的形式好好利用起来。2004年11月,经过项目组的协助,在农业技术互助小组和妇女小组的基础上,田村成立了首批2个"社区发展基金小组",社区发展基金计划正式启动实施。

2. 基金启动

社区发展基金计划是以一定的资金投入协助村民解决生产资金不足的发展干预项目,但其终极目标又不是单纯为发展生产提供资金援助,而是以此为平台,尝试培育村民的互助、协作和组织能力,改变以往那种"独户单干"的个体经济在强大的商业机构和变化莫测的市场力量面前无能为力的脆弱性,以有机团结的力量与之抗衡,培育出村民之间自助与互助的能力。村民参与社区发展基金的日常管理和实施运作,培养他们对自己负责的意识,让他们成为社区发展和能力建设的主体,由他们来完成发展和建设的工作,最终,由他们来实现社区的自主发展并成为这种发展的受益者。

实施社区发展基金项目过程中,项目组秉持以下运作原则:第一,坚信村民和社区具备自主发展的内在能力。他们能够承担起改变自身的现实困境和适应社会变迁的责任,只是可能诸多社会文化因素限制了他们潜能的有效挖掘和发挥。因此,应该尝试给予村民足够的自主性,使其能够拥有在实践行动中发现自己能力的机会,并将它充分展现在发展过程中。第二,实施发展计划的主体不是作为外来力量的项目组,应该是拥有内源性发展潜力的当地居民。项目组介入到乡村发展过程中,不是"主导"或"领导"当地民众脱贫致富,而是充当鼓励者、支持者以及资源链接者的协助角色。与农民共同讨论,由农民自己决定什么应该做、什么不应该做,相比项目组"领导"或"代替"他们去做,更有可能产生相对持久和良好的实践效应。第三,一项可持续的发展干预计划一定是建基于当地民众内心信念的基础之上,而这种精神层面价值观念的建立不可能在短期内实现,需要依靠持续的干预行动予以强化。外来协助者和本地民众的密切互动与长期合作是实现可持续性发展的有效保障,实现这一目标的前提是耐心与尊重,这就意味着项目组必须要"容忍"村民的某些"缺点",要允许他们用某些乡土的"不规范方式"解决问题的做法,允许他们"试错"或"犯错误"。第四,尊重也意味着不去随便改变社区的文化和资源网络。尤其在少数民族社区,不能因为贫穷而否定地方的文化传统,试图靠建立一种"全新文化"来消除外来者或主流社会认为的"贫困"。社区本身的资源链条才是当地民众可能实际掌握和运用的"真实的机会",也是其实际上能够实现的诸种"功能性活动"的前提与基础。发展干预行动应格外警惕"文化识盲"(古学斌、张和清、杨锡聪,2007)现象,"集中注意人们去做他们有理由珍视的事情的可行能力"(阿马蒂亚·森,2002:71),用当地民众自身能够熟练掌握的方式展开行动,鼓励并协助他们运用自身现实拥有的资源链条处理问题,争取补充其所欠缺的发展资源,建构当地民众的社会支持系统,最终促进发展的内源性动力与外源性干预有机结合起来。

按照上述原则,项目组在实施社区发展基金计划时,将项目资金交给村民自主运作,村民自愿组成发展小组,推选村民组成小组管理的核心成员。社区发展基金以小额贷款的形式运作,村民按照自身的生产计划向发展小组提出资金使用申请,发展小组负责资金的审批、发放和回收工作,资金的使用与管理实现了完全自主性。

田村社区发展基金计划筹建初期,项目前期形成的农业技术互助小组转型成为社区发展基金小组(简称"小组")。小组以户为基本单位,每个小组有 10 户左右家庭,首批共建立了 2 个小组。项目组为每个小组提供一笔启动资金。值得一提的是,并非只有男性参加小组,文化夜校和妇女小组中成长起来的妇女积极分子也加入小组中,成为社区发展基金的参与者甚至管理人员。基金管理制度由项目组同所有小组成员共同讨论制定。2005年1月至2月,小组在村活动室先后召开四次讨论会,就社区发展基金的管理与运作制度展开激烈讨论,讨论的主题涉及资金发放形式与程序、资金使用期限、单次使用资金的金额、利息计算与用途、担保制度、资金用途、超期惩罚、小组定期会议制度、基金管理负责人职责等方面,最终形成了《田村社区发展基金管理运作制度细则》。

2005年3月,经过充分酝酿的社区发展基金正式启动,村民积极向小组递交资金使用申请,小组核心成员认真履行管理职责。与此同时,项目组持续不断给予小组各种协助和支持,除了继续开展文化夜校、妇女小组等活动外,还有针对性地解决基金运作过程中暴露出的问题。经过半年运行,在第一批资金基本收回并进行第二批资金发放的情况下,项目组有意识地组织了社区发展基金经验交流会。村民们各抒己见,相互学习,此前利用资金获益较大的村民喜悦之情溢于言表,向大家滔滔不绝地介绍成功经验;而由于各种原因此次没有多少收益的村民也毫无保留地发表"失败"感言,希望大家能从中吸取教训。另外,经过半年尝试,基金管理过程中也暴露出一些问题,村民们对基金管理提出了中肯建议。

3. 遭遇困境

社区发展基金计划运行并非一帆风顺,遭遇到许多意想不到的挫折和困境。既有小组内部的困境,如个别小组成员外出务工退出、不按时还款等,也有外部市场波动对组员种植和养殖事业的沉重打击,如2006年上半年当地生猪价格暴跌导致许多养殖户严重亏损。而贵昆铁路复线工程与昆曲高速公路改扩建工程的施工对社区带来的外部冲击最为严重,社区发展基金运作曾因此一度陷入"瘫痪"状态。

田村紧邻贵昆铁路和昆曲高速公路,俗话说"要致富,先修

路",但这两条路不仅没有加快田村苗族村民脱贫致富的步伐,反
而给他们带来了诸多烦恼。贵昆铁路多年来一直单线运行,速度
和运力难以适应地方经济社会发展需求;昆曲高速公路更是仅有
双向两车道宽度,早已不能满足实际交通运输的需求。于是,两条
线路的改扩建被提上了日程。工程首先涉及土地征用问题,田村
恰好处于两条线路的中间地带,两个工程都需征用田村大量土地。
2004 年 4 月,土地征用完成,村民每亩获得 8 000 元的征地补偿
费,却失去了村里两块最为优质的耕地,剩下的土地多为陡坡山
地,这对于田村本来就非常脆弱的生计条件来说无疑是雪上加霜,
村民的许多发展项目都因土地资源不足或达不到要求而无法开
展。两个工程于 2005 年上半年相继动工,随着工程的进行,许多
制约田村发展的新问题又随之产生。

第一,施工带来的粉尘污染问题。从 2005 年下半年开始,田
村就受到施工产生的大量灰尘的污染。高大的挖掘机、推土机以
及各种工程车辆施工扬起的灰尘遮天蔽日,村庄整天笼罩在灰尘
之中,如果遇到大风天气,能见度更是不足 30 米。灰尘侵袭了田
村的小春①,地里的庄稼完全被灰尘覆盖,受灾面积达 80 余亩,致
使作物严重减产,受害最严重的田地几乎颗粒无收。就连菜地里
种植的蔬菜也不能幸免,村民往常能够自给自足的蔬菜也不得不
到集市上购买。灰尘还影响了村民正常的生活,村里、家里都盖上
了厚厚的灰尘,为了保持卫生整洁,村民每天都要清扫好几次。

第二,灌溉用水和生活用水的水源被切断。田村历来水资源
短缺,生产生活用水极度紧张。几年前,当地政府投入一笔资金帮
助村里修建了一座蓄水池,拉起水管,引后山一处"山泉水"作为村

---

① 当地对农作物分季节种植的称呼。小春指秋冬季播种第二年初夏收获的农作
物。与小春相对应的是大春,大春指春季种植秋季收获的农作物。田村种植的小春
主要包括小麦、豌豆等,大春主要包括烟叶、玉米等。

里的灌溉和人畜饮用水。但是,自贵昆铁路施工以来,铁路隧道从田村后山穿过,阻断了水源,泉水越来越少,已不能满足村里的人畜饮水需求。另外,田村原本有一个小水塘,是村里主要的灌溉水源,该水塘所处的地理位置并不属于工程的征地范围。但是,施工方在没有征得村民同意的情况下,就用废砂石土将水塘填埋,彻底断了村里的灌溉水源。村民不得不绕道几公里到其他水源地人工拉水种植庄稼,费时费力,急剧增加了生产的人工成本。

第三,生产道路被施工方切断。新昆曲高速公路修建之前,田村被老昆曲高速公路一分为二,中间一座石桥相连,平时村民到地里耕作、小孩上学都必须经过此桥。由于高速公路扩建,施工方将桥挖断,很长一段时间没有修建新的道路和桥梁。最让村民担心的是,这里是村里的孩子们每天上学、放学的必经之路,孩子们不得不直接横穿车流量极大的高速公路,危险程度可想而知。村民每天提心吊胆,生怕自家孩子在上学和放学路上"遭遇不测"。2006年3月15日,村里两名小学生上学时,失足从工程挡墙上滑落,当即受伤住院。几天后,另一名小学生在横穿公路时,被一辆迎面驶来的轿车吓昏倒地,好在司机眼疾手快及时刹车,才没酿成悲剧。另一方面,庄稼成熟收割之后,由于没有生产路,根本没有办法运送到家里,农家肥也无法运送到地里,严重影响了村民的生产耕作。

这段时间,社区发展基金项目的小组成员根本无暇顾及基金运转,几乎将所有精力都耗费在与施工方的利益博弈上,项目处于停滞状态。其间,项目组积极与当地政府、施工方协调,并借助拓东市一家主流媒体对事件进行"曝光",同时依靠村民有组织的艰苦"抗争",村民与施工方终于达成了解决协议。生产道路方面,施工方同意在新桥修好之前,每天派人接送学生穿过公路上学和放学,并全额赔偿受伤学生医药费。此外,因拆桥造成村民不能顺利穿过公路运送庄稼和肥料,施工方给予每亩40元补助。粉尘污染方面,对于被灰尘污染的小春庄稼,由施工单位与村小组和村民代表共同丈量受灾面积,并根据损害程度给予相应赔偿,颗粒无收的每亩赔偿400元,有一定收成的按照受损比例给予赔偿。"事件"解决之后,项目组与村民共同讨论此次事件对社区以及发展基金造成的负面影响,大家敞开心扉,总结经验和教训。经过一番努力,社区发展基金终于又正常运转起来。这次事件也使项目组意识到,乡村社区能力建设在遭遇外部环境干扰时尤为脆弱,有时,乡村内部动员和自主努力根本无法抗衡外部冲击。而这就是真实的乡村发展,乡村不是孤立存在的,具体情境下的发展干预行动必须直面诸如此类的现实难题。

4. 项目维持

危机之后的社区发展基金运作逐渐走上正轨,随着外部市场的渐趋稳定以及铁路、公路施工对社区负面影响的逐渐降低,基金运行平稳而有序。小组成员王满诚说,"以前每年捡菌都能有几千元的收入,可就是不知道钱花到哪里了。现在我每次向基金借一笔款,钱不属于我,就要想着花在哪里,想着怎么快地赚到钱"。王满诚利用社区发展基金养猪,第一批贷款买了几头仔猪,按照此前培训的方法自己配饲料喂养,既省钱,效果又好,猪出栏后卖了好价钱。于是,他又扩建猪圈,增加规模,并且饲养一头优质母猪。虽然之后碰到2006年生猪价格下跌,不过他最终有惊无险地挺了过来。如今,王满诚已经成为村民"竞相追赶"的养猪能手,而他也乐意向村民传授养殖发家经验,带动村民共同致富。

由于首批两个小组的发展势头良好,凭借这种合作方式,参与的村民获得了良好经济效益,之前许多尚持怀疑和观望态度的村民也纷纷表示愿意加入项目,有些村民更是主动参加小组的农业技术培训。这种情形正是乡村能力建设计划所期待和乐意看到的,这种参与更加体现出村民的主体性和能动性,他们开始主动思考自身的发展问题。为此,项目组决定调整原有工作方案,进一步扩大基金收益农户。于是,项目组又注入一笔资金,动员村民新成立第二批2个小组。项目组聘请当地农技专家对随后加入的村民进行多次实地培训,同时,第一批小组有经验的村民也主动承担起培训的责任,手把手教授"后来者"基金管理方法、选择发展项目以及对抗市场风险。由于可以模仿和学习现成的经验,第二批小组的村民很快便适应了这种合作管理的发展方式。

随着发展小组不断增多,各小组之间如何联系和协调成了棘手的问题。虽然每个小组都独自运行良好,可出现了各自为政的局面,小组之间时常会因为沟通不畅发生一些误会和矛盾。项目组设想,是否可将四个小组建成一个社区发展基金"共同体",于是,考虑成立"社区发展基金管理委员会"便提上了项目组的工作议程。与此同时,田村村两委也一直支持着项目运行,他们也非常愿意在项目中承担更多责任。在项目组的倡议与协调下,由四个小组各自民主选出两名村民代表,与村委会两位工作人员一起组建基金管委会。管委会成立后,定期召开会议,负责监督各小组基金的运作管理情况,协调小组活动,纠正基金运作过程中的违规行为,同时指导村民发展生产,如联系销售市场、订购优质饲料、引进优良品种、创造实地考察机会等。例如,针对村民普遍反映本地购买的饲料和猪仔品质不高的问题,管委会组织部分村民到邻县的饲料厂、种猪场实地考察,统一采购饲料和猪仔。

2007年底,"乡村社区能力建设"项目在田村发展干预行动的第一阶段告一段落。回顾整个项目实施过程,既有可以推广的经验,也有需要总结的教训。项目实施过程中,项目组只是作为督导者对基金管理制度执行情况进行监督,对资金使用目的加以引导,在管理和使用方法上提供建议,让村民最大限度地实现自主管理。

几年实践过程中,尽管村民对如何利用基金发展自己的生产,如何合理的发挥基金作用以及如何有效管理和运作基金等方面还存在诸多问题需要解决,但是,社区发展基金的基本运作模式已初步形成,村民开始理解社区发展基金计划的意义,绝大部分加入计划的村民都积极参与到基金管理之中,讨论生产计划、对资金使用账目进行监督,形成了主动参与的格局。部分村民也从基金运作中直接受益,有村民仅用半年时间,从养殖中的获利就超过过去全年的总收入。当然,也有部分村民获利较少,个中原因既有个人能力方面的因素,也有认识和态度方面的原因。这需要通过社区发展基金小组进行更多的教育和协助来解决,也需要对小组的组织方法和管理模式方面存在的缺陷加以弥补。当然,更重要的是要反思"项目组"作为外来者的介入是否在把自身的意志和需要强加给村民,而没有与他们的需要、感受和能力相结合。

田村苗寨的社区发展基金项目实践表明,乡村发展干预实践并非呈现出直线式发展的逻辑,而是一个艰苦而长期的过程,效果与可持续性还有待时间的检验。正如范·德赛多普所言,"以项目为形式的发展干预将永远是一个不完美的工具,我们只能尽力地将其做得最好"(引自叶敬忠、那鲲鹏,2008)。从乡村能力建设项目实施的角度看,值得反思和讨论的方面很多,不过,从本研究的主题看,首先有必要从社区发展基金的实践过程对作为外部社会力量的项目组、地方民众以及基层政府的行动策略进行学术反思。

(三) 社会力量的自主型参与

"乡村社区能力建设"项目组在田村的发展干预实践中,强调以农民能力建设为主线,立足于对农民自身问题与优势潜能的综合评估,从个人、群体、社区及其与外部环境的互动关系等多层面综合思考能力建设的行动策略,同时项目组保持相对独立的行动能力和活动空间,相较于 H 机构在危房改造中的被动型参与,Y 大学项目组体现出更多的自主型参与图景。

1. 组织化策略

乡村社区能力建设是一个社区动员与社区组织的过程。农民需要获得支持以发展他们相互联系的能力,从而摆脱内在的薄弱性,增强自主发展的质量,基于此,创建和维持能够代表农民自身的组织形式就顺理成章地成为社区能力建设的核心内容。能力建设理论的先行者与倡导者艾德认为,代表贫困者的组织具有非常重要的实践功能,这些功能包括提供相互支持和团结;增强自尊心和集体主义精神;通过组织行动增加民众反抗不公正的能力;作为一个学习的场所;鼓励讨论和分析共同关心的问题;增强民众对政治过程的参与;就与民众直接相关的利益问题开展游说;同政府和其他官方机构进行接触;同精英团体、官方团体、NGO、资助者进行协商(艾德,1999:128—131)。乡村社区能力建设实践,特别重视协助村民发展社区草根组织,通过组织工作和群体活动,为村民提供学习、参与和行动的机会,建立村民的非正式支持网络,提高村民的自主发展能力。

田村的社区发展基金项目从培育、启动、调整再到成熟的整个过程,是一个社区组织化程度不断深化的过程。项目伊始,在村落活动室的翻修和新建过程中,村民的组织相对松散,尤其缺乏自我组织能力,他们起初不太理解合作的意义,之后才慢慢意识到这样做可能带来的好处。此后的文化夜校、图书室建设、农业技术互助小组、妇女小组则体现出更为明确的社区组织目标,村民们聚在一起交流学习,分析和讨论个人与社区面临的发展议题,提供相互支持。农业技术小组转型成为社区发展基金小组之后,组织化功能体现得更为充分。社区发展基金计划走过的每一步,都离不开村民的共同努力,离不开社区积极分子的管理、协调与运作。社区发展基金管理委员会的成立使原本相对孤立的发展小组进一步增强了同外界沟通和对话的水平,提升了通过组织化的力量同充满不确定性的市场等外部因素进行博弈和抗衡的能力,不再完全依靠个体的"单打独斗",从而有效降低了发展过程中个体的脆弱性和风险。当然,社区草根组织本身也十分脆弱,尤其培育初期需要解决各种"适应症",适时对其提供技术和组织支持、及时纠正与调整不合理的组织策略、协助解决组织运作中的发展难题等就显得格外重要,否则,社区草根组织的培育容易半途而废。

　　2. 非正规教育策略

　　从广泛的意义上讲,教育尤其是非正规教育、公众教育或社会教育,是使边缘人群提高能力,尤其是增强他们的组织能力的重要途径(艾德,1999:94)。现实的发展干预行动中,发展干预机构经常饱受批评,认为他们把发展工作狭隘地看成是教育或培训,排斥了其他方面的需求。当然,识字水平、算术能力与职业技能并不能抵消引起贫困的能力,能力建设不能只是教育和培训,因为识字水平、算术能力与财富之间并没有必然联系,某种程度上社会背景和结构才决定了现实贫困问题的产生。相信教育的力量,不是将贫困地区的发展与社会背景割裂开来,而是考虑在特定的历史时期和地域环境中,一种特定的干预行为是否能够以及如何加强特定人群的特定发展能力。比如,组织化策略所强调的合作和联合,可能由于组织内的成员不具备基本的合作观念以及生产、市场和管理方面的技能而失败。对于少数民族贫困地区而言,民众经历的学校正规教育水平普遍不高,非正规教育成为提升其内源发展能力的重要环节。同时,教育只有作为发展干预整体规划的有机组成部分才能奏效,常常需要与社区动员、社区组织等形式综合使用,参与者在日常生活和生产实践中利用他们所学习和掌握的实用知识,教育的功能才能最大程度地发挥。

　　田村社区能力建设项目广泛运用了非正规教育形式。文化夜校的集体学习、妇女小组的互助学习、实用农业技能的实地培训、妇女卫生保健知识的普及、青少年环保夏令营的开展等,无不蕴含着社区教育的深层意蕴。田村社区教育同学校正规教育的形式存在很大差异,基本上"就地取材",注重发掘地方的人力资本和物力资源,同时紧密结合田村苗族文化传统,注重传统知识与现代技术的有机结合。不过,这种教育过程应该避免"单兵作战",如果不以相应的发展平台作为支撑,将很难具有实际效果与可持续性。社区发展基金计划的实施使社区非正规教育具有了发展空间和利用平台。相较于许多类似的社区发展基金实验过于关注基金本身如何正常运转而言,田村的社区发展基金计划更像是发展过程中的一条"中轴",与非正规教育过程彼此结合、相互促进。以社区发展基金实施为主线,非正规教育的实践效果逐步显现出来,同时,村民在基金运转过程中遭遇的现实困境又需要教育的支持,双方不是简单的决定关系,而是不断调整策略以解决各种现实问题的动态关系。一般认为,非正规教育的可持续性变化通常是缓慢的,在以项目为主要形式的发展干预的有限期限内可能并不能看到明显的效果,不过,从田村的发展干预实践来看,教育的效果在社区发展基金运行过程中得到一定程度的展现,村民在自主意识、合作意识、组织能力与实用技能等方面都产生了积极变化。

　　3. 政策行动策略

　　以社区为基础的乡村社区能力建设,并不意味着将社区看成绝对封闭的系统,社区发展必定受到外部环境的深刻影响。发展干预行动不仅不能忽视这些因素,还要思考如何处理同这些因素的互动关系。尤其,在社会力量作为外部主体介入乡村发展时,基层政权的地位和作用不可忽略。一方面,基层政权掌握和控制着农村社会发展所需的大量物质资源,并同时具备动员这些资源的基础能力;另一方面,"中国国家—社会关系是建立在国家权力对民众生活的渗透这一前提之下,基层的民众参与必须通过政府权力机构组织才能完成"(熊跃根,2001)。从现实层面看,社会力量的发展干预行动要依靠政府的政策、物质、技术等方面的支持,同时政府的权力也一定会渗透到发展干预的过程之中,因此,社会力量的发展干预行动必定会"既主动又被动"地与政府权力发生联系。在少数民族贫困农村的现实处境中,政府在扶贫开发过程中的产业结构调整等政策更是深刻影响着地方的经济社会发展。但是,政府许多政策的出台往往偏离了农民自身的实际需求,"一刀切"的决策模式较为普遍,政策的制定与执行容易产生诸多偏差,从而导致农民利益受损,干群关系出现紧张,信任与合法性面临危机。在乡村发展干预过程中,社会主体应该尝试进行政策倡导工作,促进政府政策的出台、完善与转变;也可以在政府与农民之间发挥协调作用,促进相互沟通与理解,重建信任关系;甚至可以通过与政府和农民三方建立"伙伴关系",使政府直接参与到发展项目当中。

　　田村的发展干预实践经验表明,政府可以是也应该是乡村社区能力建设的重要力量。北县政协、唐镇政府以及田村村委会同项目组达成合作协议,他们承诺在物资和技术上尽可能提供支持。唐镇农科站、畜牧站、卫生院等部门直接配合项目的实用技能培训、妇女卫生保健知识的普及等工作。项目组从政府那里获得了开展项目的许可,同时利用政府的各种优势资源为村民提供服务,这既符合能力建设的策略,也符合政府改善贫困村庄生活条件的利益诉求。在社区发展基金运作过程中,田村村委会一直发挥着监督和指导作用,村两委成员甚至成为基金管委会的直接参与者,与村民积极分子一道协调"小组"工作、抵抗市场风险。当然,政府参与项目要警惕随时可能出现的权力支配关系问题,国家与社会关系中,国家处于相对优势一方,如何维持一种相对平等的合作伙伴关系,是项目组必须面对的重要课题。不仅如此,在与政府关系的处理中,项目组时常会采取"主动出击"的策略,尤其对于政府出台的不符合农民实际的政策措施,项目组会积极倡导可能的改变。例如,田村社区能力建设项目开展过程中,恰逢北县政府要在田村大面积推广丹参①种植,以前政府也有过类似的"产业实验",但基本都以失败告终,这次村民产生了明显的抵触心理,大部分村民都不愿意再冒技术和市场风险。为此,项目组通过与县乡政府协调,说明村民的顾虑和担忧,也表明项目组的立场,最终政府作出了让步,同意先让愿意试种的村民进行尝试,如果适合本地土壤种植且市场销路良好,再由村民自行选择是否扩大种植规模。事后证明,政府的这次产业调整尝试也是失败的,不仅技术上存在难关,市场也已经被邻县抢先占领,最终的推广政策也不了了之。不过,项目组的倡导还是在某种程度上起到了减少村民损失的现实效果,村民对项目组的信任感进一步增强,也能够更加理性地看待同地方政府和项目组的关系。

(四) 基层政府的合作型参与

北县政协、唐镇政府和作为政府延伸机构的田村村委会全程参与了"乡村社区能力建设项目"。项目最初设计与规划时,项目组就开始了与政府的接触。北县政协的马副主席最初为项目组推荐了项目点田村,使唐镇和田村的基层干部顺利接纳了项目工作员,项目也因此具备了"合法性身份"。之后马副主席虽然没有直接介入项目的具体工作,不过还是对项目进行了多次"场外指导",公开场合里和私下沟通时都表现出对项目的进展情况非常"关

---

① 丹参是一种中草药材,推广丹参种植是当地政府产业结构调整的又一次尝试。

心"，并通过自己的身份为项目的顺利展开提供了诸多行政上的便利。马副主席之所以乐意引荐项目组在田村开展项目，除了同项目组负责人相熟之外，更为重要的原因在于他是代表县里长期"挂靠"田村的干部，为了使自己挂靠的贫困村在脱贫工作中取得好成绩，他具有同项目组展开合作的强烈主观动机。表面上，这种合作形式的产生似乎具有一定的偶然性，其实偶然性中蕴含着现实的必然性。北县作为首批认定的国家级贫困县，除了各级政府的政策倾斜和转移支付所提供的扶贫资源之外，各种社会组织和公益机构早已成为北县减贫实践的生力军。北县政府的官员们已经较为熟悉这些机构的减贫理念和干预模式，即便很多时候彼此的发展理念与运作逻辑不尽相同，也并不影响双方在减贫实践领域的互动甚至形成良好的合作关系。

　　唐镇政府作为乡村发展干预的最末一级政府，受北县政府的直接领导和考核，县政协马副主席挂靠田村后，唐镇在减贫政策上更是会给予田村更为特殊的"照顾"。最初，在马副主席的引荐下，项目组得以顺利进驻田村，在这层关系之下，项目组与唐镇政府官员建立了初步的合作关系。随着项目的展开，项目组不定期同唐镇主管扶贫工作的副书记江单良、镇扶贫办负责人等进行项目事务上的沟通。在江单良的协调下，唐镇农科站、畜牧站、卫生院等部门配合项目组开展了农业实用技能培训、妇女卫生保健知识普及等工作。唐镇政府之所以愿意同项目组建立较为稳固的合作关系，一方面是由于项目开展初期县政协马副主席的引荐，可能出于上级政府的"行政压力"，唐镇官员"被动"地接纳了项目组，但这种接纳如果没有稳固的利益基础，不会持续太长时间；另一方面，随着项目的深入开展，项目组与唐镇政府官员建立了有效的沟通渠道和沟通机制，他们了解和认识了项目规划，同时项目组积极开展项目实施工作，争取获得实际干预效果，项目组也因此得到了唐镇政府官员的进一步认可。

作为政府延伸机构的田村村委会对项目的"直接影响"最大。可以说,项目组主要是在同村干部、村民的三方关系架构中开展工作的。村干部虽然是自上而下行政体制中最为基础的一环,但其本身又未被纳入行政体制当中,不是自上而下的官僚层级的组成部分,而归属于村民自治这种社会性建制。关于村干部的角色和行为,一般的学术研究都将其定位为国家的代理人和村庄的当家人。吴毅对这种观点提出了质疑,指出这种"双重角色"理论只是静态和结构主义的普适性分析,而非过程化的情境性研究,在具体的实践过程中,村干部的角色与行为不仅受到特定村社环境的制约,同时也是作为行为主体的村干部对环境主动适应和理性选择的结果(吴毅,2002)。项目开展初期,由于县政协马副主席和唐镇干部的引荐,田村村干部对项目组表现出相当程度的重视,在项目组还没有落实食宿问题时,村委会主动提供了便利,腾出了村委会两个房间作为项目组成员的临时住所,并让项目组在村委会食堂"搭伙"。当然,村干部的态度也处在动态变化过程中,由于项目比较强调"软性"的能力建设,对村民直接的资金投入相对较少,有些村干部就表现出了"不屑",认为这种方式行不通,不如直接投钱实在,不过随着项目的深入进行,这些持有疑义的村干部对项目理念逐渐产生了新的认识,慢慢开始认可项目的做法。比较典型的例子是,社区发展基金计划运作过程中,村委会一直发挥着监督和指导作用,村干部甚至成为基金管委会的主要成员,与村民一道协调"小组"工作,共同抵抗市场风险。

(五) 干预对象的利益型参与

村民对于项目的参与表现出较强的"利益驱动型"特征。徐勇指出,农民也是会算计的,由于资源和财富有限性,使得农民必须考虑如何使自身的损失最小化或者受益最大化,从而满足自己和家庭正常生活的需要(徐勇,2010)。诺贝尔经济学奖获得者西奥多·舒尔茨亦认为,"农民在他们的经济活动中一般是精明的、讲究实效的和善于盘算的"(舒尔茨,1991:13)。在现代化进程和国家扶贫工程的共同塑造下,田村苗族村民的利益观早已失去了游耕时代的传统性,表现出较强的现实功利性。对于政府制度化扶贫的简单化操作逻辑,村民往往运用"依赖策略"予以应对。Y大学的社区能力建设项目旨在通过与村民一道努力,培育村民的自主发展观念和内生能力,项目能够提供给村民的"短期实惠"相对较少,同时离不开村民的积极参与,几乎所有的项目内容都要依靠村民参与才能完成。尽管项目组使用了参与式农村评估等科学方法评估村民的现实需求,希望由此增强村民的参与性,不过在实际操作过程中,还是遭遇到诸多"参与难题"。

当村民发觉他们的参与没有快速获得想象中的利益时,通常会采取"主动退场"、"不理睬"、"当面质问"等策略回应项目活动,从而造成项目难以正常开展;而当项目给村民带来了实际获益时,他们就会马上转变态度,选择"积极配合"、"主动接近"、"观察学习"等策略回应项目活动。峰寨小组长王满诚前后态度的转变过程就印证了这一点。社区发展基金正式启动之前,许多村民认为项目组最好将钱直接拿给他们,这样更加方便实在,更不需要开会讨论资金的使用规则。为此,王满诚站在村民的立场上,当面质问项目工作员,"相信我们就将钱拿给我们,不相信就算了,不需要讨论这么多"。这种情况的发生显然是项目的理念同村民的利益观产生了冲突。不过,王满诚在之后的社区发展基金项目中获益颇丰,对项目参与的积极性又提高了,"现在我每次向基金借600元,这钱不是属于我的,就要想着花在哪里,想着怎么快地赚到钱"。

王满诚对于项目参与的态度转变实质上反映出"中国特点的

现代化路径所形成的农民快速理性化"议题,农民快速理性化不仅影响了乡村治理的基础,而且改变了传统伦理的基础(贺雪峰,2008)。农民理性化趋势的增强使得之前约束农民个体搭便车行为的传统力量逐渐弱化,促进农民合作之需的传统方式愈发难以发挥功效。尴尬的现实是,在面对市场力量的强烈冲击时,农民个体的"单打独斗"又难以有效应对,因此,农民合作主题又是时代发展之必然。在传统方式式微的情况下,解决农民的合作难题,必然需要借助外部力量和资源。"乡村社区能力建设项目"的实践表明,外部力量介入乡村发展及其农民合作议题,同样需要面对农民理性化趋势的考验,农民行动的逻辑绝对不是外部力量的控制使然,而是呈现出自身的主体性效应,这种效应蕴含着传统性因素与市场化力量双向互动所形成的"过度理性化"特征。

(六)国家"嵌入"社会的发展干预

在 H 机构建房故事的分析中,本研究对国家与社会关系的"行政吸纳社会"框架进行了延伸分析,区分出"控制性吸纳"和"功能性吸纳"两种不同的方式,并指出"控制性吸纳"可能是中央政府和地方政府对于社会组织的"限制"和"控制"策略,具有稳固政府权威的效应;而作为与社会组织直接"打交道"的基层政府,"功能性吸纳"可能是其更愿意采取的方式,为了实现自身利益最大化,基层政府往往会吸纳社会组织的服务功能为其所用,将之整合进现有的行政操作框架中,而为了保留生存机会,此时社会组织通常会选择"被动适应"的策略以维持基本的组织利益,其代价是不得不牺牲对社会价值的追求。

Y 大学社区能力建设项目的实施过程又呈现出另一幅实践图景。Y 大学的发展干预项目并没有被基层政府所吸纳,项目组的"自主型参与"得到的是基层政府"合作型参与"的回应,双方在乡村发展场域展开了一场动态的合作旅程。Y 大学的发展干预项目未被基层政府吸纳的主要原因在于,项目的规划内容与基层政府的中心工作没有必然的"交集",虽然双方都从事发展干预实践,但干预的具体内容与操作方式却并不一致,呈现出"错位发展"的格局。H 机构的建房计划与基层政府的"茅草房改造工程"在功能上高度一致,政府吸纳项目之后恰好能够弥补其扶贫资金的不足,使政府扶贫的效果更加立竿见影,从而更好地满足上级政府的考核要求。与此不同的是,在"错位发展"的基础上,社会组织与基层政府往往能形成某种程度的"优势互补",这是双方合作的基础,也是政府难以吸纳的前提。Y 大学的发展项目中,项目组拥有贴近基层、灵活机动等优势,而基层政府及其延伸机构拥有较强的行政资源优势,双方在"优势互补"的框架内形成的合作关系便具有良好的现实根基。

在合作关系的表面之下,实质上蕴含着基层政府对项目组的"行政式嵌入"关系,即虽然基层政府没有对项目进行"功能式吸纳",却以"行政式嵌入"的方式维持着自身的利益。所谓"行政式嵌入",指基层政府通过特定的行政干预策略,营造符合其偏好的组织运作模式,使社会组织在其管辖范围内提供符合其利益的服务,而一旦基层政府觉察到行政性嵌入受阻,则会设法阻止社会组织在其境内开展工作,这种"嵌入行为"也促使社会组织主动或被动地借助其所提供的行政机会对政府职能进行一定程度的反作用,此为社会组织的"受嵌行为",从而使得基层政府与社会组织之间外化为某种合作性的关系模式。因此,与 H 机构建房故事所展现出的国家"吸纳"社会的关系形态不同,Y 大学的发展项目勾勒出了一幅国家"嵌入"社会的关系形态。

第七章　结论与讨论

　　发展研究必须以行动者为重心,不仅考察那些"被发展"
的人,还要考察单个或多个机构如何跨过、再生产或对抗国家
与国际发展干预活动的权力关系。通过类似研究,发展研究
将会变得更有意义,而不仅仅是发展"问题"的研究。

——凯蒂·加德纳、大卫·刘易斯,2008:69

一、乡村发展干预的行动者表征

(一) 行动者共塑的多元发展干预形态

　　总体上看,现代社会是一个系统的人为规划工程(郑杭生、杨
敏,2006),乡村发展干预集中体现了这一人为规划工程的典型特
征。本研究提出"规划性社会变迁"的概念,一方面指涉在现代化
战略指引下由政府主导的,经过统筹考虑和主动实施,以达到社会
向现代化方向转变的发展干预的实践过程,突出了国家在官僚科
层制体系下自上而下对社会变迁与发展活动的作用;另一方面也
包括由各种政府之外的社会主体参与规划和实施的发展干预活
动,这是以 20 世纪 80 年代国际援助产业兴起及其在中国的迅速
传播为基础的。并且,一旦作为第三部门的社会主体进入发展场

域,便会打破原本由政府独自主导发展干预实践的格局,二者在动态过程中必然构建起一套复杂多元的共处关系。基于此,在行动者视角下探讨规划性发展场域里的此种复杂关系,对于现代性全球化的长波推进和本土社会转型的特殊脉动相互交织的发展干预实践而言,无疑兼具重要的现实价值和理论价值。

从实施干预的主体来看,田村的发展实践展现出一副多元样态的图景,这种图景是政府和社会主体共同进入乡村发展场域之后互构共变的产物,具体包括行政动员式发展干预和社会参与式发展干预,后者在田村又呈现为社会主体的被动参与型减贫实践和社会主体的自主参与型减贫实践两种亚型。

行政动员式发展干预实践通常体现为政府对发展过程的绝对主导。政府主导的规划性社会变迁遵循现代化发展逻辑,认为发展是一种从传统到现代、从落后到先进的单向进化过程;同时遵循简单化干预逻辑,对被选定的事实得出总体性和概括性的结论,形成高度简化的知识话语,简单化必然缩减社会实践的复杂性,试图制造出标准化的干预模式,这可能忽略真实而具体的社会图景从而陷入规划者的主观图景。行政动员式发展干预实践中,政府和农民构成了"二元行动者场域",政府通常会采取条线化控制、组织化动员、简单化操作等策略展开干预行动,在三个基本策略中,简单化操作策略更直接作用于干预对象,在此过程中,农民慢慢形成对制度的依赖,"制度性依赖"成为农民回应政府干预策略的"武器"。

第三部门或社会主体的发展干预实践离不开与政府关系的处理,由此,这种发展干预实践通常又会表现出若干"亚型"。田村的发展实践中,H机构的"危房改造计划"可以被概括为"社会主体的被动参与型减贫实践"。这种亚型特指第三部门的社会组织试图通过自主规划与组织进行发展干预实践,但在项目开展过程中,原有的目标被吸纳到政府主导的自上而下的发展体系之中,并被主流发展话语所抵消的发展干预过程。社会主体从最初对于发展干预的自主规划转变为被政府体制吸纳之后的被动型参与。政府、社会主体和农民构成了三方互动的关系,政府采取行政吸纳的方式将社会主体的服务功能纳入治理体系中为己所用;社会主体则不得不采取"被动适应"的策略,在牺牲社会价值诉求的前提下争取继续维持组织的基本利益;作为干预对象的农民,对于政府与社会主体之间的博弈往往采取"随机应变"的灵活策略,倾向于站在更加符合自身实际利益的一方,不过实际情况是,由于在中国现行体制下政府权威明显强于第三部门,行政力量给农民的压力依然强大,最终博弈的结果往往是农民选择呼应政府的诉求,社会主体显得尴尬而无奈。

Y大学的"能力建设项目"可称之为"社会主体的自主参与型减贫实践"。这种亚型特指第三部门的社会主体通过自主规划和组织实施的发展干预实践,社会主体具有较强的独立性和自主性,能够按照组织理念规划和实施发展项目,对发展项目发挥着主动引导的作用。在这种发展干预模式中,社会主体并不像"社会主体的被动参与型减贫实践"那样被政府体制所吸纳,而是能够较为独立地实施发展项目。当然,社会主体也要在发展实践中处理同政府和干预对象等行动主体的互动关系。在这种发展模式中,政府、社会主体和农民也构成一种三方互动的关系。社会主体呈现为"自主型参与"的形态,主动规划和自主实施发展项目;政府不是将社会主体吸纳到行政体系之中加以改造利用,而是采取"合作型参与"的方式与社会主体共同推进发展项目;作为干预对象的农民则表现出更多的理性利益观,体现为一种"利益型参与"的行动逻辑,参与与否以及参与程度的高低取决于所可能获得的实际利益。

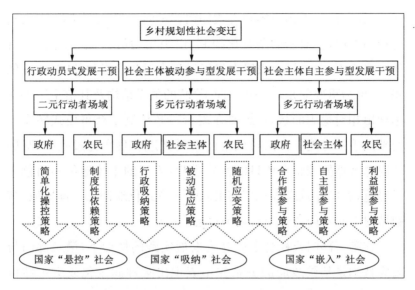

图 7-1　田村规划性社会变迁的多元形态

（二）社会主体参与发展的非固化特征

　　基于行动者的研究取向，本研究勾勒出了乡村发展干预实践的行动者表征：第三部门或社会力量进入乡村发展场域之后，除了与干预对象（农民）发生关系之外，必然要同地方政府产生互动与联结，乡村发展场域的关系结构由"政府—农民"的二元关系转变为"政府—第三部门—农民"的多元关系。在这种多元关系结构中，农民是发展干预的接受者或曰"被发展者"，这种天然的"弱势性"一定程度上决定了他们难以在"政府—第三部门—农民"构成的多元权力结构中发挥决定性影响，通常需要依附于"政府—第三部门"的互动和博弈结果，并选择对自己更有利的参与方式。这样一来，政府与第三部门之间的博弈实际上最终决定了乡村规划性社会变迁的关系形态及其基本表征。

　　行政动员式发展干预实践中，由于缺少第三部门的参与，规划性社会变迁的基本表征是相对稳定的自上而下的"单向干预"模式,不管具体的干预内容和方式如何,"单向干预"模式都是经由政府指向农民,在政府的条线化控制、组织化动员、简单化操作等具体策略之下,容易导致农民在发展过程中对政府强烈的"制度性依赖"。更为重要的是,这种"单向干预"的关系结构及其衍生结果还呈现出相对稳固的状态,想要在现行行政体制下获得模式转变与突破几乎不可能。在田村粟寨的整村推进项目实施过程中,基层政府熟练地操控整个项目的实施进程,农民的主体地位和角色无足轻重,农民在政府"需要"其出场时才形式化地进入干预场域,多数情况下基本脱离于项目实施过程。

在第三部门或社会主体介入发展实践的情形下,第三部门与政府特别是基层政府的关系并不表现出某种固定化或恒定性特征,不能简单地用"控制"、"合作"、"参与"等词汇进行笼统性概括,因为二者处于互构共变的动态演化过程中,当这种动态关系与发展干预对象(农民)遭遇后,就直接生产了乡村规划性社会变迁的非固化性特征。田村的发展干预实践除政府行政力量的主导模式之外,还有作为第三部门的 H 机构和 Y 大学项目组的参与。研究表明,发展理念极为类似的 H 机构和 Y 大学项目组在田村的实际遭遇并不一样。H 机构首批房屋建好之后,在地方政府的强势介入下不得不妥协退让,放弃组织的原初发展理念,将项目资金全部转交给政府,由政府的"茅草房改造工程"统一运作,在强大的行政压力下,作为干预对象的村民也不得不选择向政府靠拢。值得注意的是,这种博弈结果与 H 机构在世界各地和中国其他地方的建房过程并不一致,主要原因可能在于与政府互动关系的不同联结方式。Y 大学项目组在田村发展干预的自主性更强,虽然政府行政力量的影响也无处不在,但并没有将 Y 大学的能力建设项目全盘"整合收编",而是在"合作"关系的形式之下"嵌入"到发展干预的整个过程。

　　基于上述分析,乡村规划性社会变迁的非固化特征主要出现在第三部门参与发展干预的情境之中,政府与第三部门作为发展资源的拥有者和发展干预的实施者,二者的互动关系形态某种程度上决定了乡村规划性社会变迁的走向。需要指出的是,相对于发展干预的对象(农民)而言,第三部门虽然处于"优势"地位,但在当前实际的乡村发展场域里,第三部门同政府的权力关系并不对等,前者的相对弱势地位依然如故。第三部门介入发展实践时如果想要保留其对社会价值的追求,很大程度上可能并不取决于自身的努力,而是受制于同政府的动态博弈。

二、乡村发展场域的国家与社会

(一) 多元共存:国家与社会的关系形态

　　乡村规划性社会变迁的多元形态和非固化性特征意味着乡村发展场域里国家与社会关系的多样性和复杂性。本研究表明,田村三种发展干预实践所映射出的国家与社会关系呈现出不尽相同的本质内核。

　　行政动员式发展干预显现出一种国家"悬控"社会的特征。税费改革之前,田村处于政府主导的规划性发展过程中,各级政府的转移支付成为支撑发展实践的主要资金支持;同时,村提留和农业税费也成为村民必须"向上输送"的任务指标。税费改革之后,以扶贫开发、新农村建设以及精准扶贫为代表的"财政转移支付式工程"成为地方政府的中心工作。理论上看,这是一种有可能改变政府与农民关系格局的良好机遇。但是,国家大量的财政转移支付并未如规划理想预期的那样进一步密切地方政府与农民之间的互动关系,反而出现了国家政权"游离"于乡村社会之上的尴尬现实。本研究表明,在政府主导的贫困治理这一特定的财政转移支付过程中,各级政府在条线化控制策略、组织化动员策略以及简单化操作策略的实践运作中,其与农民的关系实际上处于一种"悬浮操控"的状态。如果进一步从国家与社会的分析框架予以考量,可以认为政府主导的贫困治理实践显现出一定程度的国家"悬控"于社会之上的特征。此时,乡村发展干预的特殊场域里所呈现的国家与社会关系,同周飞舟观察到的税费改革之后国家"悬浮"于社会的普遍性结论并不完全一致,显现出明显的地方性差异。这种地方性差异的形成同扶贫开发、新农村建设以及乡村振兴等特定国家工程的规划与实施过程密不可分。

　　社会主体的被动参与型减贫实践显现出一种国家"吸纳"社会的特征。康晓光等学者的"行政吸纳社会"解释框架的核心特征可进一步概括为"控制式吸纳",这与基层政府结合自身的利益诉求吸纳社会主体"服务功能"的"功能式吸纳"具有显著区别。H 机构"危房改造计划"所展现的发展干预图景无疑是"功能式吸纳"的具体体现。在唐镇政府、H 机构以及村民的三方博弈过程中,唐镇政府最终将 H 机构的"储蓄建房模式"成功"转型",并使之完全纳入能使自身利益最大化的"茅草房改造工程"中。H 机构作为一个国际性的非政府组织,其主要目标和功能在于为贫困者提供解决住房问题的机会,这种服务功能与唐镇政府的"茅草房改造工程"的目标具有高度一致性,政府的吸纳动机显著增强。换言之,H 机构的建房活动与唐镇政府的利益诉求高度吻合,如果将 H 机构的服务功能纳入行政主导的发展干预体系中,必然使"茅草房改造工程"的"实际效果"更好,从而获得上级政府考核的肯定。可见,唐镇政府对 H 机构吸纳的原初目的并不是如康晓光等学者所强调的"限制"与"控制",不是为了化解政府之外力量的挑战,而是具有十分显著的现实性和功利性,是为了实现作为官僚体系末端位置的利益最大化的策略选择。

社会主体的自主参与型减贫实践则显现出一种国家"嵌入"社会的特征。Y大学的"能力建设项目"并没有被基层政府行政吸纳,项目组的"主动型参与"获得的是基层政府"合作型参与"的积极回应,双方围绕田村的社区能力建设目标展开了一场动态的博弈过程。Y大学的发展项目未被基层政府吸纳的主要原因在于,项目的规划内容与基层政府的中心工作没有必然的"交集",虽然双方都从事贫困治理实践,但采取的方式并不一致,形成了"错位发展"的格局。反观H机构的危房改造计划,则刚好与基层政府的"茅草房改造工程"功能一致,行政吸纳之后恰好能够弥补政府扶贫资金不足的利益诉求。而"错位发展"的格局则不同,社会主体与基层政府在发展干预领域往往能形成"优势互补",此时行政吸纳就失去了现实动机。在Y大学的发展项目中,项目组拥有贴近基层、灵活机动等行动优势,基层政府拥有较强的行政资源优势,双方在"优势互补"的框架内形成的合作关系便具有良好的现实根基。进一步分析表明,"合作"的表象之下实质上蕴含着基层政府对项目组的"行政式嵌入"关系,即虽然基层政府没有对项目进行"功能式吸纳",却以"行政式嵌入"的方式维持着自身利益。"行政式嵌入"行为也促使社会主体主动或被动地借助于其所提供的行政机会对政府职能进行一定程度的反作用,此为社会主体的"受嵌行为",从而使得基层政府与社会主体之间外化为某种合作性的关系模式。

表7-1　乡村贫困治理中基层政府与社会主体的互动图景

机构名称	社会主体的原初理想	扶贫项目的现实遭遇	与政府的合作形式	国家与社会关系
H机构	主导扶贫项目	政府收编项目	被动合作	国家吸纳社会
Y大学	主导扶贫项目	政府配合项目	主动合作	国家嵌入社会

　　综上所述,田村三种发展干预实践分别呈现出国家"悬控"社会、国家"吸纳"社会以及国家"嵌入"社会的关系形态。这三种国家与社会关系形态共存于田村的发展实践中,并借助具体的发展干预项目呈现出来。三者在空间位置上完全重合,在时间节点上也几乎在同一时期,应当说处于相同的"时空结构"之中。从行动主体来看,行政动员式发展干预主要包含政府和农民两个主体,呈现出一种二元互动关系的格局,社会主体的被动参与型发展干预和社会主体的自主参与型发展干预都呈现出"政府—第三部门—农民"三方博弈的互动关系格局,前者与后两者在主体的表层关系上完全不同,后两者则看似一致。如果简单推理,会比较容易得出后两者的实际发展形态应该会趋于一致的结论,即认为第三部门或社会主体实施的项目可能会遭遇政府相同的"对待"。

　　但田村的实际情形是,在同为社会主体介入的情况下,政府的行动策略却不尽相同,甚至完全相反。在社会主体的被动参与型发展干预中,政府完全吸纳社会主体的项目"为己所用",社会主体被完全边缘化,从而失去了发展干预的主导权和主动权;而在社会主体的自主参与型发展干预中,政府则选择了"合作型参与"的方式,虽然由于政府固有的强势地位及其对社会主体的"行政式嵌入",使社会主体在权力博弈中可能面临"依附式发展"(康晓光,2011)的高风险,但至少第三部门还能够保持项目实施的基本独立性和相对自主性,而这同项目被政府"整体收编"是有很大差异的。H 机构和 Y 大学发展项目的不同走向实质上反映出在我国基层治理制度化程度低、自由裁量权强的背景下,政府对社会主体参与基层社会治理的回应具有鲜明的策略选择性特征。这种观察结果同以往相关研究要么拘泥于单一案例从而得出某种具体的国家与社会关系的判断,要么从普适性的角度探讨发展干预的国家与社会关系的普遍形式都存在显著区别。"多元共存"应当成为理解目前乡村发展场域里国家与社会关系的重要"形容词"。

（二）合作博弈：国家与社会的互动逻辑

从认知层面的角度看，"多元共存"仅是乡村发展场域里国家与社会关系的一种外部表征，这种外部表征实质上反映出国家与社会关系的何种本质属性是值得深入探讨的重要内容。相关研究已经表明，"国家与社会"分析框架中的"国家"和"社会"都不是同质性的主体，而是需要在具体场域中进行具体辨析（邓正来，2002：218）。作为行动者主体的"国家"的任何部分和"社会"的任何部分都可能产生联系，从而形成复杂的动态博弈关系。正因为如此，即使在同一时空条件下，如果面对不同的发展干预场景，也会展现出复杂多元的国家与社会关系形态。可以肯定的是，田村的三种关系模式没有囊括乡村发展场域里所有的国家与社会关系形态。与其认为本研究的发现厘清了乡村发展场域里的国家与社会关系，不如说提供了一种新的问题思考方式。根据社会互构论的诠释理路，国家与社会一定是存在于特定的相互关系之中，具体领域的国家与社会一定是其互构的结果。在这种方式下，不应再一味追求对国家与社会关系的整体理解和抽象判断，不是以主体类型的不同来概括主体之间展现的国家与社会关系，而是回到具体场景之中，以已经发生或正在发生的主体间的实践形态为讨论问题的根本依据。

基于此种考虑，本研究将乡村发展场域里的国家与社会关系视为一种"合作博弈的实体关系"。这里的"实体"概念不是亚里士多德意义上的"屹立不变"的作为其他物体的基础和本质且先于其他物体而独立自存的主体，而是有着怀特海意义上"现实实有"的意蕴（张晓瑜、赵鹤龄，2010）。各种实体之间其实不能简单视为存在着形而上学式的差异，而是经由实体的经验活动，任何实体之间都可能产生某种关联性,每个实体都可能成为其他实体及经验活动的一个"关系项"。本研究使用"实体关系"这一术语刻画乡村发展场域中国家与社会关系的动态演变过程。在国家与社会关系中,"国家"和"社会"都不具有同质性,不是铁板一块的主体,其关系往往难以清晰界定。通常情况下,只有深入到具体的建构情景中,才有可能理解此情此景中的国家与社会关系。因此,如果需要理解具体情景中所展现的国家与社会关系,就一定要深入到那个场域中细致挖掘,而如果从本质上来看待,则可以将这种互动关系概括为"实体关系"。

"合作博弈"则强调参与者从自己的利益出发选择行动,但所选择的行动的结果对双方均有利(潘天群,2002),或者至少一方的利益增加,而另一方的利益不受损害,因而整个社会的利益有所增加。合作博弈采取妥协的合作方式,能够产生某种"合作剩余",合作剩余在博弈各方之间的分配方式,取决于博弈各方的力量对比和技巧运用,合作剩余的分配既是妥协的结果,又是达成妥协的条件。尽管国家是政治控制和权力系统的主体,但社会并非简单被动地甘当"受众对象",国家通过合法权威介入社会,社会既可以放大也能够缩小国家的影响力,国家与社会之间存在着一种相互依存的伴随关系(郑欣,2011)。田村的发展干预实践表明,国家与社会关系的多元形态实质上是双方互动场域中太极式博弈与动态关系的重新建构过程。在贫困治理的共同目标之下,各级政府的法人主体及其代理人、普通民众、地方精英、外部发展机构等多元主体,虽在乡村发展干预场域中"摆开阵势"、"互相厮杀",并使国家与社会关系呈现出多元形态,但这些形态的实质并不是二元对立或相互分割,而是在相互妥协的动态博弈过程中寻求合作的可能性。正是这种良性互动的博弈过程,在一定程度上促成了当前乡村贫困治理的巨大成就。因此,从实践效应看,国家与社会之间并不是此消彼长的零和博弈关系,而是呈现出较为开放的合作博弈关系。

合作博弈的实体关系之所以能够在乡村贫困治理场域中发生,主要依赖于两方面的关键动因。第一,贫困治理的目标一致性。在中央政府长时期扶贫开发宏观政策的导向下,贫困地区政府的中心工作基本围绕扶贫开发展开,基层治理目标即是要通过自上而下的各种途径确保扶贫开发的规划目标能够实现。对于地方政府来说,扶贫开发不仅是经济发展上的工作任务,更是一项重大的政治任务。在国家的扶贫开发工程之外,国际性援助产业的介入和由此催生的自下而上的以第三部门或社会主体介入反贫困的路径成为发展干预的另一个重要脉络(朱晓阳、谭颖,2010)。地方政府与反贫困类社会力量在治理目标上具有显著一致性,因此具备合作的前提条件。从现实发生的情况来看,非政府性质的援助产业及其所属系统(包括组织、项目和操作过程),最后都会或多或少与国家背景的组织和项目相互勾连,从而保证项目能够实施和运作(朱晓阳、谭颖,2010)。第二,行动主体的利益契合性。理性选择理论将行动者视为以自身利益最大化为出发点的"经济人",行动者的一切行为似乎都等同于经济过程。政府由政府官员所组成,政府行为很大程度上便受到政府官员的支配,即追求自身利益的最大化。贫困地区地方政府官员的绩效考核和职业晋升与扶贫政策执行及其效果密切相关。一个追求自身利益最大化的政府必然会根据各类社会组织提供公共产品的种类和形式对它们采取不同的治理策略,中国政府的实际能力使这种主观愿望成为可能(江华、张建民、周莹,2011)。作为经济人的政府选择与社会主体合作、收编还是控制,一定程度上取决于二者利益的契合程度。在贫困治理场域中,国家与社会的利益诉求因情境不同既有一致又有分歧,利益契合是根本推动力。

借助"合作博弈"的互动机制，大量公共服务类社会组织在当前中国行政治理体系异常强大、社会主体性发育水平尚处低位、公共性发展遭遇现实困局的时代背景下，嵌入到乡村发展干预场域中，不仅发挥了贫困治理的实际功能，还赢得了组织自身的生存与发展空间。不过，社会组织的这种生存和发展空间呈现出高度不确定性和不稳定性特征，既有可能通过多元主体的合作博弈，形塑良性相倚的国家与社会互动格局；也有可能面临国家行政体系对社会主体的再造，给乡村多元治理形态带来负面效应。此外，由于转型期国家的主导地位，合作博弈的过程本质上还是以呼应政府部门偏好为核心特征，其后果是社会主体的生产停留于技术层面，从而可能会强化贫困治理中工具主义导向的事本逻辑，带有较为强烈的资源获取的冲动，而更长远的社会价值的追求依然任重道远。

就本研究的主题与目标而言，"合作博弈的实体关系"实质上体现了国家与社会分析框架与行动者视角的相容性，甚至可以认为，行动者视角的分析能够更好地展现具体实践过程中的国家与社会关系，二者不但不矛盾，反而是一种彼此促进的关系。在社会互构论看来，国家和社会分别作为行动者的互构过程才构成了特定情境下的国家与社会关系形态。乡村发展领域中，国家可以分解为中央政府、地方政府以及基层政府等不同的社会行动主体，而社会则可以分解为普通民众、地方精英、非政府机构等社会行动主体，任何国家的不同部分与社会的不同部分之间都可能发生联系，并形成相应的国家与社会关系的"实体形态"。也正是在行动者视角下，乡村发展干预展示了丰富多彩的国家与社会关系形态，当然也体现了行动者范式的发展研究的学术价值。

三、行动者视角下乡村发展之路

（一）行动者范式的实践导向

结构制度范式的发展研究秉持现代化理论和依附理论等思想框架，对发展及其实践进行结构主义或制度主义分析，不同程度地表现出决定论色彩，有将发展看作是外部干预所决定的线性过程的嫌疑。"线性思维"假设发展干预的设计、实施到结果呈现为一个直线演进的过程。这种观点的基本逻辑是，发展干预计划由发展学家或政策专家设计，随后由实施单位具体实施，随着时间的推移，项目的目标将会在过程中逐步实现，目标群体可以得到项目的利益，项目结束之后，由项目管理方或资助方对项目进行效果评估，由此构成一个完整的发展干预的线性过程。行动者视角的研究表明，乡村发展绝不是简单化的线性过程，而是体现出强烈的非线性特征。发展干预中各行动主体的行动策略对发展干预产生重要影响，发展干预的实施者（政府或第三部门）与干预对象形成互构共变的动态关系。发展干预的对象也具有强大的"发展力"和灵活性，他们并不是完全被动的接受方，而是有足够的能力改变发展干预的进程。不管是政府主导的规划性发展，抑或是第三部门实施的发展项目，都应该关注发展干预的非线性特征。

批判解构范式秉持后结构主义或曰福柯式的分析视角，对发展概念本身进行话语批判，并在此基础上倡导"后发展"理念，试图构建一个"后发展时代"。必须承认的是，批判解构取向的发展研究具有异常深刻的反思性，具有一定的理论深度。不过，"深刻"并不一定等同于"实用"，并不一定能够完美地处理现实状况。埃斯科瓦尔所心仪的后发展理论实质上来源于福柯的"权力—知识论"，即以权力这一扁薄（thin）的西方政治学的硬通货去共度不同类型的经验、文化和观念,而现实往往是,我们不可能跳出特定的"概念图式"(例如发展和发展干预)去讨论问题(朱晓阳,2011:113—114)。如今,全球化趋势已经难以逆转,客观上看,许多国家和地区仍然没有摆脱贫困问题的侵扰,后发展理念对多元文化的倡导并不能掩盖社会经济发展中的诸多现实困境。对于许多发展中国家而言,最为现实和重要的应该是让广大民众脱离苦难,实现民众福祉的有效提升。批判解构范式的发展研究对"现代化发展"一方面彻底否定,另一方面却没有能够给出"发展主义"之后发展中国家社会变迁的良策,这一点同样需要引起注意和反思。

结构制度范式和批判解构范式各有特点,为发展研究增添了丰富的学术素养,但二者"水火不容式"的争论容易遮蔽"发展"作为一种客观存在的实际价值和展开方式。行动者范式是一种更为折衷和更为实用的研究路径。行动者取向的发展研究通过关注不同地方行动主体针对发展干预活动的"策略行动",试图揭示出一种多元化的发展和现代性。行动者取向关注现代性的概念、理念和实践如何被运作并嵌入到地方的日常生活当中,由此形塑了多样化的、异变性的和地方化的现代性。"策略行动"关注发展场域中的各社会行动主体如何重新定位发展干预计划和项目,使外部干预真正融入地方性的社会文化当中,并将之运用到对已有发展干预计划的重建与改造过程之中。换言之,外部的规划与设计要为当地人的实践知识提供足够的行动空间,使之能够释放其作为行动者所具有的创造力(张兆曙,2009:358)。依循行动者取向的思考逻辑,策略行动一般会通过将不同的社会背景和文化传统进行再次整合而对外部发展干预计划展开实质性的重塑和再造。这样,发掘、辨识和培育在文化上适当的、政治上赋权的策略行动就成为现时代发展干预的一种可能路径。这也是行动者取向发展研究的重要实践导向。正如黄宗智所指出的,由于小农经济和村庄会长期存在,中国农村的治理转型并不能照搬和依赖源自西方科层化体制下的福利国家模式,相反,如果民众能够参与和控制关系到地方利益的项目,才有可能推动被市场经济原子化了的乡村社区纽带的重新建立(黄宗智,2008)。基于行动者取向的实践导向,本文尝试性地提出乡村发展干预的"内源性能力建设"实践模式。

(二) 内源性能力建设的构想①

关注发展干预实践,必然需要人们考虑特定情境中关于互动、程序、实践策略、话语类型、文化类目和利益相关者等新兴形式,要求人们从更加彻底的行动者视角去重新思考干预和发展的问题(诺曼·龙,2001:30)。行动者取向的实践导向假设,外部干预与地方社会文化不是非此即彼的互斥关系,应该是"内外融合"的互促关系。在现代性路径下,费孝通意义上的"乡土中国"已经不复存在,针对乡土世界的外部干预势不可挡。但是,如果继续依循结构制度逻辑的整体性思维,将发展视为由发展学家或政策专家设计,进而直线式实施的简单线性过程,则可能依然无法走出"久扶不脱贫"的尴尬现实。中国大规模的扶贫开发工程已经走过了近40年的辉煌历程,取得了有目共睹的巨大成绩,现阶段已经步入精准扶贫的新阶段。梳理我国的扶贫历程和减贫政策,其背后的理念已经发生深刻演变,已经从早期强调外部资源输入的单向直线式干预,过渡到格外注重内生动力挖掘的新时期。"贫困地区发展要靠内生动力","内外结合才能发展"(习近平,2015:17—18),"用好外力、激发内力是必须把握好的一对重要关系"(习近平,2016)。这种发展理念的转变实质上蕴含着行动者范式的实践逻辑。

---

① 本节内容经过扩充与延伸,以论文《乡村发展干预中的内源性能力建设——一项西南贫困村庄的行动研究》的形式发表于《中国农村观察》2013年第4期。

　　遵循行动者范式的诠释理路,本研究提出"内源性能力建设"(endogenous capacity building)的乡村发展干预实践模式。内源性能力建设的理念基础是内源发展。内源发展(endogenous development)思想并不是简单地宣称发展概念的"终结"或者"死亡",而是对过去占主导地位的移植式、外源式、直线性、整体性以及系统性发展理念予以较为充分的批判反思之后,对"多元发展道路"的追求与表达。内源发展最早源于上个世纪 80 年代联合国教科文组织实施的一个研究方案,是对增进适合世界不同国家和地区的实际情况和现实需求的多元化发展过程的社会历史文化条件、价值观念体系和社会成员的参与动机与参与方式展开探讨而提炼出来的概念。

　　内源发展蕴含几方面基本特征,第一,强调发展具有内生性特征,发展一定要以人为中心,要把发展的诸种目标、道路、方式及其所运用的技术等层面的因素都汇总到人的统一体之中,通过"由人自己并为自己来完成的发展过程"实现人的全面性发展(黄高智,1990:4)。其次,倡导自主性改变与外部性协助、地方性知识与现代性知识相融合的发展理念,根据不同情境的具体情况实施适宜不同文化的发展政策与发展项目。第三,强调地方民众的广泛参与。"大众参与不仅是一切有效的发展行动的基本条件,也是发展的目的,因为它是符合每个国家和每个社会特有环境中多种发展类型的保障"(黄高智等,1991:46)。不过,内源发展作为一种新的发展学说,目前仍在寻找可操作性的实践方法(黄高智等,1991:41)。如何将内源发展的理念转换为切实可行的实践模式,一直是发展研究理论界和发展干预实务界亟待解决的重要议题。总体而言,内源发展强调以人为中心的发展思路,认为人才是发展的真正主体,鼓励人们依据自身的历史、社会、经济和文化等多方面的独特性,探索适合自身的发展路径。其中,最为关键的方面是要注重挖掘地方社会和社会成员本身所蕴藏的潜能,培育当地民众的自主发展的观念与相互协助的能力。故此,能力建设(capacity building)就成为内源发展道路实现的最基本途径。

选择能力建设作为内源发展的实践方法,不仅是因为能力建设同内源发展的追求和目标高度吻合,而且正如莫耶(Moyer)等人所指出的,能力建设的概念是近些年以来在社区发展实践中广为运用的概念之一,常常被学者们用来与"参与"和"赋权(empowerment)"等具有某种反思批判意味的实践性概念联系起来,作为一种通过当地民众的能力建设以增进社区转化,或者是以人为中心的可持续发展方法的指代(转引自刘晓春、古学斌,2007)。能力建设受巴西教育家弗雷勒(Paulo Freire)的解放教育学影响至深。但大部分探讨能力建设的文献中,并未清楚地说明能力建设里的"能力"的具体指涉。即便是英国学者艾德在能力建设的专著中也并未对"能力"一词做出明确的界定,但从他的相关论述中可以总结出,能力指一切不管是个人或集体所拥有的能改善当地民众生活素质、决定自身发展道路的资源和力量,包括技术知识、领袖才能、社会网络、开放的文化、不断创新的学习态度、信任及互助精神等(艾德,1999)。刘晓春和古学斌认为,社区发展过程中,民众具有的能力除了通常所知的外在协助和技术知识以外,更为关键的应该是自我意识和知觉能力(刘晓春、古学斌,2007)。古学斌进一步指出,能力建设基于下列假设,每个人都蕴藏着自我发展和自我成长的潜力与能力,有可能这种能力还不为人们所知晓,亦或许连他们自身也未曾有这样的意识;造成贫穷与苦难的症结可能在于那些抑制行动主体的潜力挖掘与能力发展的力量;能力建设对于发展的意义在于,恢复与提升本地民众的自信力和主动性,促进当地民众意识到自身作为主体存在的价值,并能够亲自实践与探索适合自我的发展路径(古学斌等,2008)。

内源性能力建设将能力的挖掘与培育过程看作是基于文化的多样性与特殊性的发展过程。这意味着,能力建设并不是机械而简单地培育和发展出适应与迎合现代社会需要的知识和技术的方法,它同时更是价值观念、态度认知、理解能力以及反思批判能力的塑造和培育的过程。内源性能力是在与地方社会的发展需求相结合的过程中产生的,深深根植于"地方性知识"的土壤中,其所表现的精神特质不能用外部的技术或文化进行机械替代。当然,注重能力的内源性发展过程,并不意味着能力建设一定要在高度封闭或者绝对排他的情境下实施。内源发展是相对于外源发展而言的,其核心是强调地方性知识与文化的特殊性对当地发展的价值,以及地方社会居民的自主性和参与性,但它并不将地方社会和普通民众能力的挖掘、生产、更新与成长视为是在相对孤立的环境中展现的,而是认为要在通过与外部社会环境相互建构的历程中实现自我能力的增长。不能把内源发展理解为完全依靠地方社会内部的力量解决自身的发展问题,这既脱离了全球化、市场化与现代化的实际,也是对内源发展概念的误解。内源发展不认为只有内源因素才能促进发展,也强调外源因素要通过内源因素发挥作用,这是一种辩证的动态关系。

当前少数民族发展干预的行动实践和学术研究中,"参与式发展"已成为热点议题(杨小柳,2008;张晓琼,2005;周大鸣、秦红增,2003),这与国际发展干预的范式转向有着千丝万缕的关系。从上世纪90年代以来,在国际双边、多边组织以及国际非政府组织的倡导下,参与式评估和参与式发展被广泛应用于中国少数民族反贫困实践中。应当说,参与式发展为本研究提供了重要的理论与实践背景,一方面,参与式发展的目的很大程度上也是为了实现内源发展;另一方面,内源发展也注重当地居民的广泛参与,二者呈现为一种相辅相成的关系。但伴随着参与式发展在发展实践中暴露出的诸多问题被人们检视和批判,本研究更倾向于使用内源发展的概念。

其一,参与式发展的倡导者过于注重和突出知识的地方性与本土性特征,认为只有本土民众才有可能理解地方社会并获取当地的知识,实质上是倡导一种相对主义的知识论。而人类学研究已经表明,这种相对主义的地方性和本土性知识实际上也是有问题的(朱晓阳,2008)。内源发展不将当地居民的文化、思想和行为本质化和绝对化,不过度假设地方文化的有效性和实践价值,同时不排斥外部知识的积极价值,主张地方性知识或本土性知识要同外部知识相互融合和彼此吸收。人类学者其实早已意识到,纯粹的本土性知识已经不复存在,通常人们认为的本土知识或本土文化本质上是与不同来源的外来知识和文化体系混合而成的产物(P.Sillitoe, 2002)。其二,参与式发展对地方性知识的关注十分功利,对影响发展的社会文化因素缺乏系统性和深刻性关注。发展项目开展之前的社会经济文化调查时间较短,手段较为单一①,一般只关注与项目开展过程相关联的地方性知识,容易忽略涉及当地人价值观和思想层面的地方性文化逻辑的挖掘。内源发展主张全面了解地方文化,对地方性知识进行整体性研究,并且在发展项目的设计和实施过程中自始至终关注地方性知识的影响和效应,对于发展项目开始之前的社会调查是一个相对长期的过程,同

---

① 参与式项目开展之前一般会运用参与式农村评估方法(participatory rural appraisal,简称 PRA)进行社会调查与项目评估。PRA 由一系列可视化的图表、排序工具,以及开放式的座谈和访谈组成。其宗旨是创造机会,激发地方民众的话语,强调以最快的速度掌握社区情况,获取所需资料。通过 PRA 实现一系列的"权力倒置",使发展专家成为当地人的"学生",当地人被鼓励坚持自己的观点,分析自身的情况,从而调动农村社区的力量为实现他们所设想的未来而采取行动。PRA 虽然有助于援助者了解本土文化,促使援助与地方性文化相适应,但其强调快速评估等原因,造成评估的主动权始终操纵在工作者手中,干预对象的参与面和参与度还是相对有限。因此,PRA绝不是一套有助于整体了解当地文化体系的最佳方法(杨小柳,2010)。

时对当地文化的探寻也一直贯穿于整个项目过程,避免出现"参与的表象"(郭占锋,2010)。其三,参与式发展的追求与目标虽然是试图实现内源发展,不过为了彰显同其他发展模式的差异,相关参与式方法的理论探讨和实践过程往往过于注重"权力的倒置",关注参与过程中形式上的"赋权"大大高于对"以人为本"的内源发展的实质上的追求(杨小柳,2010)。参与式发展实践过程中实际效率的有限性,理想与现实的巨大差距,使参与式发展面临形式化的批评,导致"参与式膨胀"(朱晓阳,2003)和"参与的迷思"(章立明,2006),被认为是一种"社会理想图景"(朱晓阳、谭颖,2010)。出于对参与式发展的自觉,朱晓阳将以往参与式理论及其运用概括为"规范的参与式",并据此提出"根本的参与式"的理想类型①。不过,朱晓阳只是从方法论层面进行了初步探讨,或者说仅仅提出了"问题",并未进一步构想出更切实际的改进措施和实践方案。

内源性能力建设主张放弃干预者与干预对象之间形式上的权力倒置,转而关注多种利益相关群体对发展话语的实践,分析国家、地方政府、第三部门、当地社区(居民)之间的相互关系及在发展干预中的地位与权力,重视发展干预的实际成效。这种发展模式的提出,是在行动者范式发展研究的基础上对于乡村发展干预路径的实用性和折衷性选择。当然,内源性能力建设还只是一种相对抽象的发展干预理念,这种理念需要实施干预的主体在实际的发展干预行动中加以具体化和操作化,需要在发展场域里不同

---

① 朱晓阳认为,"规范的参与式"路径的核心是对穷人赋权,方法论的主要特征是使穷人自身深入认识自己及其拥有的能力,并使他们运用自身实用而现实的方法表达他们的发现,但此种参与式归根结底是以"发展"的规范或框架为预设的。在这种框架之下,参与经常是"动员参与"的同义词,赋权则是由发展体系对干预对象"授权",脱贫过程则是"建构穷人"的过程。"根本的参与式"首先以承认任何人、社区或族群的日常生活世界的真理性为出发点,这种生活世界不是主客二元对立的,而是主体间性的;其次,在方法论层面,坚持对跨时代或跨文化的"真实"的理解源自诠释学意义层面的"视野融合"(朱晓阳,2005)。

行动者互构共变的动态过程中才能真正实现。内源性能力建设背后的理论假设显然不是结构制度范式所隐含的将发展视为外部干预决定的线性发展过程,也不是批判解构范式所注重的对发展作为一种社会事实的彻底颠覆,而是更多地吸取了行动者范式所强调的实用效应,注重发展过程中不同社会行动主体的"策略行动"对发展过程的影响和重塑。需要注意的是,内源性能力建设应避免导向极端"地方化"或"个人主义式"的孤立发展路径,必须关注社会结构和历史文化对于个体与群体行动的制约效应。

参考文献

一、中文参考文献

阿普特,2011,《现代化的政治》,陈尧译,上海:上海人民出版社。

阿明,1990,《不平等的发展——论外围资本主义的社会形态》,高铦译,北京:商务印书馆。

埃斯科巴,2001,《权力与能见性:发展与第三世界的发明和管理》,卢思骋译,许宝强、汪晖选编《发展的幻象》,北京:中央编译出版社。

埃斯科瓦尔,1998,《人类学与发展》,《国际社会科学杂志》第 4 期。

埃斯科瓦尔,2008,《发展的历史,现代性的困境——以批判性的发展研究视角审视全球化》,《中国农业大学学报》第 1 期。

埃斯科瓦尔,2011,《遭遇发展:第三世界的形成与瓦解》,汪淳玉等译,北京:社会科学文献出版社。

埃丁,2006,《中国的基层干部责任制》,《国外理论动态》第 1 期。

艾森斯塔德,1988,《现代化:抗拒与变迁》,张旅平等译,北京:中国人民大学出版社。

艾德,1999,《能力建设:通向以人为中心的发展之路》,应维云等译,北京:九州图书出版公司。

安迪,2004,《什么是参与性行动研究——以农牧区生计改良项目为例的一种解释》，云南生物多样性与传统知识保护研究会社区生计部研究报告(9)。

Benjamin F.Crabtree and William L.Miller，2003，《最新质性方法与研究》，黄惠雯等译，台北：韦伯文化国际。

鲍曼，2001，《全球化：人类的后果》，郭国良、徐建华译，北京：商务印书馆。

鲍曼，2010，《工作、消费、新穷人》，仇子明、李兰译，长春：吉林出版集团有限责任公司。

布莱克，1989，《现代化的动力——一个比较史的研究》，景跃进等译，杭州：浙江人民出版社。

布莱克，1996，《比较现代化》，杨豫、陈祖洲译，上海：上海译文出版社。

布里安、雅伊松、穆克尔吉，2012，《社会记忆与超现代性》，《国际社会科学杂志》第 3 期。

伯瑞，2005，《进步的观念》，范祥焘译，上海：上海三联书店。

保罗·唐纳顿，2000，《社会如何记忆》，纳日碧力戈译，上海：上海人民出版社。

编写组，1985 年，《苗族简史》，贵阳：贵州民族出版社。

编写组，1994，《云南民族工作四十年（上）》，昆明：云南人民出版社。

编写组，2001，《2000/2001 年世界发展报告：与贫困作斗争》，世界发展报告翻译组译，北京：中国财政经济出版社。

编写组，2008，《北县概况》，北京：民族出版社。

编委会，1999，《北县县志》，昆明：云南人民出版社。

陈向明，2000，《质的研究方法与社会科学研究》，北京：教育科学出版社。

陈映芳，2010，《行动者的道德资源动员与中国社会兴起的逻辑》，

《社会学研究》第 4 期。

陈锋,2007,《城市规划的理想主义与理性主义之辨》,《城市规划》第 2 期。

陈家建,2013,《项目制与基层政府动员——对社会管理项目化运作的社会学考察》,《中国社会科学》第 2 期。

邓正来,1998,《国家与社会——回顾中国市民社会研究》,张静主编《国家与社会》,杭州:浙江人民出版社。

邓正来,2002,《市民社会理论的研究》,北京:中国政法大学出版社。

杜星梅、陈庆德,2016,《经济人类学视野中的采集经济——来自独龙江峡谷的调查与分析》,《民族研究》第 1 期。

弗兰克,1999,《依附性积累与不发达》,高铦、高戈译,南京:译林出版社。

费孝通,1993,《边区民族社会经济发展思考》,北京大学社会学人类学研究所编《东亚社会研究》,北京:北京大学出版社。

费孝通,1999,《中国社会变迁中的文化症结》,《费孝通文集》第 4 卷,北京:群言出版社。

费孝通,1999,《贫困与脱贫》,《费孝通文集》第 10 卷,北京:群言出版社。

费孝通,2007,《江村经济》,上海:上海人民出版社。

方文,2002,《社会行动者》,北京:中国社会科学出版社。

方劲,2009,《民族社区发展中的消费文化与新贫困》,《云南民族大学学报(哲学社会科学版)》第 1 期。

方劲,2014,《中国农村扶贫工作"内卷化"困境及其治理》,《社会建设》第 2 期。

付伟、焦长权,2015,《"协调型"政权:项目制运作下的乡镇政府》,《社会学研究》第 2 期。

古学斌,2000,《农业商品化与基层政治的变更:华南村落个案调查》,《香港社会科学学报》第 17 期。

古学斌等,2008,《农村社会工作实务模式与方法技巧》,张和清主编《农村社会工作》,北京:高等教育出版社。

古学斌、张和清、杨锡聪,2004,《地方国家、经济干预和农村贫困:一个中国西南村落的个案分析》,《社会学研究》第 2 期。

古学斌、张和清、杨锡聪,2007,《专业限制与文化识盲:农村社会工作实践中的文化问题》,《社会学研究》第 6 期。

高丙中,2006,《中国社会科学需要培育扎实的民族志基本功》,《民间文化论坛》第 2 期。

郭占锋,2010,《走出参与式发展的"表象"——发展人类学视角下的国际发展项目》,《开放时代》第 1 期。

国家民委办公厅等编,1997 年,《中华人民共和国民族政策法规选编》,北京:中国民航出版社。

国务院,2000,《中国农村扶贫开发纲要 2001—2010 年》。

国务院,2011,《中国农村扶贫开发纲要 2011—2020 年》。

国务院扶贫办,《未来十年我国扶贫开发任务艰巨》,新华网,2010-12-21。

韩博天、奥利佛·麦尔敦,2013,《规划:中国政策过程的核心机制》,《开放时代》第 6 期。

郝瑞,2000,《田野中的族群关系与民族认同——中国西南彝族社区考察研究》,巴莫阿依等译,南宁:广西人民出版社。

怀特,2001,《名声与牺牲:建构具有社会性别特征的纳西身份》,康宏锦译,马元曦、康宏锦主编《社会性别·族裔·社区发展》,北京:中国书籍出版社。

胡锦涛,2005,《在中央民族工作会议暨国务院第四次全国民族团结进步表彰大会上的讲话》,北京:人民出版社。

胡鞍钢,2013,《中国独特的五年计划转型》,《开放时代》第 6 期。

胡鞍钢、唐啸、鄢一龙,2017,《中国发展规划体系:发展现状与改革创新》,《新疆师范大学学报(哲学社会科学版)》第 3 期。

黄高智,1990,《以人为中心的内源发展概念》,阿卜杜勒·马立克、黄高智等,《发展的新战略》,北京:中国对外翻译出版公司、联合国教科文组织。

黄高智等,1991,《内源发展——质量方面和战略因素》,北京:中国对外翻译出版公司、联合国教科文组织。

黄宗智,1998,《中国的"公共领域"与"市民社会"——国家与社会间的第三领域》,邓正来、亚历山大主编《国家与市民社会:一种社会理论的研究路径》,北京:中央编译出版社。

黄宗智,2008,《集权的简约治理——中国以准官员和纠纷解决为主的半正式基层行政》,《开放时代》第 2 期。

黄平,2000,《关于"发展主义"的笔记》,《天涯》第 1 期。

黄平,2006,《误导与发展》,北京:中国人民大学出版社。

洪大用、康晓光,2001,《NGO 扶贫行为研究:调查报告》,北京:中国经济出版社。

贺雪峰,2018,《改革开放以来国家与农民关系的变迁》,《南京农业大学学报(社会科学版)》第 6 期。

Jean McNiff, Pamela Lomax and Jack Whitehead,2002,《行动研究:生活实践家的研究锦囊》,吴美枝等译,嘉义:涛石文化。

加德纳、刘易斯,2008,《人类学、发展与后现代挑战》,张有春译,北京:中国人民大学出版社。

吉登斯,1998,《社会的构成:结构化理论大纲》,李康、李猛译,北京:生活·读书·新知三联书店。

金炳镐,2009,《新中国民族政策发展 60 年》,《中南民族大学学报:人文社会科学版》第 6 期。

景天魁,2014,《社会政策的效益底线与类型转变——基于改革开放以来反贫困历程的反思》,《探索与争鸣》第 10 期。

江华、张建民、周莹,2011,《利益契合:转型期中国国家与社会关系的一个分析框架——以行业组织政策参与为案例》,《社会学研究》第 3 期。

科尔曼,1999,《社会理论的基础》(上),邓方译,北京:社会科学文献出版社。

凯恩斯,1997,《就业、利息和货币通论》,高鸿业译,北京:商务印书馆。

康晓光,1995,《中国贫困与反贫困理论》,南宁:广西人民出版社。

康晓光,2001,《NGO 扶贫行为研究》,北京:中国经济出版社。

康晓光,2011,《依附式发展的第三部门》,北京:社会科学文献出版社。

康晓光、卢宪英、韩恒,2008,《改革时代的国家与社会关系——行政吸纳社会》,王名主编《中国民间组织 30 年——走向公民社会》,北京:中国社会科学出版社。

康晓光、郑宽、蒋金富等,2010,《NGO 与政府合作策略》,北京:社会科学文献出版社。

李斯特,2011,《发展的迷思:一个西方信仰的历史》,陆象淦译,北京:社会科学文献出版社。

李猛,1996,《日常生活的权力技术——迈向关系/事件的社会学分析》,北京大学硕士学位论文。

李亦园,1997,《关于人类学方法论》,周星、王铭铭主编《社会文化人类学讲演集》(上),天津:天津人民出版社。

李小云等,2008,《行动研究:一种新的研究范式?》,《中国农村观察》第 1 期。

李鸥等,2004,《采用参与式行动研究和组织发育途径促进用水户协会的可持续发展》,《林业与社会》第 3 期。

李培林,2010,《农村发展研究的新趋势、新问题》,《吉林大学社会科学学报》第 1 期。

李祖佩,2015,《项目制的基层解构及其研究拓展——基于某县涉农项目运作的实证分析》,《开放时代》第 2 期。

勒华拉杜里,2007,《蒙塔尤:1294—1324 年奥克西坦尼的一个山村》,许明龙等译,北京:商务印书馆。

梁漱溟,2002,《我的努力与反省》,台北:老古文化事业股份有限公司。

林耀华,2003,《社会人类学讲义》,厦门:鹭江出版社。

陆益龙,2009,《农民中国——后乡土社会与新农村建设研究》,北京:中国人民大学出版社。

陆益龙,2011,《定性社会研究方法》,北京:商务印书馆。

陆德泉,2003,《动员式发展主义下的民族旅游》,吴晓萍主编,《民族旅游的社会学研究》,贵阳:贵州民族出版社。

刘易斯,2000,《揭示、扩展和深化？人类学方法对"第三部门"研究现有的和潜在的贡献评述》,何增科主编《公民社会与第三部门》,北京:社会科学文献出版社。

刘易斯,2006,《贫困的文化》,丁宏主编《民族研究文集·国际学术交流卷》,北京:中央民族大学出版社。

刘晓春、古学斌,2007,《解放/被解放——谈批判教育学与社会工作社区发展教育》,王思斌主编《中国社会工作研究》(第 5 辑),北京:社会科学文献出版社。

刘小珉,2013,《民族视角下的农村居民贫困问题比较研究——以广西、贵州、湖南为例》,《民族研究》第 4 期。

刘亚秋,2010,《从集体记忆到个体记忆:对社会记忆研究的一个反思》,《社会》第 5 期。

刘亚秋,2017,《记忆二重性和社会本体论——哈布瓦赫集体记忆的社会理论传统》,《社会学研究》第 1 期。

刘少杰,《切实有效开展精准扶贫》,《中国社会科学报》,2017-7-12。

罗康隆、曾宪军,2009,《经济人类学视野中民族经济发展分析》,《吉首大学学报》第 5 期。

赖秀芬、郭淑珍,1996,《行动研究》,胡幼慧主编《质性研究:理论、方法及本土女性研究实例》,台北:巨流图书有限公司。

卢晖临、李雪,2007,《如何走出个案——从个案研究到扩展个案研究》,《中国社会科学》第 1 期。

吕方、梅琳,2017,《"复杂政策"与国家治理——基于国家连片开发扶贫项目的讨论》,《社会学研究》第 3 期。

诺曼·龙、杨·朴罗格,2008,《去除计划干预的神话色彩》,《中国农业大学学报》第 1 期。

缪尔达尔,2001,《亚洲的戏剧:南亚国家贫困问题研究》,方福前译,北京:首都经济贸易大学出版社。

米尔斯,2005,《社会学的想象力》,陈强、张永强译,北京:生活·读书·新知三联书店。

莫迪默、法恩主编,2009,《人民·民族·国家:族性与民族主义的含义》,北京:中央民族大学出版社。

莫里斯·哈布瓦赫,2002,《论集体记忆》,毕然、郭金华译,上海:上海人民出版社。

毛丹、陈佳俊,2017,《制度、行动者与行动选择——L 市妇联改革观察》,《社会学研究》第 5 期。

马明洁,2000,《权力经营与经营式动员——一个"逼民致富"的案例分析》,《清华社会学评论》特辑 1,厦门:鹭江出版社。

马戎,2009,《经济发展中的贫富差距问题——区域差异、职业差异和族群差异》,《北京大学学报(哲学社会科学版)》第 1 期。

帕森斯,2003,《社会行动的结构》,张明德、夏翼南、彭刚译,南京:
　　译林出版社。

帕帕特,2001,《后现代主义、性别、发展》,薛翠译,许宝强、汪晖选
　　编《发展的幻象》,北京:中央编译出版社。

普雷斯顿,2011,《发展理论导论》,李小云、齐顾波等译,北京:社会
　　科学文献出版社。

潘绥铭、黄盈盈、王东,2011,《论方法:社会学调查的本土实践与升
　　华》,北京:中国人民大学出版社。

潘乃谷、周星,1995,《多民族地区:资源、贫困与发展》,天津:天津
　　人民出版社。

潘乃谷、马戎,1996,《社区研究与社会发展》,天津:天津人民出
　　版社。

潘世尊,2005,《教育行动研究——理论、实践与反省》,台北:心理
　　出版社。

潘天群,2002,《博弈生存——社会现象的博弈论解读》,北京:中央
　　编译出版社。

庞元正、丁冬红,2001,《当代西方社会发展理论新词典》,长春:吉
　　林人民出版社。

彭刚,2005,《丰裕中的贫困》,《教学与研究》第 12 期。

渠敬东,2007,《坚持结构分析和机制分析相结合的学科视角,处理
　　现代中国社会转型中的大问题》,《社会学研究》第 2 期。

渠敬东,2012,《项目制:一种新的国家治理体制》,《中国社会科学》
　　第 5 期。

渠敬东,2019,《迈向社会全体的个案研究》,《社会》第 1 期。

渠敬东、周飞舟、应星,2009,《从总体支配到技术治理——基于中
　　国 30 年改革经验的社会学分析》,《中国社会科学》第 6 期。

强世功,1998,《"法律不入之地"的民事调解》,张静主编《国家与社会》,杭州:浙江人民出版社。

荣敬本等,1998,《从压力型体制向民主合作体制的转变:县乡两级政治体制改革》,北京:中央编译出版社。

斯科特,2009,《国家的视角:观点和批评》,王晓毅、渠敬东编《斯科特与中国乡村:研究与对话》,北京:民族出版社。

斯科特,2011,《国家的视角:那些试图改善人类状况的项目是如何失败的》(修订版),王晓毅译,北京:社会科学文献出版社。

斯科特,2016,《逃避统治的艺术:东南亚高地的无政府主义历史》,王晓毅译,上海:生活·读书·新知三联书店。

萨林斯,2001,《原初丰裕社会》,丘延亮译,许宝强、汪晖选编《发展的幻象》,北京:中央编译出版社。

萨林斯,2009,《石器时代经济学》,张经纬等译,北京:生活·读书·新知三联书店。

史密斯,2000,《历史社会学的兴起》,周辉荣、井建斌等译,上海:上海人民出版社。

史普原,2016,《政府组织间的权责配置——兼论"项目制"》,《社会学研究》第 2 期。

森,2002,《以自由看待发展》,任赜、于真译,北京:中国人民大学出版社。

森,2009,《身份与暴力:命运的幻象》,李风华、陈昌升、袁德良译,北京:中国人民大学出版社。

舒尔茨,1991,《经济增长与农业》,郭熙保、周开年译,北京:北京经济学院出版社。

孙立平、郭于华,2000,《"软硬兼施":正式权力的非正式运作的过程分析》,《清华社会学评论》特辑 1,厦门:鹭江出版社。

孙立平、王汉生、王思斌、林彬、杨善华,1994,《改革以来中国社会结构的变迁》，《中国社会科学》第 2 期。

沈原，2008，《又是一个三十年：转型社会学视野下的社会建设》，《社会》第 3 期。

沈红，2000，《中国贫困研究的社会学评述》，《社会学研究》第 2 期。

图海纳，2008，《行动者的归来》，舒诗伟、许甘霖、蔡宜刚译，北京：商务印书馆。

泰德洛克，2007，《民族志和民族志描述》，邓津、林肯编《定性研究：策略与艺术》，风笑天等译，重庆：重庆大学出版社。

滕昊、何广文，2009，《社区发展基金与农村信用社联结机制研究》，《农业经济问题》第 4 期。

谭崇台，2002，《论快速增长与"丰裕中贫困"》，《经济学动态》第 11 期。

瓦戈，2007，《社会变迁》（第 5 版），王晓黎译，北京：北京大学出版社。

吴毅，2002，《村治变迁中的权威与秩序：20 世纪川东双村的表达》，北京：中国社会科学出版社。

吴毅，2002，《双重边缘化：村干部角色与行为的类型学分析》，《管理世界》第 11 期。

吴敬琏，2004，《吴敬琏自选集》，太原：山西经济出版社。

王明珂，1997，《华夏边缘：历史记忆与族群认同》，台北：允晨文化。

王思斌，2003，《社会学教程》第 2 版，北京：北京大学出版社。

王思斌，2012，《走向社会的基础结构》，北京：社会科学文献出版社。

王连芳，1993，《民族问题论文集》，昆明：云南民族出版社。

王宁，2007，《个案研究的代表性问题与抽样逻辑》，《甘肃社会科学》第 5 期。

王绍光，1997，《分权的底线》，北京：中国计划出版社。

王绍光，1999，《正视不平等的挑战》，《管理世界》第 4 期。

王建民，2012，《扶贫开发与少数民族文化——以少数民族主体性讨论为核心》，《民族研究》第 3 期。

王汉生、王一鸽，2009，《目标管理责任制：农村基层政权的实践逻辑》，《社会学研究》第 2 期。

王汉生、刘亚秋，2016，《社会记忆及其建构：一项关于知青集体记忆的研究》，《社会》第 3 期。

王雨磊，2016，《数字下乡：农村精准扶贫中的技术治理》，《社会学研究》第 6 期。

汪三贵、李文，2005，《中国农村贫困问题研究》，北京：中国财政经济出版社。

汪三贵、张伟宾、陈虹妃、杨龙，2012，《少数民族贫困变动趋势、原因及对策》，《贵州社会科学》第 12 期。

沃勒斯坦，2001，《发展是指路明灯还是幻象？》，黄燕堃译，许宝强、汪晖选编《发展的幻象》，北京：中央编译出版社。

沃勒斯坦，2004，《族群身份的建构：种族主义、国族主义、族裔身份》，许宝强、罗永生选编《解殖与民族主义》，北京：中央编译出版社。

温铁军，1999，《"三农问题"：世纪末的反思》，《读书》第 12 期。

许宝强、汪晖，2001，《发展的幻象》，北京：中央编译出版社。

徐新建，1997，《苗疆考察记——在田野中寻找文本》，上海：上海文艺出版社。

徐勇，2010，《农民理性的扩张："中国奇迹"的创造主体分析——对既有理论的挑战及新的分析进路的提出》，《中国社会科学》第 1 期。

西尔维斯特，2001，《发展研究与后殖民主义研究："第三世界"截然不同的故事》，卫晴译，马元曦、康宏锦主编《社会性别·族裔·

社区发展》，北京：中国书籍出版社。

熊跃根，2001，《转型经济国家中的"第三部门"发展：对中国现实的解释》，《社会学研究》第1期。

谢扬，1995，《具有中国特色的"社会扶贫"》，中国扶贫管理体制研究报告集(4)。

应星、晋军，2000，《集体上访中的"问题化"过程——西南一个水电站的移民的故事》，《清华社会学评论》特辑1，厦门：鹭江出版社。

应星，2018，《"田野工作的想象力"：在科学与艺术之间——以〈大河移民上访的故事〉为例》，《社会》第1期。

叶敬忠，2006，《农民视角的新农村建设》，北京：社会科学文献出版社。

叶敬忠、李春艳，2009，《行动者为导向的发展社会学研究方法——解读〈行动者视角的发展社会学〉》，《贵州社会科学》第10期。

叶敬忠、那鲲鹏，2008，《发展干预社会学研究综述——解读〈寻找中间地带——发展干预社会学研究〉》，《中国农业大学学报》第3期。

叶敬忠，2008，《发展干预中的权力滴流误区与农民组织》，《广西民族大学学报》第2期。

杨敏，2005，《社会行动的意义效应：社会转型加速期现代性特征研究》，北京：中国人民大学出版社。

杨敏、郑杭生，2010，《社会互构论：全貌概要和精义探微》，《社会科学研究》第4期。

杨小柳，2008，《参与式行动：来自凉山彝族地区的发展研究》，北京：民族出版社。

杨小柳，2010，《参与式扶贫的中国实践和学术反思——基于西南少数民族贫困地区的调查》，《思想战线》第3期。

杨伟民,2004,《规划体制改革的主要任务及方向》,《中国经贸导刊》第 20 期。

杨伟民主编,2010,《发展规划的理论与实践》,北京:清华大学出版社。

颜恩泉,1993,《云南苗族传统文化的变迁》,云南:云南人民出版社。

郑杭生,2002,《警惕"类发展困境"——社会学视野下我国社会稳定面临的新形势》,《中国特色社会主义研究》第 3 期。

郑杭生,2004,《中国社会结构变化趋势研究》,北京:中国人民大学出版社。

郑杭生,2005,《郑杭生社会学学术历程之一:中国特色社会学理论的探索》,北京:中国人民大学出版社。

郑杭生,《如何研究"中国经验":二维视野还是单极思维? 从现代性全球化与本土社会转型的关系进行分析》,社会学视野网,2007-10-8。

郑杭生,2009,《改革开放三十年:社会发展理论和社会转型理论》,《中国社会科学》第 2 期。

郑杭生、洪大用,1997,《现代化进程中的中国国家与社会——从文化的角度看国家与社会关系的协调》,《云南社会科学》第 5 期。

郑杭生、杨敏,2006,《现代性过程中"个人"的创生与集体化:行走在自我创新前夜的"个人"》,《社会》第 2 期。

郑杭生、杨敏,2008,《中国社会转型与社区制度创新——实践结构论及其运用》,北京:北京师范大学出版社。

郑杭生、杨敏,2010,《社会互构论:世界眼光下的中国特色社会学理论的新探索——当代中国"个人与社会关系研究"》,北京:中国人民大学出版社。

郑杭生、张亚鹏,2015,《社会记忆与乡村的再发现——华北侯村的调查》,《社会学评论》第 1 期。

郑欣,2011,《村民上访:国家与社会关系的互动与重构——一个博弈论的分析视角》,《江苏行政学院学报》第 2 期。

张静,1998,《政治社会学及其主要研究方向》,《社会学研究》第 3 期。

张静,2006,《现代公共规则与乡村社会》,上海:上海书店出版社。

张和清,2010,《国家、民族与中国农村基层政治:蚌岚河槽 60 年》,北京:社会科学文献出版社。

张鸣,2001,《乡村社会权力与文化结构的变迁(1903~1953)》,南宁:广西人民出版社。

张晓琼,2005,《变迁与发展:云南布朗山布朗族社会研究》,北京:民族出版社。

张兆曙,2009,《非常规行动及其后果:一种社会变迁理论的新视域》,北京:中国人民大学出版社。

张晓瑜、赵鹤龄,2010,《实体的放逐与过程的拯救——论怀特海对西方实体观的终结和超越》,《自然辩证法研究》第 11 期。

朱晓阳,2003,《在语言"膨胀"的时代再谈"参与式"的内在困境及"补药"》,《自立》第 3 期。

朱晓阳,2005,《在参与式时代谈建构"性别主体"的困境》,《开放时代》第 1 期。

朱晓阳、谭颖,2010,《对中国"发展"和"发展干预"研究的反思》,《社会学研究》第 4 期。

朱晓阳,2011,《小村故事:地志与家园:2003—2009》,北京:北京大学出版社。

朱晓阳,2011,《"表征危机"的再思考:戴维森和麦克道威尔进路》,朱晓阳著《小村故事:地志与家园(2003—2009)》,北京:北京大学出版社。

周大鸣、秦红增,2003,《参与发展:当代人类学对"他者"的关怀》,《民族研究》第 5 期。

周大鸣等,2006,《寻求内源发展——中国西部的民族与文化》,广州:中山大学出版社。

周飞舟,2006,《从汲取型政权到"悬浮型"政权——税费改革对国家与农民关系之影响》,《社会学研究》第 3 期。

周飞舟,2012,《以利为利:财政关系与地方政府行为》,上海:上海三联书店。

周雪光,2015,《项目制:一个"控制权"理论视角》,《开放时代》第 2 期。

周雪光,2019,《寻找中国国家治理的历史线索》,《中国社会科学》第 1 期。

周怡,2002,《贫困研究:结构解释与文化解释的对垒》,《社会学研究》第 3 期。

章立明,2006,《参与式发展的迷思——云南省三个少数民族社区项目的个案研究》,《贵州民族研究》第 6 期。

折晓叶、陈婴婴,2011,《项目制的分级运作机制和治理逻辑——对"项目进村"案例的社会学分析》,《中国社会科学》第 4 期。

折晓叶,2018,《"田野"经验中的日常生活逻辑:经验、理论与方法》,《社会》第 1 期。

赵旭东,2012,《适应性、族群迁徙与现代的文化认同》,《广西民族大学学报(哲学社会科学版)》第 3 期。

中共中央党史和文献研究院编,2018,《习近平扶贫论述摘编》,北京:中央文献出版社。

二、英文参考文献

Barker, C. & Galasiński, D. 2001. *Cultural Studies and Discourse Analysis: A Dialogue on Language and Identity*. London: SAGE.

Baskerville, R. & Pries-Heje, J. 1999. "Grounded Action Research: A Method for Understanding IT in Practice". *Accounting, Management and Information Technologies*, 9 (1), pp.1—23.

Bromley, R. 2003. "Social Planning: Past, Present, and Future". *Journal of International Development*, 15 (7), pp.819—830.

Carr, W. 2006. "Philosophy, Methodology and Action Research". *Journal of Philosophy of Education*, 40(4), pp. 421—435.

Cardoso, F.H. & Faletto, E. 1979. *Dependency and Development in Latin America*. University of California Press.

Crewe, E. & Harrison, E. 1989. *Whose Development? An Ethnography of Aid*, London& New York: Zed Book.

Elliott, J. 1991. *Action Research for Educational Change*. Milton Keynes: Open University Press.

Ferguson, J. 1990. *The Anti-Politics Machine: "Development", Depoliticization, and Bureaucratic Power in Lesotho*. Cambridge: Cambridge University Press.

Frank, A.G. 1969. *Latin America: Underdevelopment or Revolution*. New York: Monthly Review Press.

Fowler, A. 1990. "Doing it Better? Where and How NGOs have a 'Comparative Advantage' in Facilitating Development", *Agricultural and Rural Development Extension Department, University of Rreading, Bulletin 28*, pp.11—20.

Furtado, C. 1983. *Accumulation and Development: The Logic of Industrial Civilization*. New York: Martin Robertson.

Galdeano-Gomez, E., Aznar-Sanchez, J. A., and Perez-Mesa,

J.C. 2011. "The Complexity of Theories on Rural Development in Europe: An Analysis of the Paradigmatic Case of Almeria (South-east Spain)". *Sociologia Ruralis*, 51(1), pp.54—78.

Grundy, S. and Kemmis, S. L. 1981. "Educational Action Research in Australia: The State of the Art" in S. Kemmis and R.McTaggart(eds) *The Action Research Reader*. Deakin University Press.

Hart, E. & Bond, M. 1995. *Action Research for Health and Social Care: A Guide to Practice*. Buckingham: Open University Press.

Heilmann, S. 2010. "*Economic Governance: Authoritarian Upgrading and Innovation Potential*," in Joseph Fewsmith (ed.), China Today, China Tomorrow: Domestic Politics, Economy and Society, Lanham, MY: Rowman and Littlefield, pp.109—126.

Hill, P. 1986. *Development Economics on Trial: The Anthropological Case for a Prosecution*. Cambridge: Cambridge University Press.

Holter, I. M., & Donna Schwartz-Barcott. 1993. "Action Research: What Is It? How Has It Been Used and How Can It Be Used in Nursing?". *Journal of Advanced Nursing*, 18(2), pp.298—304.

Jessop, B. 1988. "Regulation Theory, Post Fordism and the State: More than a Reply to Bonefeld". *Capital & Class*, 34(1), pp.147—168.

Kang Xiaoguang and Han Heng. 2007. "Administrative Absorption of Society: A Further Probe into the State-Society Relationship in

Chinese Mainland". *Social Sciences in China*. Summer.

Kostka, G. & Hobbs, W. 2012. "Local Energy Efficiency Policy Implementation in China: Bridging the Gap between National Priorities and Local Interests". *China Quarterly*, 211, pp.765—785.

Lieberthal, K. & Oksenberg, M. 1988. Policy Making in China: leaders, Structures, and Processes. Princeton, N.J.: Princeton University Press.

Long, N. and Long, A. 1992. *Battlefields of Knowledge: The Interlocking of Theory and Practice in Social Research and Development*. London: Routledge.

Long, N. 2001. *Development Sociology: Actor Perspectives*. London and New York: Routledge.

Lowe, P., Ray, C., Ward, N., Wood, D., & Woodward, R. 1998. *Participation in Rural Development: A Review of European Experience*. Centre for Rural Economy, University of Newcastle.

Mair, L. 1984. *Anthropology and Development*. London: Macmillan.

Mosley, P. 1987. *Overseas Aid: Its Defence and Reform*. Brighton: Wheatheaf.

Naughton, B. 2006. "The New Common Economic Program: China's Eleventh Five-year Plan and What It Means". *China Leadership Monitor*, No.16.

Neuman, W.L. 1994. *Social Research Methods: Qualitative and Quantitative Approach*, Boston: Allyn and Bacon.

O'Brien, K.J. & Li L.J. 1999. "Selective Policy Implementation in Rural China". *Comparative Politics*, 31(2), pp.167—186.

Rankin, M.B. 1986. *Elite Activism and Political Transformation in China: Zhejiang Province, 1865—1911*, Stanford: Stanford University Press.

Rist, G. 1997. *The History of Development*. London: Zed Books.

Rowe, W. T. 1984. *Commerce and Society in a Chinese City, 1796—1889*, Stanford: Stanford University Press.

Sachs, W. 1992. *The Development Dictionary: A Guide to Knowledge as Power*. London and New York: Zed Book.

Sharp, J.S., Agnitsch, K., Ryan, V., & Flora, J. 2002, "Social Infrastructure and Community Economic Development Strategies: The Case of Self-development and Industrial Recruitment in Rural Iowa". *Journal of Rural Studies*, 18(4), pp.405—417.

Sillitoe, P. 2002. *Globalizing Indigenous Knowledg'* in P • Sillitoe, Alan Bicker & J. Pottier(eds.), *Participating in Development*, London and New York: Routledge.

Sikkink, K. 1991. *Ideas and Institutions: Developmentalism in Brazil and Argentina*. Ithaca: Cornell University Press.

Teresa, H. 1971. *Aid as Imperialism*. Harmondsworth: Penguin.

Tilly, C. 1975. *The Formation of National States in Western Europe*, Princeton: Princeton University Press.

Williams, R. 1976. *Key Words: A Vocabulary of Culture and Society*. London: Fontana Press.

附　录

附录一:唐镇政府"整村推进"栗寨项目建设竣工报告

田村村委会栗寨扶贫开发项目在县扶贫开发领导小组的指导下,在县扶贫办项目科的帮助下,党委、政府按照文件要求,认真组织,精心管理,严格按照设计施工,坚持质量至上,效益同步的原则,顺利圆满完成了项目建设任务。

一、项目基本情况

唐镇田村村委会栗寨是一个苗族村,位于北县南端,距县城25公里,距唐镇政府所在地7.5公里,全村71人,耕地45亩,人均1.5亩,大小牲畜56头。2008年农民人均纯收入1 316元,人均生产粮食210公斤,海拔1 900米,年平均气温14.5 ℃,年降水量1 100毫米,村民经济收入主要以玉米、洋芋、小麦、烤烟种植和生猪养殖为主,人民群众生活长期处于温饱线下,是唐镇重点贫困村之一。

二、项目来源

根据云南省扶贫开发会议精神,针对贫困地区实际问题,按"科学合理、突出重点、量力而行、先难后易"的原则,实施以整村推进的扶贫开发途径,以自然村为单位,以解决贫困群众温饱为目标,打牢贫困农民增收基础。按照省、市、县扶贫开发文件要求,经项目调查、研究和规划项目可行性分析评估，镇政府于 2009 年 3 月 18 日向扶贫开发领导小组递交田村村委会栗寨整村推进实施方案，北县扶贫开发领导小组于 2009 年 6 月 30 日批准实施方案。批文为北扶办字［2009］16 号《关于下达 2009 年度市级扶贫重点村整村推进项目及资金指标的通知》。批文内容为：共完成建设村间道路硬化 2 732.5 m²；猪圈建设 20 个；农户住房粉刷 1 922.4 m²；科技培训 4 期 400 人/次。

三、项目实施

（一）招标情况。制定招标书进行邀请招标，承包方根据甲方制定的招标书，发表自己承包工程建设的承诺，经参加工程会议的工程领导小组全体成员按照承包方的承诺、证件进行评定，最后确定承包方。经 2009 年 8 月 21 日招标会议决定，T 建设综合开发有限公司王某中标承包建设田村村委会栗寨部分建设项目。

（二）签订合同和进料要求。于 2009 年 8 月 21 日召开会议签订合同，拟于 2009 年 8 月 30 日开工，2009 年 11 月 30 日竣工。材料指定厂家：水泥——北县厂家；公分石、砂子——德镇采石场；人饮管道——曲靖塑料二厂和拓东市塑料厂；钢筋——拓东市钢铁厂。施工方法：采取机械搅拌、机械振压等。

（三）完成量。共完成建设村间道路硬化 1 842 m²，猪圈建设 15 户，村容村貌整治外墙粉刷 2 573.35 m²，科技培训 4 期 400 人/次。

四、组织管理

扶贫开发项目，既是改变贫困地方现状，又是建设社会主义新农村和建设和谐社会的一项伟大工程。镇党委、镇政府成立以镇长为组长，分管扶贫工作的副镇长为副组长，扶贫助理、设计部门、村委会等相关人员参加的领导小组。负责组织施工，在施工中分项目、定人、定责，派出工程质量义务监督及驻工地代表，主要领导分阶段、分层次进行检测。县扶贫办项目科同志深入检查指导,发现问题及时纠正。工程建设按时、按质、按量完成,严格按照各种程序进行验收,并督促村委会制定建设后的管护制度,使之长期发挥效益。

五、项目效益

在多方的团结协作下,田村村委会栗寨扶贫开发项目工程圆满完成。分项投资村间道路硬化 1 842 m²,投资 96 836 元;猪圈建设 15 户,投资 45 000 元;农户外墙粉刷 2 573.35 m²,投资 49 947 元;科技培训 4 期 400 人/次,投资 10 000 元。以上四项合计投资 201 783 元,其中:国家财政投资 200 000 元,群众筹资 1 783 元。项目实施后增强了农业发展后劲,坚定了农民发展的信心。人均粮食可由原来的 280 公斤,增加到 380 公斤,人均增收 100 公斤;人均纯收入可由原来的人均 1 368 元增加到人均 1 568 元,人均增 200 元,解决温饱,实现脱贫致富目标。

实施田村村委会栗寨扶贫开发工程项目的宏观目标是:实现全村人人有饭吃、有衣穿、有水喝、有房住、适龄儿童能上学、有病能就医,增强自我发展能力,稳定解决温饱问题,加强和推进全民科普知识培训,特别是种养殖业培训,提高种养殖业的科技含量,为群众增收致富打下坚实的基础,加强科学、文化知识重要性教育是每个人的最高己任,倡导青年人走出去,闯市场,学一技之长,做致富能人,做到户均 1 座猪圈建设,户均 1 亩烤烟种植,实现节能和保护生态双丰收,推进农村文明建设,为农民增收寻找新的经济增长点。

六、管护与存在问题

镇施工领导小组配合村委会对所施工的自然村制定相应的管护措施,一是制定乡规民约,遵循谁破坏谁赔偿的原则;二是定期收取一定的资金对道路进行必要的维修,使工程项目长期发挥效益;三是每年进行一次检查,认真组织兑现乡规民约。项目存在的问题:一是资金有限,整村推进基础设施建设量大,建设后还不完美;二是在施工中个别施工队与现代建设要求还有一定差距;三是存在建设面积大,管护落实差的现象。以上这些存在问题将在今后的工作中逐步完善。

附录二:H机构栗寨储蓄建房意向书

时间:_____　　户主名:_____　　地址:_____

本人_____代表本户家庭成员:

第一,同意在本人身为储蓄小组成员/H机构的家庭合作伙伴期间,遵守H机构的规定、原则及小组制定的规章制度和条件;并同意按照储蓄建房计划规定的时间,每次攒下人民币800元(其中500元为建房资金,262元为建房调节基金,38元为储蓄小组互助基金),在每年8月30日时将每月应存的人民币800元交到储蓄小组,由小组存入镇信用社作为参加H机构储蓄建房项目建房和还款的资金。

第二,本人同意并愿意遵守H机构的建房选户程序和建房的时间安排。本人同意并承诺在建我的房子时自己要承担所有非技能的劳动,并为储蓄小组的其他成员或另外的H机构家庭合作伙伴的建房投入至少300小时的义务劳动。

第三,本人同意在建我的房子时,如果小组决定除了我自己的存款外还需让我收集必要的建材毛料,我将服从小组的决定。

第四,本人愿意并承诺用储蓄的方式偿还所有H机构给予我修建房子的借款(还款额为借款总数加上通货膨胀调整额)。本人接受在七年的还款期限内在还款中另付借款额的10%给H机构,作为H机构投资修建我的房子的管理费。

第五,本人知道并同意一旦我开始为储蓄建房存钱,我为此所存的建房资金和小组互助基金就不能退出，即使在小组中我是排在最后一个按储蓄模式及 H 机构借款建房的人，存款也不能退。

第六，本人同意如果我的存款被用于任何小组增收发展的用途，本人不要求利润回报，也不要求收取此建房存款的银行利息。

第七，本人同意如果我要退出建房存款，除非我能为小组找到另一个符合条件的新成员（与我有同样的经济能力以及对住房的需要）来替换我才行，否则不能退款。

第八，本人同意一旦我被证实我的真实情况不符合 H 机构建房借款的条件，即使我已经开始存款我也必须退出储蓄小组，我已经存的款也要退出，并让小组成员知道此原因。

第九，本人知道并同意我的存款数额由要建的房子的大小、房子的成本和自己所能准备的建材毛料的数量决定。

第十，本人同意用我的财产和 H 机构储蓄项目中所建的本人的房屋作抵押作为我的定期还款的保证，并保证我有在建房的土地的合法使用权进行建房；如对此有怀疑，本人负责采取必要的步骤予以证实。

第十一，本人也同意保证每一个组员按时定期储蓄和还款是我们每个人共同的重任，因为按 H 机构的规定，任何一个组员不按时存款和还款，整个小组的建房就必须停止。

第十二，本人同意如果小组发生有组员不能还款的情况时，小组的其他成员有义务通过互助基金和其他方式来承担连带还款的法律责任以保证 H 机构建房基金的还款安全。因为我知道，在储蓄小组中，我的建房存款或还款与在我们的村子或我们地区建更多的房子息息相关。我愿意承担此意向书陈述的一切责任，并在全体储蓄小组组员面前签字为证。

本人签字：＿＿＿ 保证人签字：＿＿＿ 小组联保人签名：＿＿＿

年　　月

附录三：H 机构建房操作程序（节选）

步骤	活　　动	使用报告或表格	目　　的	责任人	报告被提交人
PP.1	在项目乡、村宣传，直接向农户宣传，或通过AC做广泛宣传。方式有培训、宣传、直接走访部分农户		1. 使当地农户最大限度了解 HFH 要做什么、目的是什么、怎么做。 2. 收集社区中与项目有关的基本情况。	PO AC	
PP.2	农户向 AC 报名，AC 提交报名表给 PO	PP-1 报名表	AC 初步审核报名名单，如果 AC 对名单有异议，在名单后说明意见。	AC	PO
PP.3	PO 走访名单上的农户，拍照	PP-1 报名表（调查依据） PP-2 农户调查表 旧房屋照片	1. 依据名单走访，如有其他有兴趣的农户也可以加入名单； 2. 了解农户的真实情况及对项目是否真的理解和接受，以及期望房屋面积和大略预算； 3. 与农户沟通，必要时再介绍 HFH 的模式与目的； 4. 拍旧房子的照片以做资料留存。	PO （需要借助AC和村民的帮助）	
PP.4	确定符合资格的建房户				
PP.4.1	PO 审核名单并提出意见	PP-2（分析依据）PP-3 建房户审核名单	PO 通过调查表的结果分析提出意见；PO 提交建房户短名单。	PO	PM

续表

步骤	活　动	使用报告或表格	目　　的	责任人	报告被提交人
PP.4.2	PM审核名单并提出意见	PP-3 建房户审核名单	PM审核,提出意见或退回PO。	PM	NO
PP.4.3	NO审核名单并提出意见	PP-3 建房户审核名单	NO审核,提出意见再提交给PM。	NO	PM
PP.4.4	PM确定最后的建房户名单	PP-3 建房户审核名单	PM根据PO, NO的意见确定短名单。	PM	NO, PO
PP.4.5	开始做建房户基本资料	G-1 建房户信息表	开始建立农户基本资料。	PO	PO
PP.5	提交项目建议书	PP-5 资金建议书	PM根据短名单和大致预算提交项目建议书。	PM	NO
PP.6	通知建房户	PP-3 建房户审核名单	PM, AC 通知符合条件的建房户,并告之所有合格者的名单,让他们在相互信任的基础上组成小组,如果对名单中某个建房户不信任,可以不与他组成小组;同时通知不符合条件的建房户及告之理由。	PM, AC	建房户Families
PP.7	小组会	G-2小组会议记录 PP-3 建房户审核名单 PP-4 建房申请表	储蓄小组第一次会: 1. 小组培训,主要是小组的作用和如何开小组会,记录项目操作过程,详细讲解项目操作过程; 2. 组建小组,确认小组成员相互信任,选出小组长和会计;最后确定建房户短名单; 3. 计划建房的轮次。	PO、AC(有可能的话)、小组、建房户	PM, PO 保留一份—G-28&PP-4.2 PP-4.2 提交小组,AC一份
		PP-6 小组内部协议指南	4. 签订小组内部协议。	建房户、小组(PO 协助下)	小组每一位成员,PO 抄留一份

续表

步骤	活　动	使用报告或表格	目　的	责任人	报告被提交人
PP.8	房屋设计和预算	PP-7 房屋设计图	和建房户一起设计并预算房屋。如果预算过高，以至于每年还款额超过建房户每年节余的60%，或设计的结构不安全，不合理或超出合法的用地等，PO有责任与建房户沟通并最终达成一致的意见。	PO，建房户	PO保留
		PP-8 房屋预算表			
PP.9	小组会——培训	G-3 存款，借款明细账表 G-4 建房户台账 各种收据的样本 G-2 小组会议记录 CL-2 建房计划表	1. 培训——主要是管理小组和建房户的财务和安排还款的培训，并培训建房户使用和审核表格和单据，及购买建房材料的培训； 2. 在小组上最后确认建房预算和设计； 3. 确认建房户的名字和证件； 4. 小组讨论决定各户的建房时间。	PO，AC（如果可能的话），小组，建房户	PM，PO保留 小组会记录小组保留自己的记录 PP-9提交PM，PO保留一份
PP.10	准备合法的土地手续			建房户	
PP.11	完成本阶段建房户资料	G-1 建房户信息表	将新增加的建房户信息补充进入G-1表。	PO	PO保留
CL.1.1	准备合同	CL-1.1 建房户合同	根据PP-4.2所附名单准备好合同，合同中写上乙方的名字，及合同，建房户编号。	PM	PO
CL.1.2	通知小组会		PM通知PO资金建议书被批准，PO通知AC和小组确定签订合同的时间。	PO	AC，小组

续表

步骤	活动	使用报告或表格	目的	责任人	报告被提交人
CL.2	小组会—签订合同	CL-1.1建房合同,借款合同 G-2小组会议记录 CL-2建房计划表	1. 在小组会上,PO与建房户签订合同,AC作为见证人也参加小组会,并在合同见证人一栏签名; 2. 最后确认建房时间。	PO,AC,建房户	建房户保留一份合同,见证人保留一份,PM保留一份
CL.3	小组会—存款	小组存折 G-2小组会议记录	小组在小组账户(存折)上有足够存款(以PP-9中作为存款要求依据)—可以在任何场所开会—项目办公室,信用社营业所。	小组,建房户	PO,银行提供的存款清单,或存折复印件
CL.4.1	每月的建房资金计划	CL-3建房资金月计划	根据建房进度,PO每月提交月/季的资金计划。	PO	PM,FO
CL.4.2	借支建房资金	CL-4资金申请单	PM批准PO申请,汇总PO所有的资金计划。	PM	NO
			申请建房用现金,CL-4是附在暂支单的说明。	PO	FO,PM
			审核无误后支现金。	PM	PO
CL.5.1	贷款和购买建房材料/支付技术工人费用	CL-5.1收据 CL-5.2分料单	PO与建房户(或小组代表)一起购买建房材料,支付材料款或技术工人费用;开立收据给建房户,如果几户一起购买,需要使用领用分料单。	PO,FO(或指定人员),建房户,小组代表	CL-4提交给FO,PO保留CL-5以做决算

续表

步骤	活动	使用报告或表格	目的	责任人	报告被谁交人
CL.5.2	借款明细记录	CL-5（记录依据）G-3 存款、借款明细表	记录每次借款的金额、日期、收据号码等，目的 1.是为了便于清晰计算借款情况；2.建房结束时作为计算贷款金额的依据。	PO	CL-6由PO保管，提交一份给FO
CL.6	建房	CL-6 投工投劳表	建房户、志愿者的劳动投入，PO提供管理期间，与农户确认每年最佳还款时间计划。	建房户、小组成员、志愿者、PO	
CL.7	房屋结算和计算借款	CL-7（记录结算表）G-4 建房户台账	1.以CL-4/CL-5为决算依据，计算房屋造价，以CL-6作为借款金额的依据，计算实际借款金额，房屋决算表中记录，作为建房户资料保存；2.建立建房户台账并开始记录台账。	PO	PO保存 CL-8，PO开始记 G-4
CL.8.1	房屋竣工，贴牌		在建好的房屋外贴上 HFH 标志。	PO	
CL.8.2	补充建房户资料	G-1 建房户信息表	补充建房户资料。	PO	PO保留
CL.9.1	准备借款补充合同	G-4 建房户台账 CL-1.2 借款补充合同	提交建房户台账（已经完成了台账中计划部分）；根据G-4，准备借款补充合同，并相应签章。PM确认补充合同，并相应签章。	PO. FO PM	FO PM PO

续表

步骤	活动	使用报告或表格	目的	责任人	报告被提交人
CL.9.2	小组会—签订借款补充合同	CL-1.2借款补充合同 G-2小组会议记录	1、签订补充合同，让建房户都确认自己的还款金额和还款计划，确认第一次还款的时间和金额；2、小组成员确认相互督促，协助还款的义务。	PO,建房户，AC（如果可能的话）	PM（可交由FO保管）
CL.10.1	项目进展报告	CL-8.1项目定期报告	项目进度月报（所有项目而不是单一项目）	PO	PM
			PM汇总后提交月度月报	PM	NO
CL.10.2	项目最终报告	CL-8.2项目最终报告	项目最终报告	PM	NO
CL.8.2	补充建房户资料	G-1建房户信息表	补充建房户资料	PO	PO保留
RT.1	小组会/还款会	RT-1还款通知书 G-2小组会议记录收据	1、了解建房户近期情况；2、在小组会上收还款。	PO	PO保留
RT.2	按期填写建房户台账	G-4建房户台账	按收据填写建房户台账，定期与财务对台账的正确性。	PO	PO保留，所有借款还清以后交由PM保管
RT.3	关注户拜访	G-5关注户报告	对于项目所有过程中需要关注的建房户进行跟踪管理，采取必要措施，并记录所有活动。	PO,必要时PM参加	PO保留，建房户资料保存
RT.4	其他拜访和反馈	其他报告	与AC或者当地村干部或其他农户交流活动，如有特别重要的事件作记录活动并报告。	PO	PO保留，必要时报告PM
RT.5	完成建房户资料	G-1建房户信息表	完成建房户最后的信息资料。	PO	PM，PM指定人保管

附录四:Y大学"乡村社区能力建设"项目大纪事

（2004年1月—2007年6月）

1. 2004年1月,项目启动,社区调查工作开始。围绕社区环境、亲属关系、人口结构、经济状况等方面进行为期两个多月的实地调查和需求评估。

2. 2004年3月,栗寨文化活动室建设,峰寨文化活动室翻修。

3. 2004年3月,向社会募捐图书500余册。捐赠者包括拓东新知图书城、Y大学各系学生、唐镇畜牧站和农科站。

4. 2004年4月,栗寨蓄水池建设。

5. 2004年4月,举行栗寨和峰寨文化活动室竣工仪式,并分别建立图书室。参加者包括项目组成员、部分志愿者、社区村民和当地各级政府官员。

6. 2004年4月,峰寨成立村民议事会。负责协调社区关系和讨论社区事务。

7. 2004年5月,栗寨和峰寨开办文化夜校。由社区里上过初中的村民担任老师,为村民提供识字、算术方面的扫盲教育。

8. 2004年6月,成立妇女小组。小组活动包括学习文化知识、讨论家庭和社区事务、进行卫生保健知识培训、组织体检、组织文化娱乐活动等。

9. 2004年10月,栗寨和峰寨轮流开展农业技术培训。培训科学养殖猪、鸡的技术和牲畜防病虫的科学知识等。

10. 2004年11月,栗寨与峰寨分别成立农业科技养殖小组。

11. 2005年3月,社区发展基金管理制度建立,启动社区发展基金,举行社区发展基金启动与签字仪式。

12. 2005年3月,栗寨和峰寨第一批社区发展基金开始运作。

13. 2005年4月,石寨加入项目计划,建立社区发展基金小组,组织村民参加农业技术培训。

14. 2005 年 7 月,组织社区骨干培训,从栗寨、峰寨和石寨以及其他汉族、回族村选出社区骨干参加养殖技术培训,培训内容包括牲畜的品种改良和防病虫知识等,并组织培训人员参观示范养猪场。

15. 2005 年 7 月,组织栗寨妇女开展卫生保健知识培训,并邀请镇卫生院医生进村开展身体常规检查。

16. 2005 年 9 月,组织村民进行社区发展基金管理经验交流与培训会。

17. 2005 年 10 月,组织 Y 大学师生到田村进行实地调研与文化交流活动。

18. 2005 年 11 月,峰寨和石寨成立第二批社区发展基金小组。

19. 2005 年 11 月,成立田村社区发展基金管理委员会。主要负责对各社区发展基金小组的基金运作情况进行监督;指导社区发展基金的使用,协调各小组的活动,纠正基金运作过程中的违规行为;指导村民种植和养殖业的发展。

20. 2005 年 12 月,栗寨村民组织唱歌比赛。

21. 2006 年 1 月,栗寨举行春节联欢活动,邀请峰寨和石寨村民参加,并进行文化知识竞赛和养殖技术比拼。

22. 2006 年 1 月,组织村民进行养殖技术培训。主要为石寨和峰寨社区发展基金第二批小组的成员提供牲畜科学养殖和防病虫方面的知识培训。

23. 2006 年 2 月,社区发展基金管理委员会组织部分村民到邻县的饲料厂、种猪厂进行实地考察学习,统一购买饲料。

24. 2006 年 2 月,组织村民参加种植技术培训,培训内容包括反季蔬菜和优质玉米、豆类等作物的科学种植方法,组织村民到邻近农场学习蔬菜栽培。

25. 2006 年 5 月,组织种植技术培训。从拓东种子公司选择优良苞谷、豆类等品种,聘请当地农技员对村民进行种植指导。

26. 2006 年 8 月,峰寨开展儿童夏令营活动。活动以儿童安全、科普知识为主要内容。

27. 2006 年 9 月,栗寨进行社区文化教育活动。为村民提供识字、计算等知识教育。

28. 2006 年 9 月,社区发展基金管理委员会组织村民到邻县学习雪莲果的种植技术,考察市场销售情况。

29. 2006 年 11—12 月,峰寨和栗寨开展社区青少年环保宣传活动。

30. 2006 年 12 月,栗寨进行家务整理的示范教育。

31. 2007 年 3 月,田村小学举行东莞某企业的捐赠仪式。

32. 2007 年 6 月,项目中期评估。

后　记

　　本书在我的博士学位论文基础上修改而成。自壬辰年立春之时完成博士论文算起，这本书稿已在案头摆放了整整七年之久。最初的计划是，等到书稿修改到自己满意之后付梓。可我逐渐意识到，这种想法过于理想。随着书稿的修改越深入，我愈发体会到，学术作品的满意度测量是相对的，学术创作是一个不断历练与成长的过程，不同时期的作品恰是那个时期学术生活的见证。于是，七年后的今天，我怀着十分忐忑的心情将这部书稿递交给了上海三联书店，不是表明对书稿完全满意，而是给此前的学术生涯一份阶段性的答卷。

　　光阴荏苒，又是新春。虽已努力追赶，但学海无涯，读书思考与著述写作时常疑问丛生，难免陷入苦局。幸得诸多良师益友的提携指点，才使我能拨开迷雾，继续前行。借此书稿出版的机会，向关心和帮助过我的师友和亲人表达心中的感激之情。

　　感谢恩师郑杭生教授。郑老师学养深厚、治学严谨、睿智前瞻、待人宽容、包容多样，是我永远的学习楷模。郑老师是中国人民大学一级教授，至生命的最后一刻都奋斗在学术研究和教书育人的第一线。作为后生晚辈，更没有理由懈怠。郑老师时常教导我们在学术上要"勤勉谦虚"、"小步快跑"；既要有前沿意识，又要有草根精神；既要"敢于创新"，又要"不走极端"。这些成为我为人、为学的宝贵财富。在我计划以"乡村发展干预"为主题构思博士论文时，曾因找不到合适的切入点而一度十分苦恼。郑老师给予我极大的鼓励，从理论视角、研究方法、逻辑框架乃至语言风格等方面都悉心指导，顿时生发出"岂知灌顶有醍醐，能使清凉头不热"的豁然之感，使我最终下定决心完成该主题的论文写作。论文初稿完成不久，郑老师从教50周年学术研讨会暨北京郑杭生社会发展基金会成立大会在中国人民大学逸夫会堂隆重举行，作为学生有幸亲见恩师这一荣耀时刻，心情格外激动和自豪。仰之弥高，钻之弥坚。于我而言更深的感触是，"先生成大家，提携后进，温言铸绘成长路"。逝者如斯夫，转眼恩师离开已五周年，一幕幕往事仿佛就在眼前，恩师的教导不敢轻忘，恩师的恩情永记于心。

感谢中国人民大学社会与人口学院刘少杰教授、洪大用教授、夏建中教授、李迎生教授、潘绥铭教授、李路路教授、陆益龙教授、于显洋教授、林克雷教授、郝大海教授、陈卫教授、冯仕政教授、奂平清教授、王水雄教授。刘少杰教授和洪大用教授在论文开题时提出了非常具有启发性和建设性的意见，促使我进一步思考论文的创新点和方法论问题。其他诸位老师或在精彩的课堂上让我受益匪浅，或在各种非正式场合耳提面命，许多思想更是成为论文的直接智识来源。

感谢中央财经大学杨敏教授。杨老师为人谦和、学识渊博、治学严谨，理论功底深厚扎实，学术追求执着不懈。有幸与杨老师一起参与2008年杭州课题的实地调研，并加入到杨老师主持的国家社科基金重点课题的研究中，这些锻炼机会丰富了我的实践和科研经验。感谢杨老师的鼓励、肯定与提携。

感谢我的硕士生导师云南大学钱宁教授。博士论文的田野资料直接源于钱老师主持的"乡村社区能力建设"课题。作为课题的主要成员，我几乎全程参与了课题的行动研究。在我工作和攻读博士期间重返田野点进行资料收集时,钱老师提供了最大程度的便利和帮助。在此深表谢意。

感谢博士论文评阅人中国人民大学洪大用教授、李迎生教授、郭星华教授、北京大学张静教授、首都师范大学仓理新教授对论文提出的富有启发性的修改意见;感谢论文答辩委员会中国人民大学刘少杰教授、陆益龙教授、清华大学刘精明教授、中央财经大学杨敏教授、北京科技大学时立荣教授在论文答辩中提出的切中要害的批评和宝贵的修改意见。细细品味各位专家对论文的分析与批评,可谓精辟而独到,针针见血却又充满了对后学者的肯定与勉励。修改意见有的已经在论文修改过程中认真采纳吸收,使论文增色不少;不过遗憾的是,由于时间和资料等方面的限制,有的暂时无法完全体现在论文中,只能留待以后潜心领会、努力钻研。特此向诸位专家学者表示最衷心的感谢!

感谢同门黄家亮、魏智慧、饶旭鹏、胡宝荣、童潇、张笑会、罗英豪、姜利标、胡天予。他们为我的学习和生活提供了各种帮助。尤其要感谢罗英豪和姜利标,博士论文答辩期间的许多事务性准备工作都是他们代为完成的,没少占用他们原本就十分宝贵的学习时间。黄家亮师兄是一位值得期待的学术讨论对象,亦在工作中为我提供了无私的帮助。感谢中国人民大学 2009 级社会学博士班的诸位同学,激辩的课堂里,欢聚的餐桌上,同游的旅途中,都是我们探索学术新知与未来人生的"场域",从他们身上我学到了很多,唯恐遗漏,不逐一列出。

感谢浙江师范大学社会工作系的诸位同事。这是一个充满活力与潜力的学术团队。博士论文的部分章节曾在社会工作系举办的"双周学术交流坊"讨论,得到了诸位同事的批评指正。张兆曙教授十分关心论文的进展情况,常常督促我要"放下杂事、专心写作",并在第一时间对论文提出了切中要害的批评和中肯的修改建议。在此一同表示衷心感谢。

感谢田野点田村的每一位村民。他们真实而善良,每次进村,时常能听到"你们回来了"等亲切的话语,让我倍感温暖。与他们"同行"的多年时光注定会成为我生命历程中难以磨灭的美好记忆。论文的写作过程中,曾经亲历的一幕幕"故事"犹如放电影般在脑海中生动闪现。他们不仅仅是论文的"信息获取对象",我们之间的情感联结,早已超越了研究者与被研究者之间单向度的学术研究关系。从认识他们的第一刻起,我的内心就产生了一个十分强烈的愿望:希望他们的生活越来越美好!同时,也要感谢田村村委会、唐镇政府及相关部门、北县政府各级领导的理解、接纳、支持以及对行动研究的参与。出于大家都可以理解的缘由,本书无法一一列出他们的真实姓名,但他们无疑是本书最重要的"无名英雄"。

最后,要特别感谢我的家人。爷爷、奶奶从小尤为疼爱我和妹妹。在我有关童年的记忆中,仲夏时节爷爷下河捕鱼,我和妹妹总会期待爷爷背后的竹篮里除了鱼虾,还有嫩嫩的莲蓬和脆脆的菱角。奶奶总是第一时间把亲戚们赠送的各种小食不经意间塞给我们。感谢爷爷、奶奶,在我们还小的时候,播下善良的种子。岁月之河流淌,如今,奶奶已经幸福地生活在另一个世界,我们之间虽无法言语,却永不分离。

父亲和母亲一辈子老实勤勉、躬耕养家。上世纪 90 年代末期,村里很多读中学的小孩辍学外出打工,不仅能减轻家庭负担,还可为家里添置很多实在令人羡慕的流行电器。对此,父亲不为所动,始终坚持一定要供我考上大学。作为恢复高考之后的第一届"落榜"高考生,他坚信上大学才是最可靠的生计出路。为了供我读书求学,父母几乎倾其所有,家里大小物件的置办与更新永远属于村里最末。亲情的召唤,从来有着无与伦比的力量,如今,母亲随我来到浙江金华，成了名副其实的"老漂"，父亲在湖南华容老家照顾年事已高的爷爷。需求和现实的碰撞，很多事情成为无可奈何的必然选择，而我却无力回报什么，唯一能做的就是多体谅他们的艰辛和不易，让他们心生温暖，虽苦犹甜。

妻子承担了生活中大量的烦恼，她承受的诸多压力是我难以想象的，即便如此，她没有任何怨言，依然积极乐观，并把家里安排得舒适妥当，让本来稍显苦涩的生活散发出甜蜜的味道。每每想起这些，心里总是异常愧疚。宝贝女儿有有在我完成博士论文的那一年秋天呱呱坠地，如今已经会每天跟我"探讨"奥特曼与怪兽之间复杂交织的人物关系。也许在女儿心目中，爸爸就是那个无所不能的梦比优斯·奥特曼。本书献给快乐成长中的宝贝女儿！

对于家人，任何感激之言都显得苍白无力，只想说，因为有你们，我觉得自己是个幸福的人。

方　劲

壬辰立春　初稿于中国人民大学汇贤楼
己亥雨水　修改于浙江师范大学生活区

图书在版编目（CIP）数据

乡村发展干预的行动者逻辑 / 方劲著 .-- 上海：
上海三联书店，2020.3
ISBN 978-7-5426-6797-7

Ⅰ.① 乡… Ⅱ.① 方… Ⅲ.① 农村 – 社会主义建设 –
研究 – 中国 Ⅳ. ① F320.3

中国版本图书馆 CIP 数据核字（2019）第 200806 号

乡村发展干预的行动者逻辑

著　　者 / 方　劲

责任编辑 / 方　舟
装帧设计 / 一本好书
监　　制 / 姚　军
责任校对 / 张大伟
校　　对 / 莲　子

出版发行 / 上海三联书店
　　　　（200030）中国上海市漕溪北路 331 号 A 座 6 楼
邮购电话 / 021-22895540
印　　刷 / 上海惠敦印务科技有限公司

版　　次 / 2020 年 3 月第 1 版
印　　次 / 2020 年 3 月第 1 次印刷
开　　本 / 640×960　1/16
字　　数 / 250 千字
印　　张 / 18
书　　号 / ISBN 978-7-5426-6797-7/F·789
定　　价 / 68.00 元